交通运行管理丛书

地面公共交通运行
可靠性分析与调度控制

Operation reliability analysis and scheduling control of bus transit

过秀成　严亚丹　著

东南大学出版社

图书在版编目(CIP)数据

地面公共交通运行可靠性分析与调度控制/过秀成,
严亚丹著. —南京:东南大学出版社,2013.6
(交通运行管理丛书/过秀成主编)
ISBN 978-7-5641-4276-6

Ⅰ.①地… Ⅱ.①过… ②严… Ⅲ.①公共交通系统-
运输调度-研究 Ⅳ.①U491.1

中国版本图书馆 CIP 数据核字(2013)第 109710 号

地面公共交通运行可靠性分析与调度控制

出版发行:东南大学出版社
社　　址:南京市四牌楼 2 号　邮编:210096
出 版 人:江建中
网　　址:http://www.seupress.com
电子邮箱:press@seupress.com
经　　销:全国各地新华书店
印　　刷:江苏兴化印刷有限公司
开　　本:700 mm×1 000 mm　1/16
印　　张:15.5
字　　数:280 千字
版　　次:2013 年 6 月第 1 版
印　　次:2013 年 6 月第 1 次印刷
书　　号:ISBN 978-7-5641-4276-6
定　　价:48.00 元

本社图书若有印装质量问题,请直接与营销部联系。电话(传真):025 - 83791830

前　言

落实公交优先发展战略,构建以人为本、公交优先和慢行友好的交通系统,是保障和改善民生、实现公共交通与城市的协调发展以及缓解交通拥堵的重要举措。改善居民的公交出行,提高公交服务质量和吸引力,涉及公共交通发展政策和制度设计、公共交通系统可持续发展规划、公交一体化运营与组织等。本书围绕"地面公共交通运行可靠性分析与调度控制"主题,面向公交企业,以公交车辆运行系统为研究对象,界定了公交运行可靠性的内涵及分析方法,总结了改善公交运行环境的设施设置方法,提出了基于运行可靠性分析的各种调度控制策略的模型和算法。

全书共包括 10 章。第 1 章绪论;第 2 章公交运行可靠性与调度控制研究进展;第 3 章基于运行可靠性的公交调度控制机理;第 4 章公交运行信息采集与分析;第 5 章基于 AVL 系统数据的公交运行可靠性评价分析;第 6 章公交线网协调与枢纽衔接;第 7 章考虑随机运行时间的公交线网设计模型及其算法;第 8 章公交线路计划时刻表设计;第 9 章多条公交线路协同调度;第 10 章实时运行过程中调度控制策略。

本书对于进一步增强城市公交企业的运营和管理能力,提高公交系统的服务和管理水平,具有较强的参考借鉴价值。本书可作为高等院校交通工程、交通运输和城市规划等专业高年级本科生、硕/博士研究生的学习用书,也可作为城市规划部门、交通运输管理和设计部门以及公交企业技术人员和管理人员的参考读物。

在本书撰写过程中,参阅了大量国内外文献资料,由于条件所限,未能与原著者一一取得联系,引用及理解不当之处,敬请谅解,并向这些文献资料的原作者表示崇高的敬意和衷心的感谢。

限于作者的学识和水平,书中错误不当之处在所难免,恳请读者批评指正。电子邮箱:seuguo@163.com。

著　者

于东南大学

2013 年 4 月

目 录

第1章

绪 论

1.1 背景及意义

随着我国城镇化进程加快,城市人口急剧膨胀,社会经济迅速发展,机动化的进程也同时明显加快。公交优先作为城市交通政策的核心,为了实现其持续实施,在不同的发展阶段应制订相应的发展目标,依据目标采取合适的策略和措施。现阶段我国城市公交处于从扩张公交线网、增加公交车辆为特征的发展阶段步入服务质量引导型的精细化公交优先发展阶段的转型期。同时,城乡一体化进程的推进对城乡综合交通体系与城乡公共交通的一体化发展提出了新的要求[1,2]。公交运行可靠性是公交用户出行方式选择时考虑的关键服务质量因素,亦对公交运营效率具有重要意义,是实现服务引导型常规公交系统建设的重要方面[3]。

然而,尽管优先发展公共交通已成为我国大多数城市的共识,硬件投入不断增大,车辆和场站规模增加,但收效甚微。公共交通在与小汽车的竞争中处境艰难,许多城市的小汽车出行比例加速增长,而公交出行比例增长缓慢甚至下降,公交服务质量和吸引力低是主要原因。在三个城市(泰州、滁州、宣城)的公交服务质量满意度调查中[4~6],乘客普遍对公交运行可靠性最为关注,他们对公交不满意的原因主要集中在等车时间长、车内拥挤、不准点三个方面。对于公交企业而言,不可靠的公交运行导致运营成本增加以及车辆利用效率低,且对乘客造成的焦虑情绪以及额外的时间成本,使得乘客流失,公交竞争力和满意度下降。

在许多公交优先措施实施后,如公交专用道、信号优先等,改进的公交运行可靠性对于提高乘客满意度和增加客运量有显著效果[7]。除了运行环境的改善外,公交运行可靠性与企业的调度控制密切相关[8]。公交运行可靠性既是调度控制的目标,亦是调度控制的基础。尽管公交投入不断加大,公交供给与需求总量之间的矛盾得到缓解,但是在时空上仍有大量的不匹配,线路和线网的许多特性都对运行可靠性有重要影响[9]。此外,由于公交运行系统的复杂性和随机性,实际运行会与计划时刻表产生偏差,如何控制这种偏差亦是企业在调度控制时需要考虑的重要内容。考虑到交通需求的持续增长以及道路资源的有限性,如何在不增加额外基础设施投资的同时,对公交车辆运行系统进行调度控制,提高公交运行可靠性,是交通系统可持续发展的重要手段。

科学技术的进步及公交优先政策下政府对公交投入力度加大[10,11],智能公共交通系统发展迅速,我国部分城市公交线路上已建成公交车辆跟踪调度系统,并安装了电子站牌、车载定位设备,实现了对车辆的实时跟踪和定位、公交车与调度中心的双向通信以及电子站牌上实时显示下班车位置信息等功能。自动车辆定位(Automatic Vehicle Location,简称 AVL)系统广泛应用于公交车辆的实时监控,数据主要用于通知乘客公交车辆的到达信息,以及相关管理部门了解公交车辆在首末站的准点率情况。而公交运行可靠性是公交车辆运行系统性能的综合反映[12],如何分析基于运行可靠性的公交调度控制机理,利用获取的 AVL 系统数据进行公交运行可靠性分析,将其引入调度控制中的每一个环节,并进行有效整合,使得调度人员在监控到运行不可靠的负面现象(如串车、大间隔问题)发生时,可以及时采取相应的调度控制策略,在运行不可靠发生后尽快恢复可靠运行;并为政府管理部门提供监控和考核的指标体系,以及为公交线网、信号优先、专用道等的设计实施提供决策支持依据,具有重要的理论价值和实践意义。

构建快捷、可靠、方便、舒适的一体化都市公交体系,提升公共交通的吸引力,使之与城市发展相互协调,实现交通与城市、经济、生活和谐共生,是公交都市希望达到的最终目标[13]。本书以我国现阶段公交信息化发展情况为背景,界定公交线网运行可靠性和公交线路运行可靠性的内涵,剖析基于运行可靠性分析的公交调度控制机理;利用 AVL 系统收集的公交车辆运行数据,评价分析公交运行可靠性;探索改善运行可靠性的公交优先设施设置,以及公交枢纽衔接换乘与线网协调方法;并着重构建考虑随机运行时间的公交线网设计模型、基于时间控制点的公交线路计划时刻表设计模型、多条公交线路协同调度模型、首站放车和中途越站调度控制模型,分别提出相应的求解算法。以期为公共交通的规划设计和运营管理提供理论基础和决策支持,从而为出行者提供更加可靠的高品质常规公交服务,提高公交竞争力,吸引居民公交出行。

1.2 目标及内容

本书的研究目标是结合当前 AVL 系统的前沿研究和应用现状,总结、归纳、丰富和补充基于智能公交技术的公交运行可靠性研究理论与方法,以及为公交企业通过对车辆运行系统的调度控制改善可靠性提供分析工具和关键技术。基于此,

提出以下几个研究问题:

(1) 如何从线网和线路两个层次上分别定义公交运行可靠性,使得其能够更加客观地充分反映公交运行系统的特性?

(2) 如何拓展传统调度控制的范畴,引入公交运行可靠性,分析基于运行可靠性的公交调度控制机理?

(3) 如何充分利用现阶段广泛应用的 AVL 系统所获取的数据,构建公交运行可靠性评价指标体系?

(4) 如何优化基于运行可靠性的公交调度控制的关键技术模型,实现改善公交运行可靠性的目标?

围绕以上的研究问题,确定本书的主要内容如下:

(1) 基于运行可靠性的公交调度控制机理

以公交线网系统和单条线路上常规公交车辆运行系统为研究对象,界定公交线网运行可靠性和公交线路运行可靠性的内涵;根据系统学中的可靠性定义,揭示公交线路运行系统的属性,研究公交线路运行不可靠机理及其原因;分析基于运行可靠性的公交调度控制的内涵与要素、内容及各要素作用规则;探讨不可靠成因与调度控制内容间的对应关系。

① 公交运行可靠性概念界定

采用系统论的观点界定公交线网系统的内部要素及要素之间的相互关系,考虑公交线网系统的运输功能,界定公交线网运行可靠性的内涵;探讨公交线路运行系统的属性,提出公交线路运行可靠性的定义,并与服务可靠性的概念作对比分析。

② 公交线路运行不可靠原因

系统学上的稳定性或可靠性,是指在各种有意的或无意的干扰或冲击之下,系统维持其自身工作状态的能力。以各公交站点处车辆的到站时间,作为公交线路运行系统的状态变量,简要分析公交线路运行系统的不可靠原因。

③ 基于运行可靠性的公交调度控制机理

基于运行可靠性的公交调度控制为宏观调度控制的范畴,包括网络设计和线路控制两个层面,线路控制又进一步细分为计划时刻表设计时对运行不可靠的处理和运行过程中对运行不可靠的纠正两个阶段;并具体分析基于运行可靠性的公交调度控制的特征、内容及各要素作用规则。

(2) 公交运行信息采集与处理

分析各类公交运行信息,重点介绍公交运行可靠性分析所需的数据,以及自动车辆定位系统、自动乘客计数系统、自动收费系统三种公交运行信息采集技术。与传统人工调查数据相比较,总结智能公交采集数据的特性,建立各类智能技术采集数据的清洗及处理方法,确定缺失数据补齐、错误数据判别以及冗余数据约简的方法,为公交运行可靠性分析奠定基础。

(3) 基于 AVL 系统数据的公交运行可靠性分析

介绍 AVL 系统及可获取的数据,构建公交线网运行可靠性及公交线路运行可靠性评价指标体系。AVL 系统是目前智能公交系统中公交信息采集层的核心技术,指标体系的构建既要符合评价边界分析和指标选取原则,亦要能够采用 AVL 数据进行计算,保证其可操作性。从关键站点处换乘可靠性、O-D 点对间运行时间可靠性两个方面分析公交线网运行可靠性,从运行时间、车头时距、准时分析三个方面分析公交线路运行可靠性,构建相应的评价指标体系。

(4) 公交枢纽衔接换乘与线网协调

阐述多层公交网络之间的换乘分类;提出轨道交通接运公交线网协调设计方法,包括现有地面公交线路调整、新增接运公交线路生成、接运公交线网优化等内容;分析公交枢纽换乘衔接模式,基于公交枢纽乘客聚集原理,确定各类型公交枢纽的合理规模。

(5) 考虑随机运行时间的公交线网设计模型与算法

公交线网设计是在满足一系列约束条件的情况下,寻求一个理想的目标,以期得到一个最优的公共交通线路的网络配置和一个与之相关联的最优的发车频率方案。将公交运行可靠性理论纳入到公交线网设计过程中,引入 O-D 点对间运行时间可靠性为约束条件之一,构建考虑随机运行时间的公交线网设计的鲁棒优化模型,并基于模拟退火算法,对其进行求解。

① 考虑随机运行时间的公交线网设计的鲁棒优化模型

公交企业期望在最大限度地降低其成本的同时,提供令乘客满意且满足政府管理部门标准的公交服务。公交线网设计被构建为一个优化问题,目标是在各种约束条件(包括 O-D 点对间运行时间可靠性)的制约下,确定一组公交线路及相应的发车频率,最大限度地减少公交企业的运营成本。考虑到运行时间的随机性,目标函数借用鲁棒性模型的结构,反映公交企业对运营成本波动的风险规避。

② 基于模拟退火的求解算法

公交线网设计问题是一个 NP-hard 问题,采用启发式算法——模拟退火进行求解。构建含候选线路集、备选公交线网方案、需求分配过程、目标函数计算、候选线路集优化、最终决策等六要素的求解算法流程。其中,候选线路集的生成主要基于带有约束的 k-最短路径法,备选公交线网方案生成时引入三个乘客路径集的概念,需求分配过程则基于 Probit 的出行路径选择概率计算。

(6) 公交线路计划时刻表设计

根据客流信息,分析时段划分技术,研究公交线路发车间隔的计算方法。基于时间控制点的公交线路计划时刻表包含公交车辆到达每一个时间控制点处的规划到达时间以及班次结束时的驾驶员休整时间。利用公交运行的实时数据,考虑随机运行时间和驾驶员恢复行为,在没有滞站策略的条件下,对公交线路计划时刻表设计的鲁棒优化模型进行研究。

① 公交线路计划时刻表设计的鲁棒优化模型

在基于时间控制点的公交线路计划时刻表指导下,驾驶员能够频繁地在两个时间控制点之间调整公交车辆运行速度,尽可能地"追赶"公交线路上选取的部分时间控制点处的规划到达时间,即公交运行过程中存在恢复行为。考虑这种恢复行为和随机运行时间,以所有时间控制点处的时刻表偏差的总惩罚成本(包括均值项和平均绝对偏差项)最小为目标函数,以各区段上的松弛时间的总和不大于由配备的公交车辆数、规划车头时距和规划半循环时间所决定的总松弛时间的最大值为约束条件,构建公交线路计划时刻表设计的鲁棒优化模型。

② 基于蒙特卡罗的优化模型求解算法

采用蒙特卡罗法生成模型中的各随机变量的一组样本,并将含平均绝对偏差的公交线路计划时刻表设计的鲁棒优化模型转化为混合整数线性规划问题,这样就可以通过任一优化问题求解软件,如 Lingo、CPLEX 进行编程求解。

(7) 多条公交线路协同调度

多条公交线路换乘衔接的顺畅直接影响乘客出行的便捷性。不同换乘分类有相应的协同发车要求与设计准则。同步换乘系统能实现所有相交线路的车辆同时到达换乘中心,方便各方向乘客换乘的目的。基于换乘与协同发车要求和调度设计准则,构建面向换乘枢纽的轨道交通接驳公交的计划调度协同模型和考虑运行可靠性的接运公交调度优化模型;在片区多线路协同时刻表设计准则的基础上,提出城乡公交片区线路协同时刻表编制方法。

(8) 实时运行过程中调度控制策略

分站点间控制、站点处控制和其他三类,介绍各种调度控制策略。重点研究中途越站和首站放车调度控制模型与算法。中途越站和首站放车调度控制为基于单条公交线路的实时调度控制策略。各种影响因素导致公交运行不可靠,偏离规划的计划时刻表,如大间隔、串车等现象,作为常用的控制策略,中途越站和首站放车调度控制在这种情况下是非常有用的,即均匀车头时距,尽量使得各站点处车头时距与计划车头时距一致。

① 中途越站调度控制

基于每隔一辆车实施一次越站调度的原则,分析问题时同时考虑三辆公交车的运行,以乘客等待时间、出行(车内)时间及线路总运行时间的加权和为目标函数,以避免超车、首站/末站处禁止越站、中途越站调度控制下的车辆运行过程为约束条件,构建越站调度控制策略为非线性 0-1 规划问题。若站点间行驶时间为常量,直接采用遗传算法进行求解;当站点间行驶时间服从随机分布时,设计基于蒙特卡罗的遗传算法进行求解。

②首站放车调度控制

首站放车调度控制需要确定从首站开始,应当连续越过几站,讨论对一辆车实施放车调度,以乘客等待时间、出行(车内)时间及线路总运行时间的加权和为目标函数,以避免超车、末站处禁止越站、首站放车调度控制下的车辆运行过程为约束条件,构建首站放车调度控制策略为非线性 0-1 规划问题。采用基于蒙特卡罗过程的枚举算法进行求解。

1.3 本书总体架构

本书综合交通运输工程、系统论、控制论、概率统计等多学科的知识,以数学建模、蒙特卡罗随机模拟、启发式算法为主要手段,对公交运行可靠性及公交调度控制进行研究。其中,改善运行可靠性的公交设施设置、公交枢纽衔接换乘与线网协调、考虑随机运行时间的公交线网设计模型及其算法为设施设置与网络设计部分;公交线路计划时刻表设计、多条公交线路协同调度、实时运行过程中调度控制策略为单/多线路控制部分。

本书共分为 10 个章节,各章内容如下:

第 1 章绪论。阐述公交运行可靠性与调度控制研究的目的意义和必要性,以及本书的主要研究内容。

第 2 章公交运行可靠性与调度控制研究进展。综述国内外既有的研究成果。

第 3 章基于运行可靠性的公交调度控制机理。界定公交运行可靠性的概念,提出基于运行可靠性的公交调度控制的内容、要素、特征和作用规则,介绍公交运行不可靠成因与各调度控制策略之间的对应关系。

第 4 章公交运行信息采集与分析。明确公交运行可靠性分析所需数据,以及信息采集技术,总结智能公交采集数据的特性,提出数据的清洗及处理方法。

第 5 章基于 AVL 系统数据的公交运行可靠性评价分析。构建公交线网运行可靠性与公交线路运行可靠性评价指标体系,明确各指标的计算和测度方法。

第 6 章公交线网协调与枢纽衔接。研究轨道交通接运公交线网协调设计方法,在公交枢纽衔接模式分析和乘客聚集原理的基础上,提出各类型公交枢纽合理规模的计算方法。

第 7 章考虑随机运行时间的公交线网设计模型及其算法。以运行时间可靠性为约束条件之一,构建考虑随机运行时间的公交线网设计问题为鲁棒优化模型,提出基于模拟退火的求解算法。

第 8 章公交线路计划时刻表设计。分析发车间隔确定方法,提出基于时间控制点的公交线路计划时刻表设计模型与算法。

第 9 章多条公交线路协同调度。明确多线路协同调度的准则,构建面向换乘枢纽的轨道交通接驳公交的计划调度模型和考虑运行可靠性的接运公交调度优化模型,提出城乡公交片区线路协同时刻表编制方法。

第 10 章实时运行过程中调度控制策略。总结各类实时调度控制策略,重点研究中途越站和首站放车调度控制的 0-1 规划模型,分别提出对应的求解算法。

第 2 章

公交运行可靠性与调度控制研究进展

2.1 公交运行可靠性分析

2.1.1 国外研究进展

关于公交服务可靠性的内涵,相关研究集中于从乘客和公交企业的角度出发的公交服务可靠性,更多地体现乘客是顾客的企业经营理念。研究者通常把它同公交系统的不同方面联系起来,并采用不同的评价指标进行分析。

国外关于公交可靠性的研究始于 20 世纪 70 年代。由于此时人工采集数据的方式成本较高,研究者缺乏充足的数据进行分析,多是采用基本的样本统计值作为可靠性的量化指标进行评价。智能公交系统(AVL、APC 技术)的发展和应用实践为公交服务可靠性的研究提供了大量数据支撑,而相关研究又促使了各项技术的改善和广泛应用。

Sterman 和 Schofer(1976)[14]分析了可靠性的影响因素,提出以点到点的途中时间的标准差的倒数作为公交服务可靠性指标,并利用墨西哥区域的数据进行了测试。Turnquist(1978)[15]假设站点处公交车辆到达服从 Lognormal 分布,研究了发车频率和可靠性对于乘客随机到达和非随机到达情况下的期望等待时间的影响。Polus(1978)[16]将可靠性定义为每天运营性能指标的一致性程度,且它和运行时间的标准差成反比。Silcock(1981)[17]提出了迟到的公交车辆数、准点发车的公交车辆百分比、平均等待时间、额外等待时间、实际和计算等待时间之差等公交服务可靠性指标。Abkowitz 等[18~20]撰写了关于公交服务可靠性的综述报告,对其定义、评价指标、不可靠的原因及影响、应对策略做了总结,并建议采用智能公交技术改善公交服务可靠性[21~28]。

Turner 和 White(1990)[29]提出了一个含发车间隔方差变量的公式计算额外等待时间,用作可靠性指标:

$$EWT = \frac{T}{2}\left(\frac{1}{N} - \frac{1}{S}\right) + \frac{N \cdot VarH}{2T} \tag{2-1}$$

式中：EWT——额外等待时间；

　　T——可靠性调查的持续时间；

　　N——在可靠性调查中观察到的公交车辆数；

　　S——可靠性调查中计划车辆数；

　　$VarH$——观察到的发车间隔方差。

Henderson 等(1991)[30]采用按时到达车辆数的比除以不按时到达车辆数的比，即特殊准点率作为可靠性指标，以反映乘客对准点率的高度敏感性。Levinson(1991)[31]认为可靠的服务意味着保持公交车辆准点、维持平稳的车头时距、最小化最大载客量的方差。Strathman 和 Hopper(1993)[32]基于实测数据对波特兰 TriMet 公司公交车辆的准点率进行了定量分析。Nakanishi(1997)[33]基于各站点处的时刻表评价准点率和准点可靠性，详细介绍了抽样原则和调研方案，并给出了在实际运营中，出现不同情况(如"串车"、"车辆故障")的数据处理方法。该方法优于传统的基于首末站的可靠性评价，局限性在于不适用于发车间隔较小或者没有各站发车时刻表的线路。Strathman 等(1999)[34]提出发车间隔(HR，实际间隔与计划间隔的比值)、运行时间率(RTR，实际运行时间与计划运行时间的比值)、变异系数和平均候车时间作为评价公交服务可靠性的指标，并在 TriMet 公司的 8 条公交线路上进行了应用，分析了四个指标之间的相互关系。Tahmasseby(2009)[35]在研究公交乘客出行行为时发现，频繁使用公交的人一般都对候车时间长短、到达目的地的时间有一定的期望。他们通常基于对行程时间的变动估计和个人风险偏好规划行程，选择出行方式、线路和出发时间。当车辆比乘客的经验时刻提前、推迟到达或者到达时刻波动范围较大时，乘客的出行计划会被打乱，带来不便。因此服务可靠性是服务质量属性中最重要的。而评价可靠性以及改善策略对可靠性影响的一个难题在于乘客和运营商感知的可靠性存在不同，出行者倾向于关注车头时距平稳性、准点到达目的地、等待时间；而运营商更关注时刻表遵守率。

Yin 等(2002，2004)[36,37]利用蒙特卡罗随机模拟方法，考虑乘客路径选择行为，结合随机用户均衡分配模型，分析了三种可靠性指标：出行时间可靠性、时刻表可靠性、等待时间可靠性。并结合一个小型网络，提出可能提高可靠性的四个措施(增加停站时间、采用大型车辆、降低单位乘客上/下车时间、加快并行线路的周转)，分析在可靠性定义参数不同的情况下，分别采用四项措施时可靠性的变化规律。结果表明，各可靠性指标之间并没有必然的联系，提高某一项可靠性指标不一定同时改善其他可靠性指标。美国公共交通通行能力与服务质量手册(TCQSM)(2003)[38]认为公交服务可靠性主要是关于乘客究竟能否在预定的时间到达目的地,还是乘客必须预留额外的时间来应对频繁出现的无规律服务,并给出了公共交通可靠性的评价方法及准点率的六个评价等级,该评价方法和评价标准被广泛应用在美国各公交企业的可靠性评价过程当中。Camus 等(2005)[39]指出,TCQSM给出的评价方法存在两个问题:①无法反映出公交车辆晚点的具体程度;②没有反映公交车辆提前离站的情况。针对这两个问题,研究提出了"加权延误指标",综合反映车辆晚到、早离开对乘客的影响。Junsik 等(2006)[40]以公交车辆的车头时距平稳性作为可靠性评价指标,分析了首尔的公交站点处的乘客舒适性。TCQSM方法显示首尔公交运行的服务水平较差,而这与乘客期望的等待时间不相一致。为克服这个缺点,提出采用发车间隔(车头时距)的变化率的分布(近似为正态分布),通过计算变化率的平均值和标准差对 TCQSM 方法进行了修正。Liu 和Sinha(2007)[41]提出了以乘客出行时间的变动性作为可靠性指标。Sorratini 等(2008)[42]利用动态的微观仿真模型研究了各种用于评价可靠性的指标,包括车头时距、过多的候车时间以及公交网络的休整时间等。Furth 和 Muller(2006)[43]、Oort(2010)[44]等的研究认为,等待时间可靠性更能够直接反映服务可靠性对乘客对于公交服务质量感知的影响。

AVL 以及 APC(自动乘客计数器,Automatic Passenger Counter)等新技术的出现方便了公交系统数据的采集。Lee 等(2001)[45]研究了 AVL 系统对排班遵守率、运营者行为以及保持遵守时刻表意愿的影响。Bertini 和 El-Geneidy(2003)[46]认为,大量的 AVL/APC 数据为计算和利用原有的不可行的性能指标帮助运营者改善服务质量和可靠性提供了机遇。Hammerle 等(2005)[47]利用墨西哥公交管理机构的 AVL/APC 数据,分析了车头时距分布情况,并对串车发生的地点和原因进行了诊断。Mazloumi 等(2008)[48]基于 AVL 系统的运行时间数据库,应用各种运行时间波动特征和运行时间可靠性指标,探讨了公交企业的偏好指标,发现这些指标没有很显著的区别。Mandelzys 等(2010)[49]基于 AVL 和 APC 采集数据,设置了公交车辆晚到或者早离开的阈值,将原因归结为三类,应用统计学提出一种用于识别不满足排班遵守率标准的公交站点以及原因的方法。El-Geneidy 等(2011)[50]采用 AVL 数据,构建了一系列统计分析模型,研究各种线路特性如长度、站点数、上下客情况等对运行时间和时刻表遵守率的影响。Cortés 等(2011)[51]提出一种采用 GPS 数据监控公交车辆平均运行速度的方法。

关于公交服务不可靠的原因有多种(Sterman 等,1976;Abkowitz,1978;Bowman 等,1981;Strathman 等,1993;Strathman 等,2003)[14,18,52,32,53],主要有线路特性(线路长度、信号交叉口数、路上停车的程度、站距等),运行条件(交通量、服务频率、乘客活动),司机(离开延误、驾驶行为)。TCQSM(2003)[38]系统总结了影响可靠性的因素,包括交通条件、道路建设和施工养护、车辆和维护质量、车辆和驾驶员的可用性、公交优先、全程时刻表完成情况、客流需求均衡性、驾驶员技术、轮椅电梯和斜坡的使用、线路长度和车站数。Dorbritz 等(2009)[54]评价了车载售票对站点处公交停留时间的影响。结论表明,车载售票在很大程度上影响公交线路的行驶时间和可靠性,可达总的运行时间的 20%(对于研究的公交线路实例来说)。

2.1.2 国内研究进展

国内关于公交可靠性的研究尚处于起步阶段,并且正经历从公交网络可靠性到运行可靠性的过程。公交网络可靠性多是依据图论,借鉴路网可靠性的评价方法,将其视为串联系统,研究网络连通可靠度。对公交运行可靠性的界定模糊,集中于采用概率测度的方法,对运行时间可靠性进行评价分析。

北京交通大学毛林繁(2002)[55]结合图论,建立双层规划模型对城市公交网络的连通可靠性进行了分析。赵航等(2005)[56]结合系统工程理论,将公交线路看做由 $n+1$ 个车站和 n 个路段组成的串联系统,在此基础上建立公共交通可靠性模型,并采用蒙特卡罗模拟进行求解。

同济大学范海雁等(2006)[57]运用蒙特卡罗随机模拟的方法,计算了公交线路的运行时间可靠性,并运用可靠性评价结果优化了公交运行时刻表。陆奇志等(2006)[58]将公交运行时间可靠性定义为公共交通工具能够在规定时间内抵达目的地的概率。研究将乘客的出行过程看做串联系统,并提出了基于 Matlab-simu-link 仿真工具的公交运行时间可靠性分析评价方法。长安大学的高桂凤等(2007)[59]从公交服务质量出发,将公交车的发车间隔可靠度、运行时间可靠度、准点可靠度、载客数量可靠度纳入公交服务可靠性评价体系,并采用概率值加以描述,建立了公交服务质量可靠度评价 ADC 模型。

北京工业大学的戴帅等(2007)[60]认为公交系统为多源多汇的网络,利用图论中的不交最小路进行网络可靠度评价,并经过加权平均,得到整个公交网络的可靠度。北京交通大学的陈旭梅等(2009)[61]提出常规公共交通运行可靠性定义为:在一定的沿线环境和道路条件下,常规公交车辆能够在一定时间范围内到达各个站点的概率,用可靠度来表示。他们依据 TCQSM(2003)[38]中关于可靠性的评价指标:准点性和稳定性两方面,同时考虑线路与站点两层次,形成三种可靠性评价方法:基于线路的常规公交运行可靠性的准点性评价、基于站点的常规公交运行可靠性的准点性评价、基于站点的常规公交运行可靠性的稳定性评价。

北京工业大学的戴帅等(2008)[62]将公共交通系统可靠度定义为:在一定的营运条件和时间内,完成规定任务的能力。并将公交系统的时间可靠度分为车辆的运行时间可靠度和乘客的候车时间可靠度,提出相应的模型加权计算总的时间可靠度。长安大学的刘锐等(2008)[63]以公交网络拓扑为基础,借鉴工程可靠性理论,从直达站点对、非直达站点对以及公交网络 3 个层次提出了乘客候车可靠度概念。

中南大学的陈维亚等(2009)[64]针对高频率公交线路服务,以减少在站乘客平均等待时间为目标,提出以车头时距的一致性来分析和衡量线路级别的公交服务可靠性的方法。北京交通大学的宋晓梅(2010)[65]定义常规公交运行可靠性为在一定的服务水平下,在规定线路和站点上按照计划时间平稳运行,完成安全、有效地运送乘客任务的概率。认为运行可靠性反映了公交车辆在沿途站点上的运行时间特征,以站点处停靠时间和区间运行时间为微观层面、区段运行时间和站点处到达间隔为中观层面、各区段运行可靠性的加权和为宏观层面,构建了不依赖时刻表的站点、线路和网络的多层次公交运行可靠性评价模型。华南理工大学的司徒炳强(2011)[66]剖析了公交车运行时间的马太效应,研究了基于Hub 点的公交网络协同发车的行车时刻表编制的理论模型。同济大学的安健等(2012)[67]基于服务客体对于服务系统的感知及其行为演化,阐述了乘客对公交服务可靠性的感知源于对候车时间可靠性与车内时间可靠性的综合评判。东南大学的严亚丹等(2012)[3]通过对运行时间进行统计分析,从系统学的角度提出变异系数、分布宽度、运行速度、堵率、规划时间、预留时间等六个指标,构建了单条公交线路的运行时间可靠性评价分析框架,并以苏州市某公交线路为例进行了应用。

2.2　改善运行可靠性的公交调度控制策略研究

可靠性是目前地面公交最薄弱的方面,一直是近年来关注的焦点。不仅公交运营管理部门以及企业在实践中越来越重视改善和提高公交运行可靠性,许多交通研究工作者也开始对此问题进行针对性的深入研究。

2.2.1　国外研究进展

国外的研究和实践主要在三个方面展开。一是基于公交运行环境,改善公交优先系统,包括公交专用道、交叉口处公交信号优先、公交站点优先等。Chang James(2002)[68]以时间控制点处的准点率、区段运行时间的标准差、乘客感知准点率、时间控制点处的最大车头时距、时间控制点处的实际到达时间与计划到达时间之差的标准差等作为可靠性指标,采用仿真的方法分析了公交信号优先对于可靠性的影响。2005 年,波兰的公交服务供应商 TriMet 公司开展了一个公交站点合并项目,通过增加站距改善公交运行可靠性。项目实施后的 AVL 数据统计发现,公交运行时间可靠性得到了提高[69]。

二是基于规划和行车计划层面,包括线路调整策略、行车计划时刻表改进策略、时空覆盖策略(改进线路衔接和枢纽处协同换乘)等。Turnquist 和 Bowman (1980)[70]使用一系列的仿真试验研究了路网结构对服务可靠性的影响。研究者对放射型和网格型公交线网结构进行了对比,发现放射型公交线网结构中心节点的集中换乘对于可靠性的影响,比网格结构中分散的换乘对可靠性的影响要大。Oort 和 Nes(2004)[71]提出,网络设计与服务可靠性存在密切联系;并于2006 年[72]分析了 Netherlands 的 Hague 的公交网络绩效,发现公交车内时间的标准差与线路长度呈线性相关,为了使公交服务更加可靠,有必要限制线路长度。这些文献均得出公交线网设计时应考虑可靠性的结论,然而目前尚未有研究在公交线网设计时,定量地将运行可靠性作为重要影响因素或者约束考虑在内。

已有的关于公交线网设计的研究通常假设路段上公交车辆运行时间为常量,将公交线网设计构建为一个含离散和连续变量的混合非线性优化问题。Chua (1984)[73]、Desaulniers 和 Hickman(2007)[74]、Guihaire 和 Hao(2008)[75]、Kepapt-soglou 和 Karlaftis(2009)[76]等对已有的公交线网设计模型和算法进行了综述。这里主要对公交线路和发车频率联合规划的线网设计的相关文献进行简要介绍。表 2-1 汇总了公交线网设计问题的常用目标函数。其中,广义费用(成本)指乘客的出行成本和公交企业的运营成本之和。不被满足的公交需求指这些公交需求对应的 O-D 之间没有规划的公交线路连接。表 2-2 汇总了公交线网设计时的常用约束条件。

表 2-1 公交线网设计问题的目标函数

目标函数	相关文献
车辆配置规模	Ceder, 2007[77]
广义费用(成本)	Mandl, 1980[78];Pattnaik, et al., 1998[79];Bielli, et al., 2002[80];Carrese and Gori, 2002[81];Tom and Mohan, 2003[82];Agrawal and Mathew, 2004[83];Fan and Machemehl, 2006[84];Ceder, 2007[77]
换乘次数	Rapp and Gehner, 1976[85];Ceder and Wilson, 1986[86];Ceder, 2007[77]
直达出行比例	Ceder, 2007[77]
换乘时间	Baaj and Mahmassani, 1991[87];Baaj and Mahmassani, 1995[88]
可节约的广义费用(成本)	Bagloee and Ceder, 2011[89]
不被满足的公交需求	Cipriani, et al., 2012[90]

表 2-2 公交线网设计问题的约束条件

约束条件	相关文献
车辆配置规模	Fan and Machemehl，2006[84]；Bagloee and Ceder，2011[89]
发车频率	Pattnaik，et al.，1998[79]；Tom and Mohan，2003[82]；Agrawal and Mathew，2004[83]；Fan and Machemehl，2006[84]；Cipriani，et al.，2012[90]
线路长度	Baaj and Mahmassani，1991[87]；Baaj and Mahmassani，1995[88]；Fan and Machemehl，2006[84]；Cipriani，et al.，2012[90]
满载率	Baaj and Mahmassani，1991[87]；Baaj and Mahmassani，1995[88]；Pattnaik，et al.，1998[79]；Tom and Mohan，2003[82]；Agrawal and Mathew，2004[83]；Fan and Machemehl，2006[84]；Cipriani，et al.，2012[90]
不被满足的公交需求	Agrawal and Mathew，2004[83]；Fan and Machemehl，2006[84]
线路条数	Fan and Machemehl，2006[84]
需求满足比例	Mandl，1980[78]；Baaj and Mahmassani，1991[87]；Baaj and Mahmassani，1995[88]

求解公交线网设计问题的方法有两种：精确搜索算法和启发式搜索算法。由于公交线网设计模型的变量规模较大，精确搜索算法的复杂性使得其难以应用于实际规模的道路网[91~94]。而启发式和半启发式方法可处理实际规模的问题，广泛应用于公交线网设计问题的求解，包括人工智能算法[87,88]、遗传算法[79,80,82,83,89,90,95]、模拟退火算法[84,96]、禁忌搜索算法[97]、人工蚁群算法[98]。为了使模型更准确，乘客的出行行为需在公交分配方法中加以考虑[99]。由于计算的复杂性，仅有较少的公交线网设计方法中包括了具体的客流分配模型。Constantin和 Florian(1995)[100]、Gao 等(2004)[101]提出了双层模型，但是他们的分配部分是基于确定型(平均)的运行时间。尽管 Lam 等(1999)[102]、Yang 和 Lam(2006)[103]等研究了基于 Logit 的随机公交分配模型，却未将其应用到公交线网设计过程中。

公交线路计划时刻表的设计集中于结合滞站调度控制策略，最小化乘客的期望等待时间或者是最小化包括乘客的等待时间、运行时间、运营成本的期望总成本，采用仿真或者动态规划方法，确定时间控制点处的规划离开时间。

基于时间控制点的公交线路计划时刻表设计主要包括三个方面的内容：(1)确定公交车辆的发车频率或者车头时距；(2)选择一些公交站点作为时间控制点；(3)确定每一个时间控制点处的规划到达时间，以及线路首末站处的休整时间。关于时间控制点的选取，Lesley(1975)[104]建议将时间控制点布设在车头时距的变异系数超过所有站点处的车头时距变异系数的平均值的两倍的站点处。Abkowitz和 Engelstein(1984)[105]提出根据离某一站点处的运行时间的标准差和在此站点处上车的乘客与车内乘客的比值来选择时间控制点。之后，Abkowitz 等(1986)[23]的研究发现，最佳时间控制点的位置对线路上的断面客流非常敏感，可设置在上车乘客数比较大的几个站点的前一个站点处。Wirashinghe 和 Liu(1995)[106]指出，实践中公交企业已经形成了一些选取时间控制点的经验原则,如重要的换乘站点或者主要的客流吸/发点、在线路上的布设尽可能均匀等,并在滞站控制策略条件下,以乘客等待时间成本、乘车时间成本、运营成本的和为目标函数,以线路上时间控制点的选取以及时间控制点处的松弛时间为决策变量,构建了动态规划问题。

关于具体的时刻表设计,Carey(1994)[107]分析了按照基于中途停靠站点的时刻表运行的公交系统,推导出一组描述车辆到达/离开时间的分布的积分方程,目标函数为运行时间成本和偏离计划时刻表的成本之和。Liu 和 Wirasinghe(2001)[108]结合滞站控制策略,提出了一个用于设计公交线路计划时刻表的仿真模型。Wirasinghe(2003)[109]以一条没有中途停靠站点的特殊线路为研究对象,分析了松弛时间对运行时间和延误惩罚的期望总成本的影响。Dessouky 等(1999)[110]基于三条实际公交线路的运行数据进行分析,建议松弛时间与规划运行时间的比值应为 0.25,从而使得任一区段上的实际运行时间都不会少于规划运行时间的75%。Zhao 等(2006)[111]以最小化乘客期望等待时间为目标函数,研究了应附加在平均循环运行时间上的松弛时间。Furth 和 Muller(2009)[112]则研究了滞站控制条件下低频公交线路的时刻表设计问题,以用户成本和运营成本为目标函数,推导出与松弛时间有关的各时间控制点处滞站的概率以及首末站处的调度可靠性。

为提高公交枢纽处的换乘可靠性而实施相应的调度控制策略亦是许多学者的研究对象。Lee 和 Schonfeld(1994)[113]提出了一个关于制定在换乘站被协调车辆等待还是发车决策的模型。其中,车辆等待时间的确定是通过行程时间预测来实现的。该模型通过使得总成本达到最小以实现对车辆等待时间的优化,其中总成本包括车辆等待的运营成本、车上乘客的等待成本、延误车辆带来的乘客错过换乘的成本。Dessouky 等(1999)[110]指出大多数换乘站按照固定的时刻表发车,而非利用智能交通技术手段对车辆进行定位和控制,开发了一个用于评价定时换乘站各种车辆发车策略的仿真模型。被检验的发车策略包括:直到所有与它衔接的线路都到达才发车、按照计划时刻表发车、按照计划的发车推迟间隔发车、如果在等待发车的过程中预先知道至少有一辆车迟到,则按计划的间隔推迟发车。仿真结果显示实时车辆到达信息较大地减少了车辆发车延误,而不增加错过换乘乘客人数。

Chowdhury 等(2001)[114]提出了基于换乘站的车辆动态调度问题,通过控制换乘站车辆的停留时间和发车时间,减少乘客换乘时间,达到提高换乘服务质量的目的。基于时间的总成本函数包括乘客换乘延误时间和错过换乘的延误时间,而将车辆等待发车成本描述为被调度车辆的等待发车时间。通过最小化可变的时间目标函数,动态优化每辆车的调度时间。以上是针对公交调度控制策略开展的研究。Dessouky 等(2003)[115]研究了实时优化车辆在换乘站滞站时间的控制方法。

三是基于公交车辆实时运行过程,考虑乘客需求的不确定性及公交运行的不确定性,进行调度控制,包括滞站、首站放车、中途越站、监控车速等,保证公交车辆能够按照时刻表计划运行。Turnquist(1981)[116]分析了提高公交可靠性的四个策略:公交车辆滞站、减少站点数、信号优先、提供专用路权。研究发现:提高服务可靠性的策略对总体的服务质量有较大影响,包括减少平均等待时间和车内时间等;在特定情况下使用的策略取决于几个因素,其中发车频率是最重要的。Eberlein等(1999)[117]分析了三种控制策略:滞站、放车、快车。考虑了一个有两个终点站和数个中间站的单向环公交网络,假设车辆以均匀的车头时距运行,结论认为滞站策略与其他两种相比是比较有效的。之后,Eberlein 等(2001)[118]考虑了理想状态下,即客流需求和车辆行驶时间都确定的情况下,采用实时信息来解决所谓的滞站问题。提出了一种滚动平面法来最小化等待时间,但是没有系统探讨策略对于车辆运行速度的影响以及在客流量和行驶时间随机变动情况下,提出的滞站控制能否有效阻止串车现象的产生。Zolfaghari(2004)[119]基于实时信息,以线路各站点乘客平均候车时间最小为目标,建立了车辆滞站时间模型。Sun 等(2005)[120,121]利用 AVL/APC 存档数据获取的相关参数,运用蒙特卡罗法仿真研究了三个控制策略:单车多站和多车多站的滞站控制策略、中途越站策略和线路交叉调度策略。Moses(2005)[122]用 Matlab 开发了基于 AVL/APC 数据的微观公交线路服务模型,该模型将滞站控制策略嵌入到车辆运行过程仿真中。虽然滞站调度控制的研究相对比较成熟,然而实践中应用时极容易引发乘客的不满,具有很大的局限性,甚至有部分城市的政府管理部门禁止使用该策略(如大部分亚洲国家和城市)。

Li(1991)[123]构建了一个 0-1 随机规划模型,用于求解实时的越站调度控制,目标函数为时刻表偏差和无法满足的乘客需求。Eberlein(1995)[124]将越站调度问题构建为带有二次项的目标函数和约束的非线性规划问题。Lin 等(1995)[125]研究了越站和滞站的组合调度控制,发现过多的控制增加乘客出行时间,应当避免。Fu 等(2003)[126]假设当一辆车越站时,其前面和后面的车都不允许越站,从而简化了问题,而且保证了被越过的站点处的服务水平,目标函数包括了公交企业和乘客的成本。并采用 SimTransit 的仿真模型对各种参数进行了敏感性分析。Sun 和 Hickman(2005)[127]研究了发生在线路中间的不同长度的服务中断时的越站控制,作为更快地应对中断服务的方法,提出了即使在被越站的区段乘客依然可以下车的越站准则。Furth 和 Day(1985)[128]、Furth(1985)[129]研究了规划层面上的放车问题,目标函数为最小化公交车辆的运力配置,以满足一个与正常班次轮流发班的调度时刻表。Eberlein(1995)[124]、Eberlein 等(1998)[130]分析了实时的放车调度控制,以确定哪辆车在哪些站点处放站为决策变量,目标函数为乘客总等待时间,构建了非常复杂的非线性二次规划模型。Cortés 等(2011)[131]构建了短时掉头和放车调度的组合策略模型,包含了连续型和离散型的优化变量。

2.2.2　国内研究进展

国内关于公交运行可靠性及相应的改善策略目前集中于三个方面。一是区域调度下的行车计划或者时刻表的编制。华南理工大学的靳文舟课题组[66,132~134]主要进行了公交网络时刻表编制的理论建模及可靠性控制方法研究。他们(2011)将公交车运行时间可靠性定义为正常的公交车运营条件下,在公交车时刻表规定的时间点之内或者规定的时间小区间当中,公交车辆从指定站点到达另一个指定站点的水平概率,并通过对线路上不同单元的可靠性进行加权平均来计算线路可靠性。提出了带时间窗和 Hub 点时刻表的公交网络行车时刻表可靠性的双层规划模型,下层模型为行车时刻表模型,上层模型为运行时间可靠性模型。东南大学的严亚丹(2012)[8]提出了基于时间控制点,并且考虑运行时间的随机性和驾驶员恢复行为的公交线路计划时刻表设计方法。

二是多模式公交换乘协同的静态调度,确定最优发车间隔。周雪梅等(2004)[135]考虑两条公共汽车线路间换乘相关的乘客总候车时间,包括:乘客换乘的等待时间和到达乘客的候车时间,建立了换乘时间最短的调度优化模型。滕靖等(2004)[136]考虑了公交换乘公交的时间费用、轨道换乘公交的时间费用以及公交车辆上的乘客的停站时间费用,通过使总成本最小,优化发车间隔。北京交通大学的陈旭梅等学者[137~139]针对城市轨道交通与常规公交之间的调度协调进行了研究,基于 IC 卡和 GPS 数据,考虑了运营商成本、拥挤里程比例和换乘乘客平均候车时间等目标函数。

三是以改善公交运行可靠性为目标,构建实时运行过程中的调度控制模型,使车辆恢复行车计划。主要的实时控制策略有:(1)控制公交车辆到/离站时间,尽量减少与行车计划的偏差。北方交通大学 ITS 研究中心的黄溅华等(2000)[140]对照中途站行车时刻表与车辆实际到达本站的时间,对车辆实施控制策略,保证线路的行车间隔和各车辆的载客量均匀正常。吉林大学的杨兆升(2004)[141]研究了实时调度准点控制模型与方法,即对照中途站行车时刻表与车辆实际到达本站的时间,对比计划提前到达的车组,要控制其准点出站,对晚点车组越站停车,不在本站上客,保证线路的行车间隔和各车辆的载客量均匀正常。大连理工大学的于滨(2006)[142]提出了两种滞站调度策略:协控准点滞站调度策略和动态滞站策略,两种策略综合考虑车辆在当前站点和下一站点的准点情况来确定车辆滞站的时间。同济大学的汪洋等(2009)[143]提出道路快速公交系统以候车时间小于最大可接受时间为运营调度目标,发车间隔较大时,以控制运行与时刻表间的容许偏差为手段；发车间隔较小时，以控制公交车辆间隔变化系数为手段。(2)优化公交站点处车头时距方差/标准差。西南交通大学的吴海涛(2005)[144]通过实时采集的公交运营信息，以行车间隔标准差为目标函数，通过无线设备向司机发出指令，控制行车间隔的均匀性。同济大学的滕靖等(2006)[145]从均衡车辆运行秩序、缩短乘客候车时间出发，以优化全线车辆加权离站车头时距方差为目标，建立了先进公共交通系统环境下公交车辆单线路离站时间的实时控制模型。(3)实时调控公交车辆运行速度。北京航空航天大学的丁建勋等(2010)[146]提出可变跃迁概率元胞自动机模型，假设公交车辆并非追求以最大速度行驶，而是依据"信息素"引入控制策略动态调整公交车前行速度。中南大学的陈维亚等(2011)[147]提出了基于实时行车诱导的高频公交路线服务不可靠预防策略，即通过预测当前公交车辆到达下一个公交站点的时间，引导驾驶员以建议行车速度到达下一个公交站点。

关于公交线网设计方面，吴稼豪等(1983,1987)[148,149]叙述了有关城市公交网络优化问题的模型和方法，并将其分解为二级少目标的子问题进行求解。韩印等(1994)[150]探讨了城市公交网络优化系统所关联的主要指标，以及中等城市建立公交线网优化数学模型的方法；并提出了公交线网优化调整的PSO算法(1999)[151]。大连铁道学院的王志栋(1997)[152]提出乘客总出行时间最小、客流直达率最高、线网覆盖率最高、线路重复系数最低、经济效益最高的多目标规划方法。北京交通大学的林柏梁(1999)[153]基于指派问题模型，以乘客总出行时间和公交企业运营成本之和为目标函数，考虑起讫点处场站的容量、线路重复系数等约束，构建了公交线网设计的非线性0-1模型。

2000年以后，启发式算法亦被开始用于国内的公交线网设计研究中。韩印(2005)[154]提出公交网络非线性双层优化模型，第一层以最短路组直达乘客量最大化为目标函数，第二层以所有直达乘客的总在车时间最小化为目标函数，采用改进的PSO算法进行了求解。吉林大学的胡坚明等(2001)[155,156]提出以直达客流量最大为目标，以线路长度、重复系数、非直线系数、最大断面客流量为约束，并采用蚁群算法进行求解。哈尔滨工业大学的冯树民等(2005)[157]以居民乘车出行时间最短和公交运营投入最少为目标构建公交线网优化模型，对公交网络组成、运营特点进行分析，将遗传算法用于线网优化过程。同济大学的刘好德等(2007)[158]以用户出行时间和未满足需求最小为目标函数，提出基于路线优选的公交线网设计方法，采用遗传算法进行求解。

2.3　既有研究综述

国内、外学者针对公交运行可靠性的内涵、评价指标的选取、不可靠的原因分析以及改善可靠性的策略进行了广泛的探索。尤其是近年来,欧美发达国家智能公共交通系统的发展促进了公交可靠性的研究,对于研究我国城市公交运行可靠性具有很好的指导作用和借鉴意义。但仍存在以下几个方面的问题:

1. 公交运行可靠性的概念界定

国外既有研究从服务学的视角考量公交服务可靠性,而国内已有研究尚集中于公交网络可靠性,在向公交运行可靠性的研究方向趋进的过程中,关于公交运行可靠性的概念界定比较抽象。作为一项公共产品,公交服务的提供者是公交企业和政府,消费者是公交乘客。公交服务系统主要包含公交车辆运行子系统和乘客子系统。公交车辆运行子系统是公交服务的载体。需要从系统学的角度分析公交车辆运行的特征,从而界定公交线网运行可靠性和公交线路运行可靠性的概念和内涵。而公交服务可靠性实质上主要是考虑乘客对公交运行可靠性的感知,侧重点和研究主体不同。

2. 公交运行可靠性分析的评价指标体系

由于公交运行可靠性和公交服务可靠性的混淆,既有研究尚未构建完善的公交运行可靠性评价指标体系。目前我国大多数城市的智能公交系统的信息采集以AVL技术为核心,应基于AVL系统数据,构建公交运行可靠性评价指标体系,一方面用于了解公交运行可靠性的状况,另一方面用于诊断和识别公交运行可靠性存在的问题,为调度控制提供参考。

既有研究大都关注单条公交线路,侧重于概率测度的角度,尚未构建完善的公交运行可靠性评价指标体系。此外,忽视了公交运行系统本身的随机特征以及公交车辆在不同道路段上和不同路口处的运行环境的差异性。应基于AVL系统数据的新特性,如针对极值而非均值、便于发现隐藏问题等,从线网和线路两个层面构建公交运行时间可靠性评价指标体系,更为系统地进行公交运行可靠性的技术性评价。只有采用系统可靠性分析方法才能进行公交线网运行可靠性的评价分析,以及进行线路单元(线路段)对公交线网运行可靠性的概率影响分析,并以单元重要度作为方案优化、局部改善的依据。

3. 基于运行可靠性分析的公交调度控制机理

已有的调度控制策略强调线路控制,关注单条公交线路的计划时刻表设计和运行过程中的实时调度控制策略,缺乏全局性和系统性。而公交运行可靠性,作为公交调度控制的目标,且为调度控制的基础和输入,含线网运行可靠性和线路运行可靠性两个层次,存在互反馈过程。应拓展传统调度控制的范畴,提出基于运行可靠性的公交调度控制机理,界定其要素、内容、特征和作用规则。

4. 基于运行可靠性分析的公交调度控制的部分关键问题和技术

体现为:

（1）运行时间随机性和公交线网运行可靠性指标在网络设计模型中缺乏应用。既有研究基于平均运行时间或者说常量运行时间的假设,试图寻求一个成本最小化的系统,将公交线路设计与最短路径尽可能地统一。由于与其他交通方式混行,且交通状况存在不确定性,公交车辆的运行时间表现出随机特征,平均运行时间的假设存在其不适合性,最短路径可能不是最快的或者最可靠的路径。运行时间的随机性同样会引发发车频率设置方面的问题,导致公交企业运营成本的波动。而且,需要在网络设计阶段将公交线网运行可靠性考虑在内,以更好地指导公交线网设计。

（2）基于时间控制点的公交线路计划时刻表设计方法需要深化。由于运行环境和智能公交系统建设状况的差异,国内目前关于基于时间控制点的公交线路计划时刻表设计方法的研究极少,且已有研究为了简化计算,同样假设为平均运行时间或者常量运行时间,与实际情况不符。国外研究集中于滞站控制策略条件下的各时间控制点处规划离开时间的确定。而实践中,由于滞站会导致许多问题的出现,许多公交企业不允许甚至不愿意接受滞站策略,且驾驶员总是会试图在两个时间控制点之间调整车辆速度,以提供公交运行可靠性,亦尚未有公交线路计划时刻表设计方法考虑和分析了驾驶员的这种恢复行为。

（3）中途越站和首站放车调度控制未能考虑策略的综合效应。中途越站和首站放车调度在缩短了一些站点处的车头时距的同时,增大了另外一些站点处的车头时距,但是同时也以避免了部分站点处的停靠时间为方法,减少了部分乘客的出行时间,以及公交企业的运营成本,使用时应在这几个方面之间进行均衡考虑。已有的分析中大多以乘客等待时间或者站点处时刻表偏差作为目标函数,难以全面反映策略的影响。

尽管我国城市智能公共交通系统建设已初现端倪,现阶段仍仅限于基于 GPS 的 AVL 系统的发展。因此,考虑与国外公交服务属性的差异,有针对性地研究公交运行可靠性及调度控制相关技术,对实施公交优先发展战略,提高公交系统的服务水平,具有重要的理论和应用价值。

第 3 章

基于运行可靠性的公交调度控制机理

公交运行可靠性是公交车辆运行系统的属性,可用于研究公交车辆运行系统对于随机和不确定外部环境的反应;同时,也是反映公交服务质量的重要方面。本章从线网和线路系统两个层次出发,界定公交线网运行可靠性和公交线路运行可靠性的概念,分析基于运行可靠性的公交调度控制机理。

现有的调度控制,以运行可靠性为目标,关注线路控制层面上的计划时刻表设计和调度形式选择。然而,公交线路和发车频率是调度控制的对象和要素,公交线路为车辆运行的前提,且线路控制的目的是达到整个公交线网系统的运行可靠,公交线网运行可靠性对网络设计过程也具有重要影响,存在互反馈过程。公交运行可靠性分析是调度控制的基础和输入,调度控制又同时以改善公交运行可靠性为目标。单纯研究以线路控制为主的公交调度控制,忽略这种互反馈关系,无法全面反映公交运行可靠性分析的作用,难以从网络系统的角度评估线路调度控制的效果。

3.1 公交运行可靠性概念界定

3.1.1 公交线网运行可靠性

所谓系统,是由各个组成部分(元素)互相依赖、相互作用而形成的一个具有特定功能的有机整体。任何系统一般都具有三个特征:

(1) 它是一个具有特定功能的相对独立体,与其他系统存在着各种联系,一般也可称为系统与环境的关系。

(2) 一个系统的内部又可分解成若干个有机组成部分(或称子系统),其中最基本的组成部分称为系统的元素。系统内部各元素可以互相发生联系,也可以直接与环境发生联系。

(3) 任何一个系统都有一定的目标。构成系统的最终目的是要完成特定的功能,系统需要适应决策者的使用目的或者参与系统的人的活动要求。

任何领域中都必须划定边界与范围,以区分系统内部及其外部(或环境)。对系统的认识包括两个方面,一方面了解其各部分(或元素)的属性或情况;另一方面了解其各部分(或元素)之间的关系或联系,弄清楚它们是怎样构成系统,怎样相互配合以完成整个系统的功能的。

常规公交在物理特性上具有网络结构的特点,公交车辆按照预先确定的时刻表在各固定线路上运行,公交站点是线路沿线公交车辆停靠并供乘客上下车的地点,公交站点和站点间线路段共同构成了公交线路,而多条线路的集合构成了城市的公交网络。在整个拓扑结构中客观的存在着站点、线路、网络三个层次,车辆、站点和线路即为公交线网系统的内部元素,线路通过公交枢纽(换乘站点)彼此连接或相交以协调运营,存在合作与竞争关系,完成公交线网系统的运送乘客功能。乘客、道路网、交通状况等构成公交线网系统的外部环境。

基于公交线网的运行特点,本书将公交线网运行可靠性定义为:公交线网系统中,公交车辆在各条规定公交线路和站点上按照计划时刻表平稳运行,有效完成运送乘客任务的概率。平稳运行体现的是站点或者枢纽处各条线路之间的换乘协同。有效完成运送乘客任务体现的是从运输的角度考察公交线网的功能,即实现各 O-D 点对之间的公交出行。

3.1.2 公交线路运行可靠性

1. 公交线路运行系统及其属性

作为公共产品,公交服务的提供者是公交企业和政府,消费者是公交乘客。单条线路的公交服务系统主要包含公交车辆运行子系统和乘客子系统。公交车辆运行是在给定的运行通道条件、设施设备条件、行车作业计划以及动态调度管理等前提下所形成的车辆运行时空轨迹。乘客是具备差异性本质特性与出行需求特性的服务客体,是公交服务系统的主要参与者与服务水平的评判主体。公交车辆运行是公交服务的物理载体[160]。

运行的基本涵义是周而复始地运转。公交运行即为公交车辆在一条常规公交线路上周而复始地运转的动态过程。单条常规公交线路由站点、站间线路段(即相邻两个站点之间的公交线路部分)元素构成,公交车辆与常规公交线路构成公交车辆运行系统,简称为公交运行系统。其功能是运送乘客到其各自的目的公交站点,方便居民和公众的出行。该系统的决策者是公交企业,他们根据线路的长度、客流量、线路所经过的道路上的交通流状况等,确定需配置的公交车辆数、计划发车间隔、计划时刻表等,并依照这些规则控制系统中公交车辆的运行。对于公交运行系统而言,乘客系统是其外部环境中的因素之一。

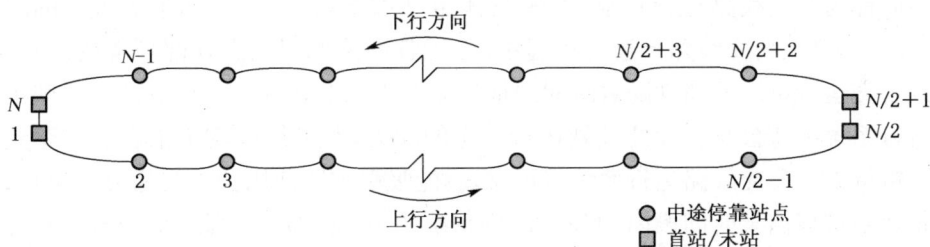

图 3-1   单条常规公交线路、站点的概念

如图 3-1 所示,设有一条经过 $N/2$ 个公交站点的线路,公交车辆在该线路上双向运行,上行方向的公交车辆按照发车间隔或者计划时刻表从首站 1 发车,依次经过下游站点 $2,3,\cdots,N/2-1$,最后到达上行方向的末站 $N/2$;下行方向的公交车辆按照发车间隔或者计划时刻表从首站 $N/2+1$ 发车,依次经过下游站点 $N/2+2,N/2+3,\cdots,N-1$,最后到达下行方向的末站 N。通常情况下,上行方向与下行方向的公交站点是一一对应的,N 是偶数,$N/2$ 是整数。

属性是事物的描述性性质或者特征。公交运行系统是一个复杂的动态系统或动力学系统,它不仅受到各种因素的制约,而且具有动态属性,随着时间的前进而改变自身的状态和特征。运行过程中,公交车辆在站点处实现乘客的上/下车,在线路段间行驶实现乘客的空间位置移动。在上行方向或者下行方向上,每辆公交车有四个特定的状态:

状态 1:在首站处等待进入运行状态(乘客上车);

状态 2:行驶在某两个站点之间的线路段上;

状态 3:停靠在某站点处,进行上、下客;

状态 4:到达末站(乘客下车)。

故可以采用两种时空尺度表征公交车辆的运行状态:(1)在某个时刻,各公交车辆分别位于线路上的哪个位置;(2)在某个站点,各公交车辆的到达和离开时间。而运行在该线路上的公交车辆与公交车辆之间的关系则表现为两个特征:(1)任意某个站点处,相邻两个班次的公交车辆的到达时间或者离开时间之间的车头时距的分布;(2)任意相邻两个站点间的线路段或者任意不相邻两个站点间的区间段上,各班次的公交车辆通过该线路段或者该区间段的运行时间的分布。这些状态和特征统称为公交运行系统的属性,用来描述公交运行系统的性质。这些属性随着一天中不同的时间段、一周不同的天数、一个季节不同的周在变化。

2. 公交线路运行可靠性的定义

从系统学的角度出发,系统的稳定性或可靠性,是指在各种有意的或无意的干扰或冲击之下,系统维持其自身工作状态的能力。本文将公交线路运行系统的可靠性简称为公交线路运行可靠性,并具体定义如下:在驾驶员和车辆可用的情况下,公交车辆在公交线路上运行过程中,由于各种内部因素和外部环境的影响,所导致公交运行系统的属性随着时间的推进而发生的变动性。这种变动性反映了公交运行系统维持公交企业的规划运行状态的能力,并最终影响了乘客及公交企业的决策行为。公交线路运行系统越可靠,越能吸引乘客使用公共交通方式出行;公交企业则可根据某时间段内的公交运行系统的可靠性状况,判断是否需要对计划时刻表进行修正或者采取调度控制策略。该定义采用系统学的观点研究公共交通的运行,更加具体和客观,相对比较容易理解和解释。

服务的含义是为别人做事、满足别人需要,公交服务是公交运行系统所提供的服务,是为乘客提供运输能力、满足乘客出行需要。服务质量本质上取决于公交企业对于公交运行系统的决策,尤其是发车间隔、服务时间、计划时刻表等方面的决策。从字面意义上来看,公交服务可靠性主要是考虑乘客对公交运行可靠性的感知,对其评价指标的值指定一个范围,反映例如从"A"到"F"等不同级别的服务水平。如美国交通委员会的《公共交通通行能力与服务质量手册》中,将服务可靠性作为服务水平评价的重要指标[38]。以 10 min 的车头时距作为分界,大于 10 min 的为低频线路,用准点率和拥挤度为可靠性评价指标;小于 10 min 的为高频线路,用车头时距变异系数和车内拥挤度作为可靠性评价指标和服务水平的分级。而公交运行可靠性则更多地表征公交运行系统的属性值的客观事实,是"面向车辆"、"面向运营"或者说是"面向供给"的,强调的是车辆运行过程中的可靠性,符合我国现阶段部分城市的公共交通发展从重建设向重服务阶段过渡以及智能公交系统仅在部分城市初步实施的特点。现阶段难以根据我国不同城市的特点和公共交通发展实际,通过极大规模的数据分析总结出对应于各服务水平的评价指标的规律和范围。

公交线路运行可靠性与服务可靠性相互联系又有区别,乘客只要享受可靠性的服务,不同特征的乘客对服务可靠性的感知差别很大,他们对公交线路运行可靠性并不关心,而运行可靠性在很大程度上决定了服务可靠性。

本书的定义排除了突发事件(极端恶劣天气、交通事故、交通管制、自然灾害等)引起的公交线路运行不可靠状况,重点研究日常的公交运行和常发性的系统内部因素和外部环境的扰动。此外,该定义强调了公交线路运行系统的实际状态与公交企业的运营决策的不匹配是公交线路运行不可靠的本质。

3. 公交线路运行可靠性影响因素

区别于轨道交通以及享有完全独立的专用道与信号优先的快速公交,常规公交通常不具备完全独立的运行通道,而是与社会车辆共享或者部分共享。因此,公交车辆在线路上的运行受到很多因素的影响,将其划分为内部影响因素和外部影响因素,外部影响因素的总和统称为公交运行系统的环境。

（1）内部影响因素

内部影响因素与公交线路运行系统本身有关,主要包括驾驶员、车辆、线路、运营决策四个方面。

驾驶员特性:作为公交车辆的驾驶者,其驾驶行为对公交运行系统的影响主要体现在驾驶水平差异、性格、职业态度等方面。同一条公交线路或者同一部分公交线路段上,驾驶经验丰富的司机所用的运行时间肯定要比经验生疏的司机短;职业态度好的司机也必然会比无职业道德的司机更愿意遵守公交企业的决策来执行驾驶行为。

车辆特性:公交车辆的车型（前后门设置、座位数、残疾人升降装置等）影响乘客的上下车时间和载客量。

线路特性:包括线路长度、站点数及位置、是否有公交专用道等。

运营决策特性:例如计划时刻表或者发车间隔的合理性、车辆及驾驶员的可用性、是否对运行过程进行监控、采取的控制策略的有效性、运营管理人员的监督力度等。

（2）外部影响因素

广义地讲,一个系统之外的一切事物或系统的总和,称为该系统的环境。环境分析是系统分析不可或缺的一环。把握一个系统,必须了解它处于什么环境,环境对它有何影响,它如何回应这种影响。公交线路运行系统的环境包括乘客、道路交通状况、气候等。

乘客特性:乘客需求波动是影响公交运行系统的直接因素,包括站点处客流量、客流量的变动特征、乘客到达分布等。例如,某个站点的突发乘客需求不仅延长车辆在该站点的停靠时间和增加车辆拥挤度,还会导致下游站点处乘客下车需求增多,使得公交车辆整个班次的运行受到影响。

交通特性:在没有公交专用道的情况下,公交车辆大多在道路上与其他交通方式（社会机动车、非机动车、甚至行人等）混合行驶、相互作用,交通流构成、交通需求变化、交通拥堵水平、交叉口处信号延误、路边停车、事故等都会对公交运行系统造成影响,导致公交车辆的计划运行时间难以控制及其他的运行属性发生变动。

气候特性:空气能见度、突发降雨、降雪等恶劣天气都影响着公交车辆在线路上的运行性能的发挥。

此外,突发事件如道路施工、交通事故、交通临时管制、地震等也会对公交车辆的运行存在干扰;还有道路建设和施工养护,会带来运行时间的延误或者造成车辆绕道行驶,但这些为非常态下的公交运行系统,本书研究时暂不考虑。

4. 公交线路运行不可靠原因分析

（1）公交线路运行系统固有不可靠性

由于内部影响因素及外部环境的影响,公交线路运行系统本质上是不可靠的,即本身固有系统学上的不稳定性。系统存续运行中表现出来的状况或态势,称为系统的状态。研究系统,主要关心的是它所处的状态、状态的可能变化、不同状态之间的转移等。系统状态用一组称为状态量的参量来表征。

这里以各公交站点处车辆的到站时间,作为公交线路运行系统的状态变量,简要分析公交运行系统的不可靠机理。设某公交线路上行方向上有 n 个公交站点,对于车辆 i,以站点为时刻轴,其状态向量为:

$$(A,T) = (a_{i,1}, t_{i,1}; \cdots; a_{i,j-1}, t_{i,j-1}; a_{i,j}, t_{i,j}; a_{i,j+1} t_{i,j+1}; \cdots a_{i,n}, t_{i,n}),$$

其中:A 和 T——矢量;

　　$a_{i,j}$——第 i 辆车在站点 j 处的实际到站时间;

　　$t_{i,j}$——第 i 辆车在站点 j 处的计划到站时间。

计划时刻表中,第 i 辆车在第 $j+1$ 站点的计划到站时间 $t_{i,j+1}$ 为

$$t_{i,j+1} = t_{i,j} + c_{j,j+1} \tag{3-1}$$

其中:$t_{i,j}$——计划时刻表中第 i 辆车在站点 j 处的计划到站时间;

　　$c_{j,j+1}$——公交车辆 i 从站点 j 到站点 $j+1$ 的计划运行时间(为简化分析,这里的运行时间假设包括了在站点 j 处的停靠时间)。

在均匀发车间隔、乘客随机到达、计划运行时间的情况下,公交车辆的运行轨迹应如图 3-2 所示。

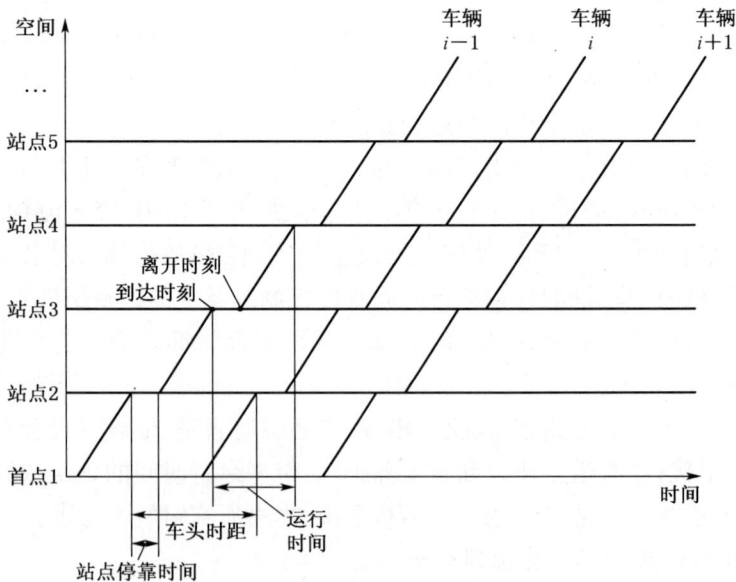

图 3-2　单条公交线路上的车辆运行轨迹

而实际运行过程中,由于各种内部影响因素和外部环境的影响和随机扰动,第 i 辆车在站点 j 处的实际到站时间与计划到站时间的偏差为

$$d_{i,j} = a_{i,j} - t_{i,j} \tag{3-2}$$

式中:$a_{i,j}$——第 i 辆车在站点 j 处的实际到站时间。

且站点 j 处的实际车头时距为

$$h_{i,j} = a_{i,j} - a_{i-1,j} \tag{3-3}$$

设 H 为计划发车间隔,即

$$H = t_{i,j} - t_{i-1,j} \tag{3-4}$$

公交车辆 i 从站点 j 到站点 $j+1$ 的实际运行时间为

$$u_{j,j+1} = c_{j,j+1} + \gamma_j(h_{i,j} - H) + \nu_{j,j+1} \tag{3-5}$$

式中:γ_j——无量纲参数,表示由于单位车头时距的增加,引起的公交车辆运行时间延误的增加,$\gamma_j > 0$;因为车头时距的增加引起额外的乘客到达和上车活动,增加公交车辆在站点 j 处的停靠时间;

$\nu_{j,j+1}$——由于其他的影响因素的随机扰动,引起的与计划运行时间的偏差,可称为随机噪音项,独立于车头时距 $h_{i,j}$。

可推导得 第 i 辆车在第 $j+1$ 站点的实际到站时间 $a_{i,j+1}$ 为

$$a_{i,j+1} = a_{i,j} + u_{j,j+1} = a_{i,j} + c_{j,j+1} + \gamma_j(h_{i,j} - H) + \nu_{j,j+1} \tag{3-6}$$

故第 i 辆车在站点 $j+1$ 处的实际到站时间与计划到站时间的偏差为

$$
\begin{aligned}
d_{i,j+1} &= a_{i,j+1} - t_{i,j+1} \\
&= a_{i,j} - t_{i,j} + \gamma_j[(a_{i,j} - t_{i,j}) - (a_{i-1,j} - t_{i-1,j})] + \nu_{j,j+1} \\
&= (1 + \gamma_j)d_{i,j} - \gamma_j d_{i-1,j} + \nu_{j,j+1}
\end{aligned} \tag{3-7}
$$

即为公交运行系统的动力学方程。

依据系统论中的李雅普诺夫的可靠性定义[163],考虑车 辆 i 的运行可靠性,以 $d_{i-1,j}$ 和 $\nu_{j,j+1}$ 作为输入条件,期望在没有这些输入条件的时候,当 $j \to \infty$ 时,$d_{i,j} \to 0$。然而此时

$$d_{i,j+1} = (1 + \gamma_j)d_{i,j} \tag{3-8}$$

由于 $(1 + \gamma_j) > 1$,车辆 i 的运行是不可靠的,公交运行系统达不到均衡和稳定状态,也即公交运行系统固有不可靠性。

(2)公交线路运行不可靠原因

本节重点分析公交运行系统的影响因素是如何影响公交系统的运行,导致公

交运行不可靠的[18,161]。尤其是公交线路运行时间,受到线路长度、乘客上下车以及信号交叉口数量的影响,而且,各班次的车辆从首站到达相同站点的运行时间的波动特征存在累计效应[25]。乘客需求波动和线路运行时间随机性对公交运行可靠性也有重要影响[64]。

① 首站处偏离计划时刻表

首站处偏离计划时刻表与运营特性有关,能否偏离以及偏离的程度取决于三个方面:计划时刻表的合理性、驾驶员的职业态度和首站处调度人员的监督管理。

时刻表偏离定义为实际的发车时间减去计划时刻表上计划的发车时间。晚发车时为正的偏离,早发车时为负的偏离。时刻表偏离在公交车辆运行过程中可能会沿着线路下游站点方向发生传播及恶化,导致到达末站时严重偏离计划时刻表上的计划到站时间。故大多数公交企业在末站处设置休整时间,便于驾驶员休息以及修正这种到站偏离,从而使公交车辆能够准点开始下一个班次的运行。此外,首站处偏离计划时刻表还容易导致首/末站及中途各站点处车头时距的变化,出现"大间隔"或者"串车"现象。

图 3-3 显示了首站处偏离时刻表晚发车对公交运行系统的影响。公交车辆晚离开首站处,假设乘客随机到达,将导致下游站点处上车乘客需求增加。公交站点处增加的客流量导致乘客上、下车的处理时间增加,从而增加了本班次公交车辆在公交线路的总运行时间。如果末站处,也就是下行方向的首站处,计划停休时间不足,则很容易导致该公交车辆下一个班次在下行运行方向上的晚离开,如此循环往复,导致公交运行可靠性的恶化。

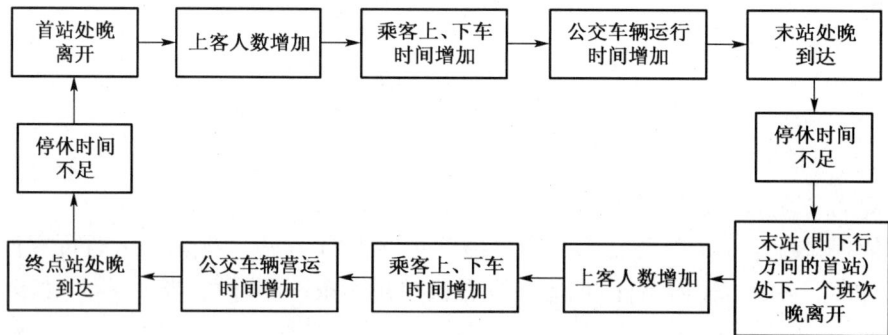

图 3-3 首站处偏离时刻表晚发车对公交运行系统的影响

② 客流需求波动

客流量与运行时间和车头时距的变化有关,公交运行可靠性最差的情况通常会发生在公交车辆满载率高且特别拥挤的时候(即客流需求高峰时段)。大规模的客流量增加了站点处乘客上、下车的处理时间。

如图 3-4 所示,如果公交车辆 m 在站点 k 处停靠时间过长(上客数量较多),则在下游站点 $k+1$、$k+2$… 处,它与前一辆公交车辆 $m-1$ 之间的车头时距会逐渐增大,使得下游站点处候车的客流量累计增加,停靠时间继续增大,循环往复,与前一辆公交车辆 $m-1$ 之间的车头时距越来越大,而与后一辆公交车辆 $m+1$ 之间的车头时距会越来越小,公交车辆 $m+1$ 的载客量逐渐减少,运行速度加快,与公交车辆 m 之间的车头时距也越来越小,最终导致"大间隔"和"串车"现象的发生。

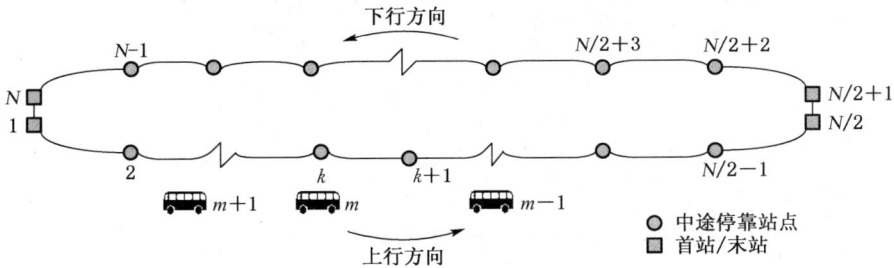

图 3-4　客流量的波动对公交运行系统的影响

③ 运行时间的变化

运行时间的变化主要与交通特性、驾驶员特性、乘客需求等有关。同一线路段上运行时间的变化,特别是连续班次的公交车辆之间,影响了公交站点处车头时距的变化特征。公交企业或者公交时刻表的设计者应着重考虑运行时间的变化,规划合理的线路计划运行时间和足够的停休时间,以确保公交运行可靠性。若线路计划运行时间规划过多,公交车辆会经常出现"早到"现象,导致公交车辆资源的浪费;而且同样的公交车辆规模,公交企业无法通过提高发车频率而从中获益。若线路计划运行时间规划过少,公交车辆则会经常出现"晚到"现象,公交车辆运行准时性差,如此时休整时间规划不足,晚到导致该车辆在下行方向的下一个班次的晚离开,循环往复,公交运行不可靠状况恶劣。

④ 各种成因之间关系

公交运行系统的各种影响因素之间并不是独立和孤立的。图 3-5 显示了公交运行不可靠性的原因之间的各种关系。与计划时刻表的偏差可能是由于不合理的时刻表设计或者运行环境的变化引起的。驾驶员特性对各种其他因素都有重要影响。任何与计划发车时刻表的偏差都会引起相邻班次的公交车辆的载客量的不均衡,从而导致运行时间及车头时距的变化。外部因素如交通条件、天气等也影响了公交车辆的运行时间。

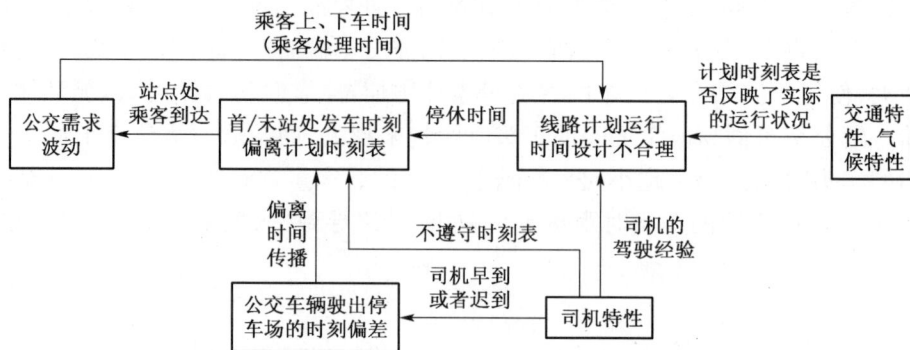

图 3-5　公交运行系统的各种影响因素之间的关系

此外,内部因素和外部因素并非独立影响公交线路运行可靠性,在乘客与公交车辆的互动过程中,这些影响因素存在相互的作用机理。系统外部因素主要通过作用于驾驶员、车辆和时刻表来影响公交车辆在线路上的运行过程。

3.2　基于运行可靠性的公交调度控制系统框架

控制论研究的是关于动态系统控制和调节的一般规律。由于公交运行系统是一个复杂的大系统,也是一个不断运动变化的动态系统,因此,可以采用控制论的观点来研究公交运行系统。把公交运行系统作为一个控制论系统看待,分析其信息反馈及调节控制的机制,进而用各种方法(分析或建模)考察各种措施的作用及后果,从而协助决策者做出正确的决策。以下是控制论中主要涉及的几个概念[159]。

1. 相对孤立系统

客观世界是普遍联系的,不被其他事物影响又不影响其他事物的绝对孤立系统实际上不存在。为了便于研究,控制论是把处于错综复杂、相互联系的事物相对孤立出来,把与研究目的无关的或者次要的联系忽略,突出主要联系并规定在特定的通道中进行,简单地概括为"输入"(外界对系统的影响)和"输出"(系统对外界的影响),这样的系统叫做相对孤立系统。

2. 控制论系统

控制论只研究一切具有控制作用的相对孤立系统。这种系统可被分解为两个功能不同的组成部分(子系统),即控制部分(控制器)和被控制部分(受控系统)。

3. 控制论系统的控制

在加工信息的基础上,采取决策以影响系统,改善它的行为,这种控制表现在两个基本方面:决定系统状态变化的轨道(即确定目标及达到目标的途径);通过不断调节,使系统保持在所规定的轨道上。因此控制器又可分成两个功能部分:设定目标部分和进行比较及调节部分(也叫调节器)。如图 3-6 所示。

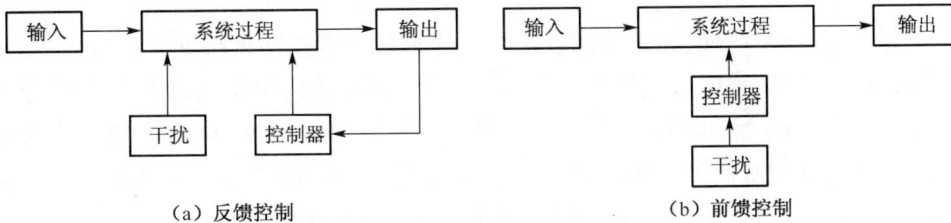

（a）反馈控制　　　　　　　　　　（b）前馈控制

图 3-6　控制论中的后馈控制和前馈控制

4. 反馈

控制子系统输出信息(给定信息,包括设定的目标)作用于被控对象,产生结果输出,经过测量器得到的信息(真实信息),再送回控制子系统并对再输出发生影响的过程叫反馈,也称后馈。按被控结果来区分,反馈分为两种。若给定信息与真实信息的差异越来越大,即被控制系统的行为更加偏离设定的目标,使系统处于不稳定状态,这叫正反馈;若差异越来越小,即被控系统的行为越来越接近目标,使系统处于稳定状态,就是负反馈。

在控制论中,管理是计划、执行、控制,再计划、再执行、再控制,一个螺旋上升的循环过程,分为事后管理和事前管理。事后管理是靠后馈信息的闭环控制。传统意义上的公交调度控制管理是一种事后管理,重点放在对发生的问题进行补救措施上。要求有事后的统计和计算来配合,构成后馈信息系统,实现闭环控制。其缺点是只能"防患于已然",不能"防患于未然",重视事后监督,忽视事前决策的合理性,使计划和决策易带主观性。事前管理是靠前馈信息的开环控制。事前管理重点放在事前决策和计划上,行动之前根据各种预测和环境状况资料,设计数学模型,找出不同方案,从中进行优选,然后依此编制计划。事前管理要有前馈信息,可视为一个开环控制系统。这种系统的特点是:依据历史的和现实的大量数据作预测,提供各种预测信息;根据预测信息计算各方案的预期效益;依择优方案来做计划。

组合管理是开、闭环控制的联合。事前管理单独使用有其困难之处,当客观环境非常复杂,变化的因素太多,或者环境变化太快,不可能事先取得及时和必要的全面信息时,或者当处理事前信息做出计划和决策的速度落后于客观环境对事物发展变化的影响时,都有可能使单纯事前管理陷于失败。因此现实的管理过程,一般既有事前管理又有事后管理,做到行动之前有科学的预见,行动之后有迅速的反馈,进行及时的调整,采用了开环和闭环联合的组合控制。

公交运行不可靠来自外部和内部的干扰,这些干扰加载在公交运行系统中,造成无效供给。现代自动控制理论提出一整套抗干扰保持系统稳定的理论,可将公交运行系统视为相对孤立系统,类比控制理论构建改善公交运行可靠性的调度控制的理论框架。

对公交运行系统而言,关于改善运行可靠性的调度控制策略的抉择分析,不仅来自对系统内部因素的分析判断,还来自于对外部环境的分析判断。SWOT 分析(优势—劣势—机会—威胁)中的 WT(劣势—威胁)组合是一种旨在减少内部弱点、回避外部环境威胁的防御性技术。公交运行系统的内部因素和外部环境因素如表 3-1 所示,需要针对内、外部因素制定相应的控制策略。

表 3-1　公交运行系统的内、外部因素

内部因素	线路	线路长度
		站距
		公交专用道、信号优先
	运行规则	计划时刻表
		发车间隔
外部环境因素	交通状况	
	乘客需求	

依据公交线路运行可靠性的定义:在驾驶员和车辆可用的情况下,公交车辆在公交线路上运行过程中,由于各种内部因素和外部环境的影响,所导致公交运行系统的属性随着时间的推进而发生的变动性。这种变动性反映了公交运行系统维持公交企业的规划运行状态的能力,并最终影响了乘客及公交企业的决策行为。简单而言,公交运行可靠性为规划与实际运行之间的匹配。公交企业提供一个公交运行系统,并制定相应的运行规则(即计划时刻表和发车间隔),这是他们对乘客的承诺,可靠性即为他们能够遵守这份承诺的程度。由于涉及两种元素,因此,可有两种方式改善公交运行可靠性,即调节实际运行状况与规划一致,或者使规划更加适应实际运行情况。依据控制论中的组合管理理念,把公交运行系统比作一个控制系统,干扰是前文所述的产生公交运行不可靠的原因,提出公交运行可靠性"分层多环"控制结构框架如图 3-7 所示。

公交规划过程主要包括战略层、策略层两个阶段,战略层的任务是线网设计,得到公交线路和发车间隔,然后用于后续的时刻表制定和运行阶段,它是长期的调度控制。策略层则将发车间隔拓展为一个详细的计划时刻表。战略层上要预防公交运行可靠性的发生,线网设计时就需把公交运行可靠性考虑在内。时刻表编制时,要选用尽可能与实际运行一致的参数。最后在运行层上,一方面采取纠正措施降低公交运行不可靠的影响,另一方面,要基于采集的数据,通过公交运行可靠性指标衡量运行状况,通过反馈环给上一层次,以采用这些指标改善线网与时刻表设计。因此,规划与运行之间的反馈环十分必要。

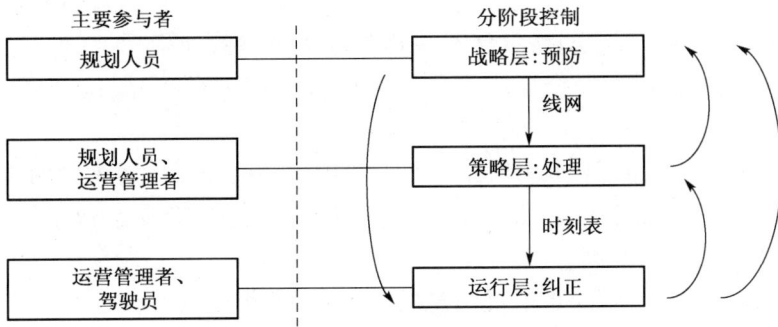

图 3-7　公交运行可靠性"分层多环"控制结构框架

　　改善公交运行不可靠的措施实际上就是控制器。控制器的设置和一般的控制理论一样,战略层和策略层为前馈控制,事先预测干扰对于系统产生的影响,对于这种干扰进行补偿。运行层则是反馈控制。"分层多环"控制结构框架以改善公交运行可靠性为核心,从战略、策略、运行三方面多控齐下,从预防、应对到纠正,形成多个反馈环,将运行可靠性引入上述环节并有效整合,可以最大限度地提高公交运行可靠性,或者在不可靠发生后尽快恢复系统运行可靠状态,是可持续和根本性的公交调度控制框架体系。战略层和策略层以减少公交运行系统内部因素弱点为主,运行层则以抵抗外部环境干扰为重点,很好地诠释了 SWOT 分析法中的 WT 组合。

　　基于运行可靠性的公交调度控制是对公交运行系统中调度的每个环节进行控制,从而达到改善公交运行可靠性的目标。线路控制是目前普遍认为的调度控制的内容,主要包括计划时刻表的设计以及调度形式的选择。然而,网络设计过程中输出的公交线路和发车频率是传统公交调度控制的对象和要素,公交线路为车辆运行的前提,且线路控制的目的是达到整个公交线网系统的运行可靠,公交线网运行可靠性对网络设计过程也具有重要影响,存在互反馈过程。相对于线路控制而言,网络设计为比较长期的调度控制。在公交网络中,某一线路的运行可靠性可能会通过换乘站点对网络运行可靠性产生影响,这个影响随着该线路在网络中的地位等因素不同而有所不同,而线路控制层的运行可靠性为调度控制的核心,又是在网络设计层的运行可靠性得到保障的前提下寻求自身的最大可能的改善。

　　因此,基于运行可靠性的公交调度控制为宏观调度控制的范畴,拓展了传统的调度控制的范围,又可分为网络设计层和线路控制层两个层面,线路控制层又进一

步细分为计划时刻表设计时对运行不可靠的处理和运行过程中对运行不可靠的纠正两个阶段,且具有如下基本特征:

(1) 基于运行可靠性的公交调度控制不仅以运行可靠性为总目标,并且以运行可靠性分析为基础,为网络设计和线路控制提供参数和指标,将运行可靠性贯穿于公交调度控制的每一个层次和每一个阶段,这些阶段和层次之间又构成互反馈过程。

(2) 在调度控制内容上,由线路层面上的单项调度控制发展为含网络设计层、线路控制层等的多维控制;在方式上,强调过程控制,即在公交运行系统中调度的每个环节中所进行的控制。

(3) 调度控制基础方面,现代信息技术的发展,智能公共交通系统发展迅速,自动车辆定位(AVL)系统成为公交车辆运行的相关信息采集的关键技术,为公交运行可靠性分析提供数据支持。

3.3　基于运行可靠性的公交调度控制策略

3.3.1　网络设计

网络设计层的调度控制以指导性控制为主,基于公交运行可靠性分析,考虑运行可靠性的表现属性的同时,以运行可靠性为约束条件,进行公交线网设计。已有的公交线网设计方法极少考虑公交运行可靠性,难以获得鲁棒性好、可靠性高的线网设计方案。近年来,基于可靠性的随机公交分配已逐渐开始引起研究者的重视[103,162,163],而这些分配模型尚未应用到公交线网设计方法中。在公交线网设计阶段,应将运行可靠性引入传统网络设计过程之中,研究基于运行可靠性的公交线网设计模型及算法,提高网络系统的稳定性。

网络设计时还应选用合适的线路长度和站距。研究[164,72]发现,线路长度与运行时间的波动有重要关系。运行时间的变异系数与行驶站数基本呈幂函数关系,且随着出行站距的增加,车内时间的波动性基本上与车内时间保持线性关系[166]。公交线路优化调整时,对于公交运行可靠性极差的线路,可截断线路、或者将线路拆分为多条线路。荷兰 Hague 的案例分析表明[167],拆分线路可以改善运行时间的可靠性,而且在换乘点选取合适的情况下,运行可靠性的改善可以弥补由于换乘而带来的额外时间成本。

站点停靠时间是运行时间的一部分。站距设置时应考虑站点停靠时间的变化,确保每个站点处都有乘客上下车,防止站点停靠时间相差太大。当然,最佳站距是很多方面的目标相互综合的结果,但是同时也应把公交运行可靠性考虑在内。公交线路上的站点数量对于运行可靠性也有重要影响[168,169]。2005 年,波兰的公交服务供应商 TriMet 公司开展了一个公交站点合并项目,通过增加站距改善公交运行可靠性。采用项目实施后的 AVL 数据统计发现,公交运行时间可靠性得到了提高[69]。

此外,运行环境的改善对于可靠性的提高有重要作用,尤其是公交优先设施的设置。公交运行不可靠的重要原因之一是没有专用的通道和专用的信号,可通过采用公交信号优先、专用道、中间站的合理设置等预防公交运行不可靠的发生,降低公交运行不可靠发生的可能性。公交信号优先包括主动优先和被动优先两类,主动优先属于运行过程中的纠正措施,而被动优先则为网络设计层面上的控制。

1. 公交信号被动优先

公交信号优先是指在灯控路口通过调节信号灯对待通过的公交车提供区别于其他私家车的优先通行权,是旨在通过减少公交车在路口的延误时间进而缩短其运行时间的一种信号控制策略。公交信号被动优先又被称为静态优先,不检测公交车辆的到达,没有交通流的反馈系统,进行判断与信号灯参数设置,其优先的各类形式如表 3-2 所示。仅凭借经验和历史数据给予公交车信号优先,适用于公交发车频率高,交通量小,乘客出行需求稳定的线路。

表 3-2　公交信号被动优先形式

信号被动优先形式	说　明
调整绿信比	公交车较多的方向给予较多的绿灯时间
缩短信号周期	减少公交车红灯等待时间,获得更高频率的信号服务
公交专用相位	公交车所在道路绿灯相位分离策略,为公交车设置单独的相位
相位分割	在同一个信号周期内,将公交车辆的优先相位分割为多个相位,从而在不减少信号周期长度的条件下增加公交车辆的信号服务频率
网络化信号配时	根据通过路网的乘客出行量而不是车辆数分配绿信比;根据公交车辆的运行速度或行程时间协调公交线网内的信号配时方案(公交绿波)
预信号优先	在交叉口进口道的通行区域内设置前后两条停车线,通过设置在后一根停车线上的预先信号来控制社会车辆的通行,确保主信号红灯期间到达的公交车辆总是在社会车辆的前面排队等候,并能够在绿灯启亮的第一时间通过交叉口

公交信号优先的直接效果是减少了公交车辆在信号交叉口处由于停车和拥堵所造成的延误,从而提高公交车辆运行速度,表 3-3 总结了已有文献[170~181]在实施公交信号优先时常用的一些评价指标。

表 3-3　公交信号实施评价指标

指　标	文　献
排队长度	Chang(1996)
车头时距	Li(2012)
延误	Chang(1996);Khasnabis(1999);Furth(2000);Dion(2000,2004);Kimpel(2005);Li(2012);Wen(2012);Pessaro(2012)
交通量	Snehamay(1999);Zlatkovic(2012)
停车次数	Dion(2000,2004);Zlatkovic(2012)
成本效益比	Snehamay(1999)
运行时间	Zlatkovic(2012);Dion(2000,2004);Kimpel(2005);Albright(2012);Wen(2012);Liao(2012);Pessaro(2012)
准点率	Furth(2000);Kimpel(2005);Albright(2012);Li(2012);Pessaro(2012)
行驶时间	Zlatkovic(2012)
运行时间波动	Zlatkovic(2012)
平均运行速度	Zlatkovic(2012)

2. 公交专用道

公交专用道是在普通道路隔出或者新增出专用车道,全天候或者在规定时间内仅供公交车辆行驶。公交专用道使得公交车辆行驶过程避免了其他交通的干扰。当交通量很大时,驾驶员难以控制速度,而且在站点处完成乘客上、下车任务时,需要耗费较多的时间重新驶入到交通流中。而公交专用道可减少由于交通状况引起的运行时间的波动,驾驶员也能更好地调节速度,防止晚点、挤压到站等情况。

公交专用道的设置需要考虑道路条件和交通量状况。国内在实践中一般要求高峰小时车流量达到 90 辆以上,客流量达到 3 000 人次,且道路条件为双向四车道以上[182]。在非完全保护或者非栅栏隔离时,公交专用道还受到接入管理、违法停车、其他车辆占用等因素的影响,需要制定相关政策和管理措施配合实施。

根据道路条件、公交运营需要以及路权的专有程度,公交专用道的设置有八种主要形式,如表 3-4 所示[183]。

公交专用道的建设保证了公交车辆在路段上快速、可靠地运行,但在交叉口处,由于社会车辆的干扰,容易引起交通混乱,而公交专用进口道的合理设置可以很好地解决这个问题。

表3-4 公交专用道设置形式

类型	断面形式	优点	缺点	适用范围
路外侧式		便于设站，无需对车门改造，可利用现有公交设施	易受外界干扰，不利于左转，不利于社会车辆右转，不利于设置出租车停靠站	机非物理隔离，公交车辆多，右转或直行公交车辆多，沿线土地开发强度不高，进出车辆少
路内侧式		外界干扰少，便于封闭式管理，车速高，通畅性好	不利于设站，不利于右转，不利于社会车辆左转，需对社会车辆左转，需对车门进行改造过街设施，需对车门进行改造	中心区以外，交叉口间距大，道路条件好，左转或直行公交车辆多
路中央式		道路改造少，外界干扰相对较少	不利于停站，与左转社会车流存在交织	直行公交车辆多，交叉口间距大
单侧双向式		车道安排灵活，可利用对向车道超车	交叉口干扰多，运行组织复杂，沿街对面乘客乘坐不便	仅适用于沿线土地开发集中于一侧或公交线路为环状的道路
单侧单向式		对路幅宽度要求不高	对路网密度要求较高，双向分不同道路设置，反向乘客乘换不便	适用于道路狭窄、路网密集的老城区
逆向式		不易被其他车辆侵占，反向乘车方便	不符合行车习惯，与对向左转车流有冲突，交叉口处与其他车流行驶特性不统一	适用范围较广，但实际运用中可操作性不高
专用路		独立性好，速度快，运量大，效率高	道路资源占用多，建设成本高，周期长	仅适用于道路资源丰富的地区
专用超车道		提高车站的通行能力	占用稀缺的道路横断面资源	仅适用于道路资源丰富的地区

3. 中间站的合理设置

根据公交专用道设置形式的不同，中间站有路内侧岛式车站（以北京南中轴 BRT 为代表）、路内侧侧式车站（以常州 BRT1 号线为代表）、路外侧式车站（以杭州 BRT1 号线为代表）以及路外侧深港湾式（以深圳深南香蜜立交站为例）等形式[184,185]，如表 3-5 所示。

表 3-5　公交专用道车站设置形式

类型	示意图	特　点	适用范围
路内侧岛式		站台合并设置，节省车站建设成本 对分隔带宽度要求较高，乘客进出站不便	适用于具有潮汐客流特征的公交线路，适用于中分带较宽的道路
路内侧侧式		车辆行驶和乘客上下车符合常规习惯 对分隔带宽度要求高，乘客进出站不便	适用于中分带较宽的道路
路外侧式		能够较好地整合各条公交线路	适用范围较广
路外侧深港湾式		避免出站车辆与主线车辆的冲突，能够提高站点的通行能力 需要占用较多的道路资源	适用于道路较宽、公交线路较多的道路

结合中间站位置与交叉口的关系，其布置形式有交叉口进口道、交叉口出口道和路段中三种。考虑到乘客进出站以及疏散的便利性，车站（尤其是岛式车站）通常优先设置在交叉口处，当路段上有重要的客流集散点时，也可考虑设置在路段中。对于侧式车站优先考虑以错位式设置在交叉口出口道，除了容易引起二次停站延误外，这种形式在交通组织、换乘衔接等方面具有优势。

表 3-6 为部分欧洲城市的公交优先效果比较[77]。

表 3-6　部分城市的公交优先效果

城　市	获得的益处
雅典	在公交专用道上减少了乘客平均出行时间和方差；在一些线路上增加了 10% 的乘客
维也纳	在公交专用道上减少了乘客出行时间
都柏林	在公交车道上没有减少乘客平均出行时间，但是降低了出行时间的方差 减少了上车的时间 在新的票价范围内增加了乘客数 增加了公交运营收入 使用 AVL 系统减少了出行时间和发车间隔的方差
苏黎世	由于在交通信号灯处采用公交优先策略，并使用 AVL 系统和出行者信息系统，车辆平均运行速度增加了 19 km/h

3.3.2　线路控制

公交线路运行可靠性所表现出来的变动性反映了公交运行系统维持公交企业的规划运行状态的能力，并最终影响了乘客及公交企业的决策行为。简单而言，公交线路运行可靠性为规划与实际运行之间的匹配。公交企业提供一个公交线路运行系统，并制定相应的运行规则（即计划时刻表和发车间隔），这是他们对乘客的承诺，可靠性即为他们能够遵守这份承诺的程度。由于涉及两种元素，可在两个阶段进行调度控制以改善公交运行可靠性，计划时刻表设计时尽可能使规划更加适应实际运行情况，运行过程中纠正实际运行情况尽可能与计划或者规划保持一致。

1. 计划时刻表设计时处理

计划时刻表设计时处理以保护性控制为主，基于公交运行可靠性分析，构建公交车辆运行环境，考虑如何处理公交运行不可靠。我国部分城市在智能化公共交通系统的建设方面多侧重于硬件设施。各种智能调度系统所依据的公交行车计划时刻表仍未摆脱传统的依据经验设计模式，而使得调度系统难以发挥应有的智能化实时功能。在公交计划时刻表的设计问题上，现有公交企业都采取"两头卡点"的思路设计计划时刻表，即依据首、末站发车时刻进行行车组织，侧重点在于公交车辆到达首、末站的时间，难以控制公交车辆在途中的运行状态，忽视了公交运行过程中的可靠性问题。

铁路、地铁、航空等运输方式均采用中间站点时刻表。对于常规公交系统，国外城市采用中间站点时刻表的情况居多，在美国的公交调度手册基础篇中，阐述了"逐站卡点"行车时刻表[179]。这主要是由于公交系统运行环境的不同而造成的[66]：

（1）公交系统以单线运营模式为主，国外采用区域运营模式较多。

（2）公交专用道较少，公交运行受道路其他车辆的影响较大，再加上交叉口信号控制点的影响，车辆性能较低，公交驾驶员对车辆运行速度控制的灵活性较弱，而国外公交车辆的运行受到的干扰较少，驾驶员根据规定到站时间较为容易地调整车速，便于准时到站。

（3）按规定，不管站点上有没有乘客候车，均要求公交车必须在每个站点停车，不能出现甩站的现象（大站快车等特殊形式除外），而国外很多线路或者站点是需要招手停车上客，和按铃停车下客的，从而节约了很多时间，更有利于驾驶员调整车速，准时到站。

基于时间控制点的时刻表是中间站时刻表的一部分，目前的公交运行环境，决定了目前还不够条件全面实施中间站时刻表，而实施控制点时刻表的条件和能力是具备的。在新加坡以及部分欧美国家的公交线路上，会选取一些公交站点作为时刻表控制点，公交车辆上装有设备，显示在时刻表控制点处与计划时刻表的偏离情况，并辅助以颜色表达，采用红色和绿色分别表明过早到达或者是太晚到达。这些信息有助于驾驶员在首站处准时发车，以及在运行过程中实时调整速度以提高公交运行可靠性。

公交车辆运行时间的波动具有明显的马太效应[66]，而在线路上的站点中选择若干个关键点作为时间控制点，从而提高运行可靠性和减弱运行时间马太效应的作用。基于时间控制点的时刻表，使得公交车辆在整个运行过程中，阶段性地及时调整车辆运行速度，以满足到达时间控制点的时间要求。这样能够保证车辆按规定时间到达时间控制点，实现与其他线路车辆的协同发车，便于乘客换乘，最终也能够保证车辆按规定时间到达终点站。

基于时间控制点的时刻表的优势如下：

（1）有利于实现公交网络中多条线路的协同发车，便于乘客换乘。

（2）车辆在各大站点之间的运行会受到到达时间控制的时间约束，有效避免了"前压后赶"现象。

（3）提升时间控制点的重要性，改变现状"重首末站，轻中间站"的情况。

（4）将计划时刻表公布在时间控制点处的公交站牌上，既方便乘客出行，减少等车时间，又有利于客流的集聚。

（5）加强公众对公交运营的监督力度，提高公交运行可靠性，作为公交服务水平的重要方面，吸引更多的人乘坐公交出行。

2010年3月，由于郊区公交线路受外部环境因素影响较小，且运营车辆少、发车间隔较大，济南市推出"定点发车、准时到站"的服务模式，将中间站点时刻表的方法应用在两条郊区线路上，并随后在其余18条郊区线路上推广开来，极大地提高了公交出行的便捷性,得到乘客的普遍赞誉;并在市区部分线路上尝试选取出部分控制点进行"准时到站"。无锡郊区几条公交线路和部分公交专线也制定了含中途站点规划到站时间的时刻表。基于时间控制点的时刻表是国内公交系统未来的发展趋势和研究方向。

因此,线路控制阶段之一是在设计计划时刻表时,就考虑处理公交运行不可靠,给线路总运行时间和站点间区段运行时间规划合理的松弛时间和休整时间。通过优化时刻表改善公交运行可靠性,假设实际公交运行状况已知,调整时刻表以使得更加匹配。时刻表应能够反映实际的运行状况。乘客需求和交通状况随时间发生变化,引起运行时间的随机分布,偏离计划时刻表设计时采用的运行时间。若偏差太大,时刻表不合理,将弄乱车头时距分布,准点率低、串车和大间隔问题频发。因此,需要分时段(如早、晚高峰与平峰时段)、分日(如周末、工作日)等周期性地调整时刻表。

因为均值可以通过小样本来估计,所以在人工调查收集数据的情况下,我国大部分城市通常采用均值或者经验值作为线路计划运行时间,但实际上,计划时刻表的制定应针对分布而非均值,在 AVL 系统允许大样本数据的条件下,直接通过分析分布而建模制定时刻表是最恰当的。随着我国公交优先发展从规模扩张型向服务加强型过渡,乘客对公交出行时间的准确性要求越来越高。同时,AVL 系统等技术发展使得大样本运行数据的获取成为可能,基于时间控制点的时刻表的制定也逐步变得可行。此外,由于换乘客流的存在,关键站点处多条公交线路计划时刻表的协同也十分必要。

2. 运行过程中纠正

存在两种互斥的实时公交性能指标:①偏离了行车计划,但并未因此而产生供需之间的不平衡,这是运行上的不可靠;②产生了供需之间的不平衡(超载和空驶),但没有偏离行车计划,属于运营方面的不可靠[77]。如果实时监测到这两种情况,都可以在运行过程中采取纠正性的控制策略。考虑到我国智能公交系统的发展情况,乘客自动计数器(APC)系统尚未得到应用,难以获取实时的客运量信息,本文重点讨论车辆运行不可靠发生时的运行过程中的调度控制策略。

公交车辆的运行以计划时刻表为依据,在车辆的运行中需实时分析可靠性,实现对车辆的调度控制。最常用的改善公交运行可靠性的方式是在运行过程阶段进行控制,旨在当实际运行过程中不可靠发生时,采取措施尽量使其恢复计划状况。此阶段以效益性控制为主,降低公交运行不可靠情况时的负面效应。这些措施大多是实时的、短期的,并且按照控制发生的位置,可分为站点处控制、站点间的控制和其他,如表 3-7 所示。图 3-8 为计算机辅助下的实时控制系统框架,该系统框架可以应用到公交控制中心。

表 3-7 运行层控制策略分类

站点处控制	准时发车、快速过站、区间车、延时出站(滞站)
站点间的控制	规范驾驶员行为、公交信号优先主动优先
其 他	空驶补点、放车

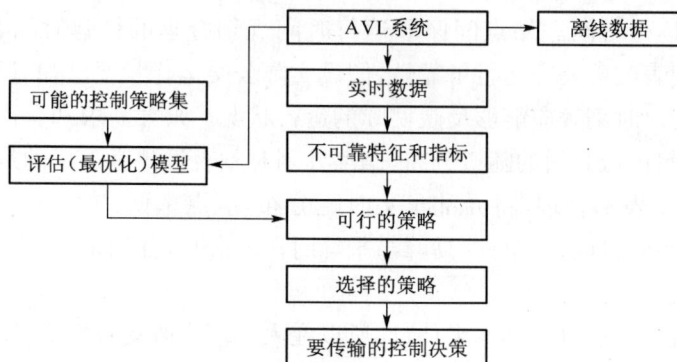

图 3-8 计算机辅助下的实时控制系统框架

(1) 首站处准时发车

公交运行不可靠具有向下游区间和站点传播的特点,保障公交运行可靠性很重要的一点是在首站处准时发车。调度控制中心应加强监督管理,确保首站处实际发车时间与计划时刻表的偏离在可接受的阈值范围内,确保首、末站处准时发车以及合理的车头时距。下一个班次的出发时间以及等车区域应提早告知驾驶员。

(2) 规范驾驶员行为

鼓励驾驶员按照计划时刻表行驶,提供实际诱导信息,例如是否落后于计划时刻表或者超前时刻表,提醒驾驶员在有条件的情况下加速和减速。实时调整的主体是驾驶员,应根据外部环境状况调整自己的行为。适用于有中途站点时刻表或者控制站点时刻表的情况。

(3) 公交信号主动优先

站点间的调度主要是指公交信号主动优先。在检测公交车辆的车速、载客量、发车时间、到达时间时,给予公交车优先通行权。与被动优先相比,主动优先克服了信号损失时间过多的缺点,具有更强的适应性。公交信号主动优先包括绝对优先、完全优先和部分优先。实行绝对优先策略时,当有公交车辆到达时,当前的信号相位便会中断,给予公交车辆通过信号;完全优先策略与前者类似,但它并不直接中断当前信号相位,而是通过调整一个信号周期内不同相位出现的时间来达到公交车辆优先通行的目的;部分优先策略较为复杂,需要依据车辆准点与否、是否高峰、载客量多少、公交与小汽车的延误等具体情况,决定是否给予公交车辆优先通行权。

公交信号主动优先的实现需要公交信号优先系统的支持。该系统由公交车辆检测系统、通信系统和交通信号控制系统构成,并与各子系统之间有紧密的联系。该系统通过在这几个子系统之间进行信息的交互,实现对公交车辆的信号优先控制。目前,感应线圈、光学、声波、无线射频和卫星定位等车辆检测技术已广泛应用于公交信号优先系统,如表 3-8 所示。

表 3-8 公交车辆检测技术

公交车辆检测技术	特　点
感应线圈	仅提供公交车辆到达或离开交叉口的信息,适用于绝对优先策略
光学	适用于部分优先策略 由于受到光反射以及可视性的影响,对地理位置和环境要求较高
声波	只能检测到车辆到达,需要额外增加检测装置确定公交车辆是否驶离交叉口 不具备信息的传送能力,适用于绝对优先策略
无线射频	识别装置的安装位置依据最大绿灯延长时间来确定,安装之后位置很难再改变,一般应用于交通流量比较稳定的交通干线上
卫星定位	需要考虑检测器的布设、与公交信号优先软件的协调、与已有的检测系统的协调,最好是进行全面的评估与系统设计以实现预期功能

随着 AVL 技术的发展,使得公交信号主动优先的设计更加准确[187]。而关于实施效果,波兰的 OR Pilot 线路在实施公交信号优先后,公交车辆线路运行时间减少了 10%,运行时间的标准差降低了 19%,准点率提高了 8%~10%[68]。主动优先主要有六种形式,如表 3-9 所示。

表 3-9 公交信号主动优先形式

信号主动优先形式	说　明
绿灯延长	当检测到的公交车辆是在绿灯末期到达,且正常信号下无法通过交叉口时,延长本方向的绿灯信号
绿灯提前	当检测到的公交车辆是在红灯相位到达时,提前结束冲突方向的绿灯信号
相位插入	在正常的相位相序中为公交车辆增加一个特定的相位。当检测到的公交车辆是在红灯相位到达时,且交叉口当前相位的下一个执行相位仍不允许公交车辆通过,在当前相位和下一相位之间插入一个公交专用相位
专用相位	为公交车辆专门设置一个相位,有公交车辆通过时该相位执行,无公交车辆时该相位时间分摊到其他相位之中
相位倒转	是一种打乱原有相序的优先控制方法,如果检测到有公交车辆到达,则后执行的公交通行相位提前执行
跳跃相位	当检测到的公交车辆是在红灯相位到达,且下一个相位仍然不是公交车辆通行相位时,将下一相位跳过不执行,而直接进入公交车辆所需的相位

（4）快速过站

快速过站亦称为越站，它是指当一辆公交车辆落后于计划时刻表或与前车的车头时距过大时，为了减少其与计划时刻表的偏差，或者为了保持车头时距的平稳性，让指定的公交车辆途经某些公交站点时不停或者只让乘客下车，减少线路下游站点的乘客在站等待时间，但可能会由于增加被越过的站点上乘客的等待时间而招致乘客抱怨。实施时必须提前告知乘客，使需在因车辆越站而不停车的那些站点下车的乘客不上该车或提前下车。

（5）区间车

区间车作为实时控制策略时，主要是指公交车辆在还未运行到终点站前时就让其结束当前班次，然后转到服务于线路的反向班次（即下行方向的班次），故有时也称为短时掉头[141,188,189]。这种策略可用于当前方向发生串车或者反向线路的车头时距过大时。

（6）空驶补点

主要是为了避免公交运行中的大间隔，以及末站处过度偏离计划时刻表，无法正常开始下一个班次的问题。指派一辆公交车空载行驶到目的站点，从目的站点开始允许乘客上车。这个策略类似于完全过站，但区别是空驶补点的车辆在到达目的点之前是空载的。空驶补点针对发生车辆之间的大服务间隔，恢复运行可靠性，或者是应对某个点上的突发乘客需求。

（7）延时出站

亦称为滞站调度[115,119]。它主要是为了保证车头时距平稳性和车辆到站准点率，减少乘客在站点的等待时间以及车内时间，使已经准备好离站的车辆在站点处多停站一会儿。适用于与前一辆公交车的车头时距越来越大，而与后一辆公交的车头时距越来越小的情况。这种策略可以减少公交车辆车头时距的波动和乘客的平均等车时间，提高运行可靠性，但是它也同时增加了滞站车辆中乘客的乘车时间和车辆的运行时间，导致公交站点处挤压到站，即由于多辆车同时到站而在站点处形成拥堵，因此，有部分城市的公交企业不愿采用或者禁止采用这种策略，如新加坡。

传统意义上，有两种延时出站策略。第一种的目标是保持连续车辆间的车头时距；第二种是使运行中的车辆尽可能地靠近计划时刻表。前者称为基于车头时距的调度策略，简称间隔调度，而把后者称作基于时刻表的调度策略，简称准点调度，通常适用于有中间站点时刻表或者有控制站点时刻表的情况。Lin等在完成的美国联邦公共交通管理局项目"公共交通运行自适应控制"[125]中指出，在较高客流密度且发车间隔密集的情况下，采用基于均衡公交车辆车头时距的实时控制方式更有实用价值。

（8）放车调度

该问题是指公交车辆空车从始发站出发，经过数个公交站点后，开始按站点次序依次停车的调度形式[117,124,131,143]。当一辆公交车被放车调度时，可以保证部分停靠站点处的车头时距的平稳性。如果决定采用放车调度形式，则必须在始发站发车之前告知乘客，在越过的站点下车的乘客必须下车（或不上车）。

各种控制措施要研究车辆运行的不可靠对车辆继续运行的影响，以及车辆在站点之间行驶中受到的各种干扰因素的影响，从而确定相应的决策变量。表3-10对各种运行过程中可采取的控制策略进行了汇总。

表 3-10　运行过程中调度控制策略汇总

控制类型	描　述	不可靠特征	决策变量
准时发车	早到的公交车辆要等待，至运行时刻表上的计划发车时刻时方可发车；晚到的公交车辆，仅能在终点站处有最小的休整时间，便需发车	首、末站点处车辆离站、到站时刻与计划时刻表偏离	规定的最小休整时间
规范驾驶员行为	控制中心基于与计划时刻表偏离信息，提醒驾驶员实时加速或减速	中途站点或控制站点处车辆到/离站时刻与计划时刻表偏离	加速或者减速
公交信号主动优先	检测到公交车辆到达交叉口时，给予优先通过权	中途站点或控制站点处车辆到/离站时刻与计划时刻表偏离	优先形式
快速过站	公交车辆与其前一个班次的车头时距太大时，越过几个站点运行而不停车	车头时距波动	越过的站点数
区间车	公交车辆在还未运行到终点站前时就让其结束当前班次，然后转到服务于线路的反向班次（即下行方向的班次）	车头时距波动	区间车的转向点
空驶补点	指派一辆公交车空载行驶到目的站点，从目的站点开始允许乘客上车	所替代的班次的公交车辆距离终点站的距离或者与上一个班次的车头时距过大	空驶补点的站点位置
延时出站	使已经准备好离站的公交车在站点处多停站一些时间	车头时距波动或者与时刻表偏离	滞站时间
放车	公交车辆空车从始发站出发，经过数个公交站点后，开始按站点次序依次停车	车头时距波动	空驶的站点数

3.3.3　调度控制要素作用规则

依据现代自动控制理论，改善公交运行不可靠的措施实际上就是控制器，网络设计层为前馈控制，事先预测干扰对于系统产生的影响，并对这种干扰进行补偿。

线路控制层则是反馈控制。基于运行可靠性的公交调度控制以改善公交运行可靠性为核心,从网络设计、计划时刻表设计、运行过程中控制三阶段,进行预防、处理到纠正,形成多个反馈环,将运行可靠性引入上述环节并有效整合,可以最大限度地提高公交运行可靠性,或者在不可靠发生后尽快恢复系统运行可靠状态,是可持续的公交调度控制。网络设计、计划时刻表设计以减少公交运行系统内部因素弱点为主,运行过程中纠正则以抵抗外部环境干扰为重点。

公交运行可靠性分析对公交线网和公交线路运行可靠性现状做出判断,为决策过程的各种参与者进行决策提供依据和度量准绳。评价指标体系和分析是贯穿于整个调度控制的关键内容。具体的调度控制技术从公交运行可靠性分析出发,并为最终实现改善运行可靠性目标而服务。

网络设计时把公交线网运行可靠性考虑在内,作为约束条件之一,结合相应的考虑随机运行时间的公交线网设计模型与算法,得到公交线路和发车频率,用于后续的计划时刻表设计和车辆运行过程。以线路为载体,合理的计划时刻表设计是决定公交线路运行可靠性的关键。

线路控制层的计划时刻表设计阶段尽可能选用与实际运行一致的参数,采用相应的基于时间控制点的公交线路计划时刻表设计的鲁棒优化模型与求解算法,将发车频率拓展为一个详细的计划时刻表。一个先进的、有吸引力的公交系统,应是运行可靠且便于同步换乘的系统,各线路完成相应的基于时间控制点的计划时刻表设计,同时在换乘站点处,各线路的计划时刻表之间又需要协同,符合公交线网运行可靠性系统最优的总目标。

在运行过程中,识别出问题后,分析公交运行不可靠的影响,制定纠正措施方案,建立相应的车辆运行过程的状态方程以及调度控制模型,并对措施实施后的效果进行模拟计算,降低公交运行不可靠的负面效应。中途越站和首站放车是比较常用且易于实施的调度控制策略。

网络设计层与线路控制之间的关系如图 3-9 所示。

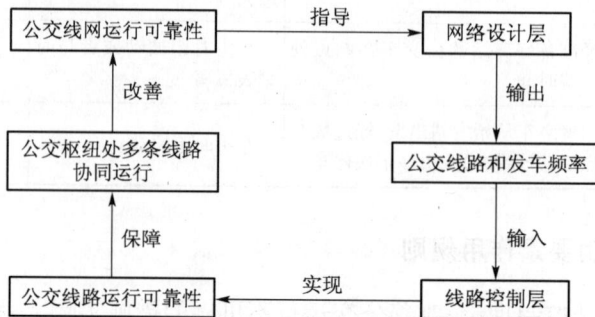

图 3-9　网络设计层与线路控制层之间的关系

网络设计面对的是以月或年为单位的公交线路的优化调整;计划时刻表设计考虑的是以时段(早高峰、平峰、晚高峰)、天或周为单位的信息及其处理;运行过程中的控制则是当天以分钟或者小时为单位的实时车辆运行数据及其分析,因而所采用的模型和决策手段都有所不同。要实现基于运行可靠性的公交调度控制的功能,必须有相应的调度控制模型及求解算法。

数学建模有助于理解复杂的公交线网系统以及公交线路系统和系统中每一个组成部分、各部分之间的相互关系、系统对单独某个部分变化的灵敏度等,恰当地权衡模型现实性与分析简化之间的关系,是建模中假设的基础,同时数学结论应该返回到现实公交线网系统或者公交线路系统中,将对系统的分析转化为实践价值。而由于模型是基于假设的,所以最终会明确给出模型所得结论可用性的清晰界定和限制条件。此外,从公交线网运行可靠性和公交线路运行可靠性的定义中可以看出,车辆运行属性的变动特征和概率分布是描述公交运行可靠性的重要方式,蒙特卡罗法(Monte Carlo Method)以概率和统计理论及方法为基础进行计算机仿真模拟,作为一种可行的且不可缺少的部分被应用在各调度控制模型的求解算法中。

3.4　不可靠成因与调度控制间关系

调度控制之所以能够改善公交运行可靠性,归根结底是对不可靠成因进行了抑制或者处理,本节则基于各种影响因素,分析前文所述的各层调度控制与运行不可靠成因之间的对应关系,如表 3-11～表 3-13 所示。

表 3-11　运行时间变化及调度控制

不可靠成因	影响因素	调度控制
运行时间波动	交通状况	(1) 公交专用道 (2) 信号优先 (3) 计划时刻表设计:合理的计划运行时间和休整时间
	乘客需求	(1) 计划时刻表设计:调整发车间隔 (2) 运行层控制:区间车、放车 (3) 公交线网设计
	驾驶员行为	(1) 加速/减速 (2) 加强监督管理
	线路设计	公交线网设计

表 3-12　乘客需求变化及调度控制

不可靠成因	影响因素	调度控制
乘客需求波动	乘客需求随机增加	运行层控制：快速过站、区间车、备用车辆
	低乘客需求	(1) 计划时刻表设计：调整发车间隔 (2) 运行层控制：延时出站
	高乘客需求	(1) 计划时刻表设计：调整计划运行时间和发车间隔 (2) 运行层控制：区间车、快速过站、备用车辆

表 3-13　首、末站偏离计划时刻表发车及调度控制

不可靠成因	影响因素	调度控制
首、末站偏离计划时刻表发车	前一个班次晚到达	计划时刻表设计：合理的计划运行时间和休整时间
	驾驶员行为	首站处准时发车：加强监督管理

第 4 章
公交运行信息采集与分析

4.1　地面公交信息管理系统

城市地面公交系统作为居民重要出行方式之一,其信息化程度的高低直接关系到居民日常出行的便利程度,影响着公交系统服务质量和吸引力。地面公交信息系统根据地面公交网络基础数据,以地理信息系统(GIS)为载体,通过对地面公交车辆信息、客流信息等公交系统实时营运数据的采集、传输和处理,实现对地面公交运营车辆的实时监控和调度,保证公交企业能够及时调整公交车辆运营状况,提高公交系统营运的效率;通过发布实时公交营运信息,使出行者及时了解地面公交的运行状态,提高地面公交服务水平及满意度;与行业管理部门内部管理系统进行信息交互,使主管部门及时获得地面公交实时运营信息,提高主管部门的行业监管水平。

4.1.1　系统功能组成

根据国内外城市公交信息管理系统理论研究与应用实践,地面公交信息系统一般由车载终端系统、企业管理系统、行业管理系统、信息服务系统等四大功能系统组成。根据各子系统的服务对象定义系统功能,各系统之间的数据交换通过数据交换平台来完成,作为地面公交信息系统各子系统信息交互的枢纽,数据交换平台需要严格按照系统建设数据标准设计规范执行。图 4-1 为地面公交信息管理系统构成示意图。

1.车载终端系统

作为整个地面公交信息系统的基础,车载终端系统负责公交车辆运营相关的静态数据管理和动态数据的采集,为公交智能调度系统提供数据基础,执行智能调度系统的调度指令。

车载终端系统负责从数据交换平台接收公交系统基础数据、显示调度信息和语音通信、接受保养提示和脱保停运以及接受车辆营运调度数据;负责采集车辆位置数据、车辆到站数据、公交客流数据、驾驶员刷卡数据、乘客刷卡数据、开关门记录、燃油使用数据、钱箱使用数据、故障和事故数据等各类动态运营数据。

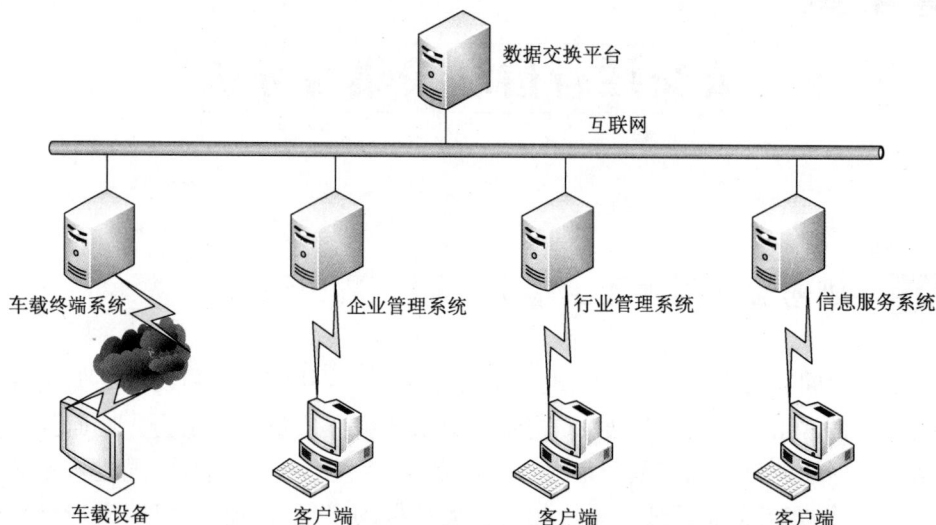

图 4-1　地面公交信息管理系统构成示意图

车载终端系统需要安装和使用车载设备单元以完成车载终端系统与乘客信息服务系统间的数据交换、车辆运行过程中的车内服务(到达、离开站点和时间报告等)、IC 卡收费、站点上下客人数为主的客流需求数据统计管理,公交车辆运行车速及站点停靠时间数据统计管理,车辆驾驶状态数据统计管理等。主要的车载设备单元包括车载定位终端、自动乘客计数系统(APC)、无线车载消费终端等,下文4.2 到 4.4 节将介绍相关车载单元的系统构成与数据特性。

2. 企业管理系统

企业管理系统基于车载终端系统,在地理信息系统平台上制定公交营运计划、实施调度控制策略,改善公交系统运行可靠性,有效控制公交车辆空驶里程,提高服务水平、降低运输成本、增加运输效益。企业管理系统建设与运行的具体目标包括:

- 提高公交企业服务水平;
- 提高公交服务准时性和可靠性;
- 实时调度适应客流水平,增强公交服务灵活性;
- 缩短公交站点等候时间,提高公交服务舒适性;
- 事故等紧急信息运用的有效性和及时性;

● 多元公交协同的高效性和有序性。

企业管理系统主要包括基础数据管理子系统、计划调度管理子系统、营运调度管理子系统、报表分析子系统、维修管理子系统、人事管理子系统、票务管理子系统、工资管理子系统、安全管理子系统、总成管理子系统及物资管理子系统。通过上述系统实现表 4-1 所示功能。

表 4-1　企业管理系统核心功能一览表

计划调度管理	营运调度管理	报表统计分析
● 公交线路行车时刻表编制 ● 公交车辆计划行车方案设计 ● 司乘人员排班计划设计 ● 公交车辆行车计划班次排定	● 调度控制策略(中途越站、首站放车等) ● 调度信息提醒 ● 车辆晚点预警 ● 车辆发车状态和晚点情况实时监控 ● 终点站和维修点车辆管理 ● 车辆站点滞留报警 ● 同线路车距过大或过小报警 ● 始发站调度屏排班计划有声提醒	● 车辆运行信息 ● 司乘人员信息 ● 客流信息 ● 收入信息 ● 用油信息 ● 晚点预警信息 ● 首末站时间监控与比对 ● 发车间隔监控与比对 ● 故障和事故信息

3. 行业管理系统

公交行业管理系统主要为公交行业管理部门提供服务,主要负责下达与公交企业经营有关的数据,接收车载数据采集控制系统反馈的各类数据,分析地面公交系统运营情况以实现行业管理的相关职能。行业管理职能有:统计汇总公交线路营运情况、掌握公交客流分布情况、合理评估公交线网运行效率、检查公交线路营运异常情况、监督公交企业经营行为、测算财政资金补贴比例等。

行业管理系统主要由道路与公交场站管理系统、公交线路管理系统、公交线网分析系统、公交线路营运考核监控系统等构成。

4. 信息服务系统

信息服务系统由公交线路变更发布系统、公交线路信息查询系统、公交换乘查询系统、公交车辆位置查询系统、电子站牌信息发布系统和公交车内信息发布系统组成,通过网站、短信、电话、电子站牌和车厢内信息发布等多种方式,发布公交运营数据和车辆位置数据,同时根据公交运营数据提供公交换乘建议方案。

4.1.2　系统数据特性

地面公交信息系统通过数据采集、无线通信、数据交换、数据存储和分析等技术实现对地面公交系统营运状况的分析和控制,为企业运营、行业管理、系统规划、信息服务等提供决策支持。将公交运行信息按照数据的接收和使用对象划分为面向乘客的公交运行信息与面向企业的公交运行信息。

1. 面向乘客的公交运行信息

面向乘客的公交运行信息是公交管理者及公交企业通过信息服务系统为公交出行者提供的出行前、出行中公交运行信息,涵盖了公交出行者在制定出行计划、完成出行过程所有阶段中的相关的出行信息,包括公交线路信息、运行时段信息、到站信息、换乘信息、公交车的行程时间信息、乘客人数信息、公交车辆定位信息、公交线路是否正常运行等。面向乘客的公交运行信息是经过信息处理后发布的、便于识认的信息,通过公交站点的普通站牌、电子站牌、网站信息、手机信息等媒介进行发布。信息的实时性、有效性在当前公交信息化发展背景下得到了较大提升。根据信息的变化频率可以划分为静态信息和动态信息。

(1) 静态信息

静态信息包括公交站牌显示的以及网络发布的公交线路信息、为公交乘客出行提供基本的公交线路信息等短期内不发生变化的信息,方便乘客根据各自的出行目的地选择合适的公交线路完成出行。静态信息涉及的对象包括站点名称、线路编号、站点处公交线路运行方向、公交线路运行时段等。

(2) 动态信息

动态信息是为公交乘客提供的、实时变化的公交车辆运行信息,使乘客可以了解到公交线路、公交车辆当前的实际运行情况,包括公交车辆行程时间信息、公交车内拥挤程度信息、公交车辆实时位置信息。公交乘客在站点候车时最关心的是需要等待的时间,所以部分城市在公交站点发布途经公交线路的即将到站公交车到达本站所需要的行程时间信息或者相距站点数;在高峰时段公交车内往往很拥挤,所以除了公交车辆行程时间外,公交乘客尤其是出行距离较远或年老体弱的公交乘客,还希望了解公交车内拥挤程度,包括空余座位数和车上乘客人数;向站点公交乘客发布公交线路在每一站点运行方向上所有运行公交车实时位置信息,使乘客直观地了解公交车运行情况,能够缓解候车乘客的焦急心情,降低乘客的感知候车时间,从而提高公交乘客满意度。

2. 面向企业的公交运行信息

为了提升公交服务水平、改善服务质量、降低运营成本,公交企业需要收集相关的公交线路、公交车辆、公交乘客等公交运行信息。公交企业需要兼顾信息的实时应用和离线分析,需要了解实时的公交车辆路段运行信息、到离站信息、乘客信息、事故信息,以便于对运营状况进行监视,及时应对突发情况;对于采集到上述信息的历史存储数据,进行数据挖掘分析,为判识系统运营瓶颈、识别瓶颈致因、形成改善策略提供数据依据。

(1) 公交车辆信息

公交车辆是公共交通的重要组成部分之一,是公共交通系统的载客单元。车辆信息又可分为车辆静态信息、车辆动态信息。车辆静态信息是指预先设定的车辆信息,包括车辆编号、车辆所属公交线路番号、首末站位置、中途站点位置和编号、车辆所属车队配车数量、车型及发车间隔等,这些信息由管理者录入公交运营与管理系统数据库内,并根据公交运行环境变化实时更新,是公交系统的基础数据;车辆动态信息包括车辆实时位置信息、速度信息、车辆到达或离开站点时间、站间运行时间、站点滞留时间等数据,这些信息对于优化城市公交运营调度、改善城市交通出行环境、提升城市交通出行效率有着深远的影响。

(2) 公交客流信息

乘客是公共交通系统的服务对象,公共交通系统需要在一定的成本约束下为乘客提供最优质的出行服务,所以采集和处理公交客流信息,分析公交客流的空间和时间分布特性,有利于指导公共交通供给规模和结构,提升城市公共交通服务水平和吸引力。

客流信息可分为车体客流和站点客流。车体客流主要是指采集车辆在各个站点的上车人数、下车人数以及车上人数,进一步获取各个时刻车辆满载率,反映公交线路运营状况。站点客流是站点等车人数,帮助公交系统获取公交客流发生源的需求信息,对于改善运营调度计划有很大的指导意义。

3. 数据特性

(1) 数据完整性

相对于耗费大量人力与财力、调查精度得不到保证的人工调查,地面公交信息管理系统利用车载终端系统采集全时段、不间断、网络化、多种来源的数据。实时采集数据可以提供持续、精确、完整的车辆运行信息、乘客信息,对于公交系统运营状况的离线分析具有很高的价值,帮助公交企业改善运行计划。车载终端系统能自动收集有关运行的大量额外信息,包括最高和最低负载,上下车乘客量,车辆停留时间、运行距离和平均速度,同时强大的数据处理能力,极大地增加了数据的实时性。

(2) 数据综合性

地面公交信息管理系统数据覆盖了公交企业、公交线路、公交车辆、驾驶员、客流、车辆运行状态等信息要素,在数据的种类上保障了综合性。地面公交信息管理系统各子系统分别存储和采集道路交通数据、公交系统基础数据、公交运营数据等详细数据,通过数据交换平台把这些系统的数据进行汇集、处理、分析,也为各子系统的独立运行和功能实现提供数据基础。地面公交信息管理系统的数据流转见图4-2 所示。

车载终端系统是地面公交信息管理系统的基础,车载单元之间也需要数据的匹配和融合。公交车辆定位信息是各个车载单元所需要的共同信息,因此,车辆定位信息应该可以为各子系统所利用,通过车载计算机实现车辆定位信息与客流信息匹配与融合,完成站点乘客上下车人数、进出站时间等数据的采集,真实地记录各时间、各区段的上下客流情况,满足公交企业优化公交网络配置、行业管理部门科学决策的需求。

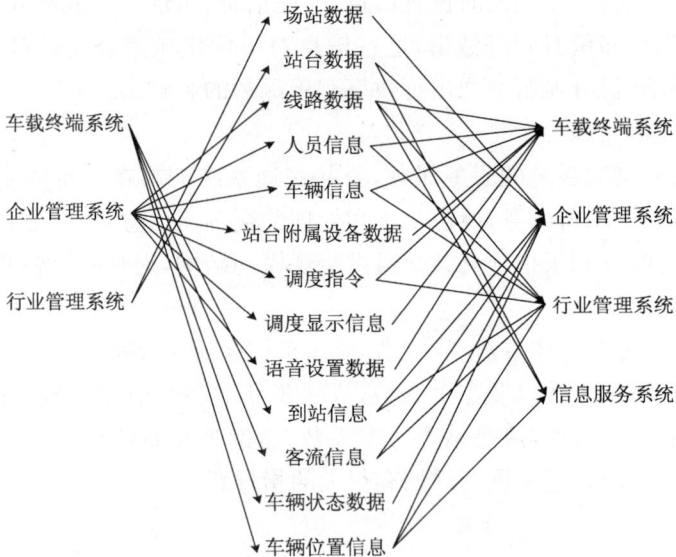

图 4-2 地面公交信息管理系统数据流转示意图

（3）数据时效性

车载终端系统即时采集、处理、发布信息的时间间隔在一定范围之间,从而能够掌握和了解即时公交运行状况。信息采集、处理、发布随交通状况不断变化,同时还要不断和历史数据去比对、分析,以使公交管理者和公交企业掌握和了解交通状况变化趋势是否异常等。城市公共交通是随客流、道路条件、气候等不断变化的随机服务系统,如果信息不灵或反馈不及时,调度人员就无法进行有效的指挥调度。

离线保存的数据可以检验实时调度控制措施的实施效果、优化调度控制、发现隐藏问题。公交运行过程中的一些问题和规律往往隐藏在随机现象之中,只有大样本容量的数据才能发现。例如,可以发现驾驶员在了解到自己过于落后于计划时刻表或者过于超前于时刻表时,是否会刻意加速或减速,是否有越站行为。

（4）数据应用性

在地面公交信息管理系统基础上建立的庞大数据信息库,可以帮助交通规划师和管理者更为准确、实时的了解乘客的需求和公交系统运行状况。如通过 IC 卡可以得到乘客的乘车时间、乘车次数、持卡类型等信息;通过车载定位终端可以对公交车辆的行驶状态进行实时跟踪,观测车辆的行驶轨迹等。

车辆定位系统、乘客计数系统、自动收费系统与 GIS 相结合,能够收集站点号、车辆运行时间和地理位置等大量线路信息,逐渐实现以下功能:①通过数据统计和空间分析可以获得随时间变化的公交客流、公交 O-D[192]、断面通过量、满载率、平均运距[193]等,并如实地反映出公交车辆的实际载客情况,核对运营收入。②生成公交发车时刻表,科学合理地安排调度车辆[194]。③根据公交出行频率和满载率分析公交线路路段服务水平(拥挤程度和公交车利用程度)[195]。④根据各站点公交到达频率和满载率等分析站点载客水平。

4.2　自动车辆定位系统

4.2.1　系统原理与构成

为应对城市交通拥挤、满足不断增长的客流需求、提供更为可靠的公交服务,公交运营商纷纷投资和构建自动车辆定位系统(AVL)以改善公交运营与管理状况[196]。自动车辆定位系统能精确测定车辆在道路网上所处位置,提高车辆调度和运营效率,节省投资和运营成本,并有助于公交管理者和公交企业对运营中出现的障碍和突发情况做出快速反应。AVL 系统也可以在车上和车站为乘客提供动态的实时信息。AVL 系统根据定位技术的不同划分为基于路面标杆的车辆定位系统、基于位置推算法的车辆定位系统、基于罗兰远程导航的车辆定位系统以及基于卫星定位/导航的车辆定位系统。基于卫星定位/导航的车辆定位系统主要包括基于全球定位系统的车辆定位系统和基于北斗卫星导航系统的车辆定位系统,原理图见图 4-3 所示。

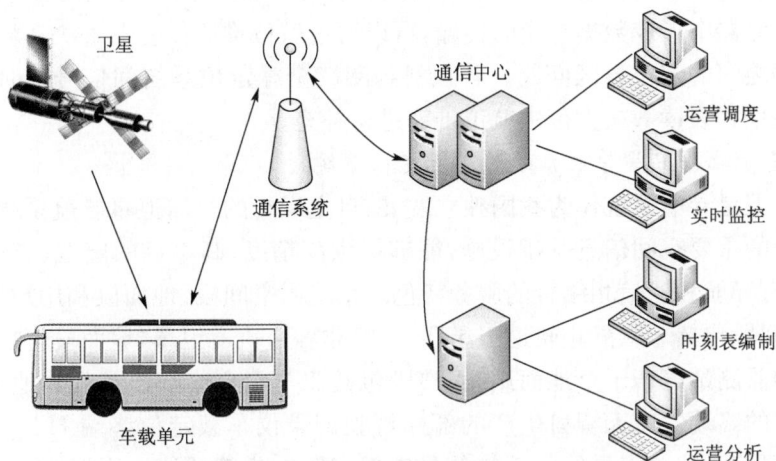

图 4-3　公交自动车辆定位系统示意图

1. 基于路面标杆的车辆定位系统

该系统使用固定传导路标,探测经过的公交车辆,路标的无线电信号被用来确定车辆的位置,并将其传送到中心控制定位系统。在未设置路标的路段,车辆通过里程表测量车辆与上一个路标的距离以确定车辆位置。调度员随时获取车辆信息,方便与驾驶员进行沟通以实施调度策略。

2. 基于位置推算法的车辆定位系统

该系统使用车辆里程表和车载指南针计算车辆位置。从站点出发后,系统计算行进距离和行车方向,通过对比储存在车内的公交线路图数据库,对估算的新位置数据进行调整。同时通过策略性安装的路标发送的信息,更正累积的定位误差。

3. 基于罗兰远程导航的车辆定位系统

最初由美国海岸巡逻队开发,安装到位的地面发射器发出信号,安装有LORAN - C接收器的公交车辆接收到该信号,并确定信号的方位。公交车辆接收到多个信号发射器的信号,并利用三个参考点位运用三角测量法计算出车辆的位置。

4. 基于全球定位系统(GPS)的车辆定位系统

公交车载 GPS 接收机由天线、变频器、信号通道、微处理器、存储器、显示器和电源组成,通过对 GPS 卫星进行伪距测量计算出接收机所在的空间位置,存储器存贮有卫星星历、卫星历书、接收机采集到的伪距观测值等,显示器提供了 GPS 接收机的工作信息。最高可使用 1s 的周期进行连续定位,单点定时定位误差小于 ±25 米,采用差分全球定位技术(DGPS)的车载接收器误差小于 ±10 米。通过车载 GPS 接收机,可对车辆进行准确的连续定位,定位数据存储在接收机的内置存储器中,通过 GPRS 网络实现数据的采集和传输。GPS 数据可实时传输,也可在接收器存储器中形成数据包定时传输,可以通过航位推测传感器解决在峡谷、隧道以及高楼之间的定位盲区问题。若预料到阅读全球定位系统间信号的时间较长,可以通过里程表读数或大范围航位推算进行补充。

5. 基于北斗卫星导航系统的车辆定位系统

北斗卫星导航系统作为我国独立发展、自主运行的全球卫星导航系统,是我国正在建设的重要空间信息基础设施,能够提供高精度、高可靠的定位、导航和授时服务,具有导航和通信相结合的服务特色。系统由空间段、地面段和用户段三部分组成,空间段包括 5 颗静止轨道卫星和 30 颗非静止轨道卫星,地面段包括主控站、注入站和监测站等若干个地面站,用户段包括北斗用户终端以及与其他卫星导航系统兼容的终端。航天智科生产的部标行驶记录仪车载定位终端 HT - 310Z(增强型)即可接收北斗卫星导航系统信号实现车辆定位等功能。终端能提供实时的时间、经度、纬度、速度、高程和方向等定位状态信息,可存储到终端内部,能在通信中断时(盲区)保存定位数据,在信号恢复后将存储的定位信息补报上传,可由监控中心设定的触发条件上传定位信息。

4.2.2 系统数据类型

1. 轮询数据

大多数 AVL 系统采用挨个轮流询问的方式追踪车辆。轮询的间隔取决于每个无线电频道的追踪的车辆数:一般来说 40 s 到 120 s。在每个轮询周期里,每辆车都接受询问并且都以相同的标准格式回答。轮询可以避免消息冲突,但是双向通信的延时也限制了每个周期可以追踪车辆的数目。一条轮询回复信息包含班次或者线路标识码以及各种位置信息。位置信息的格式因 AVL 系统类型而异:在基于路面标杆的车辆定位系统中,位置信息是用刚刚经过的标杆的标识码和里程表读数;在基于全球定位系统的车辆定位系统或基于北斗卫星导航系统的车辆定位系统中,发送的位置是车辆的坐标,有时候也有里程表读数。轮询提供的数据是某一时刻公交车的位置。而对于准点率和运行时间分析而言,更多的是需要在到达某一个站点的具体时刻。虽然可以通过插值的方法获得,但是插值会引入误差。随着无线传输技术(如 WCDMA 和 3G 技术)的带宽的增加和计算机并行处理能力的增强,轮询间隔会减少很多,插值所引起的近似误差也会不断缩小。

2. 站点数据

站点数据记录的是到达或者离开站点的时间,其实也是一种特殊的并且最常用的事件数据,即由到站和离站这些特殊事件触发的数据。"进站和出站"可以用很多种方法定义,取决于定位系统。如果只有车载定位没有开关门记录设备,当车辆进入或离开一个站点周围的环形区域(一般 10 m 半径)或者矩形区域(一般为5 m ×10 m 的矩形框)时将产生进站或离站记录。如果有开关门记录设备,还可以记下第一次开门和最后一次关门的时间。

3. 大站数据

在一些需要严格控制准点率的大站,站点的数据要求更详细。详细水平影响精度和分析。例如有些运行时间和准点率指标是用离站时间定义的,有些用到站时间定义,还有一些是用离开上一站的时间与到达本站的时间差来定义的。对于分析而言,最好同时有到站和离站的时间,尤其是在有滞站控制的情况下。但是车载定位数据只能给出一个近似的进入和离开站点区域的时刻。如果站点上还有其他车辆(公交车或者社会车辆)阻碍了车辆的进出站,那么出、入站时刻的误差就会很明显。但是,开关门和车轴转动的记录有助于减少这一误差。

4. 事件数据

当车辆上发生某一个情况时,例如发动机点燃或熄火、火灾、超速、班次结束等等时,车辆会自动发送消息给中心。AVL 系统可以定义上百种类型的事件数据。

此外,AVL 获取的数据类型还可分为存档数据和实时数据。存档数据也称为离线数据,它是从 AVL 系统下载的公交运行信息。由于不同公交企业的 AVL 系统及配套系统的架构有差异,而且后台数据库的设计也不相同,所以存档的公交运行数据也不同。但是不同公交 AVL 系统收集的数据都能得到公交车辆运行的各种有用信息:车辆信息、运行班次信息、站点到离信息、开关门时间信息等。除了大量的存档数据,公交运行实时数据的开发利用也得到重视。实时数据包括高精度的实时车辆位置、速度等时空信息。

4.2.3 数据清洗及处理

车载终端系统收集的大部分数据是无法直接应用的,需要对数据进行可靠性检验、筛选并删除错误的数据、设计算法将这些数据转化为有用的信息。如何对数据自动采集设备收集到的海量信息进行分析和处理,以帮助公交管理部门了解乘客的出行需求变化、分析公交系统的服务瓶颈是目前研究的重点。

1. 重复数据剔除

数据记录的重复、缺失会导致分析结果的偏差,因此有必要进行数据清洗,去除数据集中的重复记录,以提高数据的精度和质量。清洗过程包括对异常数据的检测,找出相同的记录数据、负值或损失数据,然后对重复记录的数据进行清洗。包括完全重复记录的剔除和部分重复数据的剔除或修复。每种重复记录检测方法都需要确定是否有两个及以上的记录表示的是同一事件。有效的检测方法是对每一个记录都与其他记录进行对比,从而发现重复记录。这种方法虽然效果最好,但其计算复杂度高,对大量数据不易实际操作。

(1) 重复记录判断

为了从数据集中检测并消除重复记录,首要的问题就是如何判断两条记录是否是重复的。这就需要比较记录的各对应属性,计算其相似度,再根据属性的权重,进行加权平均后得到记录的相似度,如果两条记录相似度超过了某一阈值,则认为两条记录是匹配的,否则,认为是指向不同事件的记录。

SPSS 分析软件中的 Identify Duplicate Cases 模块可以实现基本近邻排序算法(SNM),对个案重复的情况进行识别、剔除,具体将数据集中的记录按照指定的关键字(Key)排序,再在排序后的数据集上移动一个固定大小的窗口,只检测窗口内的记录,判定它们是否匹配,以此来减少记录的比较次数。然后对于完全重复的个案进行剔除,对于部分重复的个案进行聚类分析。对个案部分重复的情况,首先采取数据修复的方法还原其真实值或近似值,然后进行数据剔除。

(2) 数据修复

利用采集数据运用线性或非线性插值法来对数据进行修复。例如,可以用相邻采样数据的平均值进行修复,即 $\overline{y}_t = \dfrac{y_{t-1}+y_{t+1}}{2}$,式中 $\overline{y}_t$ 表示被修复数据,y_{t-1} 和 y_{t+1} 为相邻采样点的数据。也可运用历史数据法利用相关的历史数据(数分钟前的数据)对当前数据进行修复。

2. 错误数据修正

通过对原始数据有效性、合理性和一致性进行检验,识别并提出错误的或不合要求的数据,保证实时交通数据的有效性,常用方法为阈值检验法,是指为检测的数据设定可能的最大、最小值,凡是超出阈值范围的数据均为错误数据。对于公交定位数据,有以下几种阈值检验方法:对于车载定位终端采集的瞬时速度 v,其检验方法是判断其是否满足 $0 \leqslant v \leqslant f \cdot v_{max}$,其中 0 和 v_{max} 为瞬时速度的阈值,f 为不同道路的阈值修正系数;对于车载定位终端采集的车辆方向,其检验方法是判断其是否在 $[0,360]$ 之间,超出这个范围的数据为错误数据。

对于经过检验判定为错误的或不合要求的数据,可以采取以下两种处理办法:一是将其剔除,这种方法适合于可以得到大量测量数据而仅有少量错误数据的情况;二是对数据进行修复,根据数据之间的相关性(如相邻检测数据、其他浮动车的数据等)将数据还原成其本来该表现的数值或其近似值。

4.3 自动乘客计数系统

4.3.1 系统原理与构成

自动乘客计数(APC)是自动收集乘客上下车时间和地点的有效方法,结合车辆自动定位、无线信息传输等技术,可以传送实时客流信息,通过数据管理系统和地理信息系统,经过数据统计和空间分析可以得到运营所需的多样、广泛的数据资料。当乘客上下车的时候,自动乘客计数系统自动计算乘客的人数。该系统可以减少乘客检票系统有关的规划和监督成本,同时提高获取信息的数量和质量。该系统收集到的客流数据可以应用于生成、评估、调整时刻表,规划、变更公交线路,评估营销策略,估算运营收入,确定车辆规模,监视驾驶员业绩,定位站点等方面。

不同种类的 APC 系统构架是相似的,主要分成车载终端、通信网络和数据中心三层。车载终端安装在每个公交车辆上,是整个系统的末梢神经,负责采集各种数据或者执行运行控制中心发来的命令。通过通信网络达到车载终端与数据中心信息的交互。APC 在操作方面类似,仅仅在乘客出现时探测和计数上不同。

1. 基于压力板的自动乘客计数系统[197,198]

压力板公交客流统计装置安装在车辆的前、后门踏板上,乘客上下车时触发压力传感器就会被自动记录下来,根据两阶台阶垫子上的光电开关状态变化顺序判断乘客流的运动方向。这种计数技术不判别单个乘客的上下车方向,要求乘客必须前门上车,后门下车。

压力板公交客流统计仪除用于乘客计数外,还可以在乘客上下车时防止车门关闭。由于这种计数技术要求乘客必须前门上车、后门下车,当乘客上下车秩序较差时或客流量大难以保证前门上、后门下时精度较差。由于使用压力传感器件,所以在没有台阶的公交车辆上使用时,存在计数不可靠的问题。另外,系统部件易损坏、可维护性差,由于合适的设备安装位置对于准确计数至关重要,所以安装调试费用也较高。

2. 基于光电脉冲检测法的自动乘客计数系统

光电脉冲检测法是在公交车辆的上车门处,装一个对射式的光电开关,每当有乘客上车,将光电开关发出的光挡住时,接收器收不到光线就会给出一个脉冲信号,将该信号发给单片机处理器,该处理器记下脉冲数,便可得到上车乘客数。同样在公交车辆下车门处,装一个同样的光电开关,可得到下车乘客数。此种方法在工业检测领域应用非常广泛,也非常成功,但该检测方法要求被检测物体的形状规范统一,运动行为严格一致。此种计数方法在乘客计数系统中存在很大的约束,如乘客上下车要依次进行,严格按照前门上后门下,且尽量彼此留有空隙等,因此这种检测客流的方法实施起来有较大的难度。

3. 基于视频的自动乘客计数系统

视频分析法通常是基于电荷耦合器件(Charge Couple Device,CCD)可视相机的图像客流统计方法。电荷耦合器相当于一个模数转换器,它是将光信号转换为计算机可以处理的数字图像器件。该方法是将乘客上下车的情况记录下来,然后利用图像识别和软件分析等技术,识别出上下车的乘客数量的方法。该方法在图像处理中使用模式匹配,具有很高的精度,但它产生模式的过程很复杂,图像存储所需的空间大而且需要的处理时间很长,而且视频分析系统用在计数方面成本高。

4. 基于红外的自动乘客计数系统[199]

(1) 被动红外式自动乘客计数系统

被动红外式自动乘客计数技术通过采用合适的热释红外线探头检测人体发出的信号,完成计数。当公交车上下乘客时,红外传感器探测人体红外光谱所造成的变化即得到乘客上下车的过程,通过信号处理可以判别上下车方向和上下车人数。

被动红外式自动乘客计数技术由于采用合适的热释红外线探头只能检测到人体发出的信号,这就避免了其他物体的干扰。虽然人体温度相对稳定,但红外传感器的探测信号会受到乘客着装的影响。这种技术的固有缺点在于如果环境温度与人体温度相接近时,传感器就不能有效探测乘客上下车过程,它对环境温度快速变化和强烈日光照射也比较敏感。

（2）主动红外式自动乘客计数系统

主动红外式自动乘客计数装置安装在公交车前后门附近特定的高度,通过发射头发射定制波长的红外线覆盖一定的区域,并通过传感器检测从乘客身上反射回来的光线,从而自动识别乘客上下车方向及人数。

主动红外式自动乘客计数技术由于采用自身光源,它不易受外界环境温度、光线状况的影响,用于单个乘客依次上下车时能够达到较高的精度,国外一般采用这种计数方式。但其覆盖范围有限,容易漏计上下车的部分乘客;乘客上下车秩序较差时或客流量大时,计数精度受到很大的影响。

（3）复合自动乘客计数系统

复合自动乘客计数系统中,在车门乘客上下车经过的区域安装两个红外线传感器,一个主动传感器和一个被动传感器,当乘客经过红外线传感器的检测区域时,由于人经过发生热能的变化,从而可以实现乘客的计数,根据乘客上下车时经过两个红外线传感器监测区域的先后顺序不同,可判断出乘客的运动方向[200]。

此外,应用于公交车辆上的APC系统的还有热量监测、气胎重量监测等。

4.3.2　系统数据类型

APC能够提供的数据类型是站点乘客活动数据,包括公交车辆编号、公交车辆运行时间、公交站点上下车人数等。要实现公交客流按线路站点进行统计,必须将APC数据中记录的上下车人数按车载定位终端记录的站点信息进行匹配。首先需要按照APC数据找到有意义的车辆定位数据（即和APC数据传回时间一致的车辆定位数据）;其次,将车辆定位数据按线路各站点经纬度进行匹配;第三,将匹配好的车辆定位数据中站点名按时间写入APC数据中;最后,将APC数据中同方向同站点的上、下车人数分别求和。至此便得到了公交线路各站点的上下车人数。

以红外APC系统为例,这类系统遵循以下原则:前、后门只要有门开启时APC开始计数;前、后门均关闭后,前、后门乘客上（下）车人数之和为本站点上（下）车人数之和;前、后门均关闭后,本次计数结果和车辆定位数据一起传回服务器,然后本次计数清零。由于公交车辆在相同站点上可能多次开关门,故APC计数系统在相同站点上可能传回多条APC数据。数据库中每条APC数据必然对应一条和APC数据传回时间相同的车辆定位数据。若公交车辆定位数据传输频率约为30秒/次,车辆行驶在站点之间或者站点上都有可能传回位置信息。因此,数据库中车辆定位数据记录远大于APC数据记录。对于公交客流统计而言,只有和APC数据相同时间传回的车辆定位数据才有意义。

APC数据采集精度一直困扰着管理者和研究者,仍以红外APC为例,它在统计公交客流存在诸多的问题,例如,红外 APC 计数错误、较大计数误差及数据传输问题。研究证实,红外 APC 在乘客较少且有序上下车的情况下,统计人数有较高精度。例如在美国,由于人口少、公交乘客少,故而红外 APC 统计公交乘客具有较高精度。而我国公交乘客人数众多,红外 APC 在统计较多人次乘客上下车有着明显的劣势,产生计数错误的情况包括:部分乘客不遵循先下后上,前门上车、后门下车的原则,一哄而上,造成红外 APC 计数混乱;乘客携带大型货物上车、车门开关门及乘务员招呼乘客都可能遮挡红外 APC 光线造成 APC 计数;乘客高速上下车,未能正常遮挡红外光线(乘客上下车时间低于红外光线发射周期),造成 APC 漏计。

4.3.3　数据清洗及处理

APC 系统数据采集精度受到公交车辆状况、公交运行环境、公交客流状况等多方面因素的影响,在理想的应用环境下红外 APC 计数精度超过 90%,而实际应用中计数精度将大打折扣。红外 APC 单次计数误差较大,多次计数之后可能造成更大的误差累积。但也存在 APC 统计乘客人数由于多计或者少计而相互抵消,随着车辆运行时间越长,计数误差可能变小的情况。对于 APC 计数错误和产生较大计数误差的问题,必须要结合实际 APC 装置,查明原因,才能找到降低计数误差的方法。

1. APC 计数错误形式

(1) 上下车人数多计或少计

APC 系统依据一定的检测技术进行乘客计数,不同检测技术受到技术本身局限和运行环境影响,如红外 APC 计数原理是依靠乘客阻断红外光线而计数,当有不正常现象阻断红外光线时,APC 同样计数且不能区分正常和非正常计数,故而造成上下车人数多计或少计。

(2) 上下车方向判断错误

红外 APC 根据乘客遮挡两条光束的先后次序判断乘客是上车还是下车,当乘客高速上下车,未能正常遮挡红外光线时(乘客上下车时间低于红外光线发射周期),红外 APC 无法辨认出乘客是上车还是下车,造成乘客上下车方向判断错误。

(3) 无人上下车时仍然计数

大多数城市公交都是采取公交到站停车,无论是否有乘客上下车。因此,当部分站点没有乘客上下车时,APC 在公交车开门、关门时也视为有乘客上车,从而造成在部分站点无人上下车,APC 也同样计数。

由于 APC 装置或者网络的不稳定性及维护人员维护不及时等原因,造成数据传输问题,导致数据异常。APC 数据对于分析公交线路乘客在时间、空间上的分布极为重要,长时间的较多数据丢失将对公交客流分析产生极大影响。APC 数据传输问题可以通过加强维护尽量避免,如定期派人对数据库中数据记录进行检测核实,一旦发现有数据不正常丢失,应立即查明原因,保证数据的正常传输,确保公交客流正常记录和公交客流分析。

2. 乘客人数修正模型

以同一车辆 APC 单一方向计错的人数与关门次数的比值恒定为依据,建立车辆运行一个方向后 APC 记录的中途站点乘客人数修正模型以及首末站乘客人数修正模型[201]。

(1) 首末站乘客人数修正模型

首站:

$$UpP = AuUpP - \partial_1 \qquad (4-1)$$

$$DoP = 0 \qquad (4-2)$$

末站:

$$UpP = 0 \qquad (4-3)$$

$$DoP = AuDoP - \partial_2 \qquad (4-4)$$

(2) 中途站点乘客人数修正模型

$$UpP = AuUpP - Up_1 + Up_2 \qquad (4-5)$$

$$DoP = AuDoP - Do_1 + Do_2 \qquad (4-6)$$

$$Up_1 = N \cdot u_1 \qquad (4-7)$$

$$Up_2 = N \cdot u_2 \qquad (4-8)$$

$$Do_1 = N \cdot u_3 \qquad (4-9)$$

$$Do_2 = N \cdot u_4 \qquad (4-10)$$

式中:UpP——修正后站点上车人数;

DoP——修正后站点下车人数;

$AuUpP$——APC 统计站点上车人数;

$AuDoP$——APC 统计站点下车人数;

∂_1, ∂_2——分别为起点站、终点站 APC 上下车人数修正因子,此值取决于乘务员的上下车次数,经验值为 2;

N——普通站点关门次数;

u_1——上车多计人数占关门次数比例的平均值;

u_2——上车少计人数占关门次数比例的平均值；

u_3——下车多计人数占关门次数比例的平均值；

u_4——下车少计人数占关门次数比例的平均值；

Up_1——上车多计人数；

Up_2——上车少计人数；

Do_1——下车多计人数；

Do_2——下车少计人数。

4.4 自动收费系统

4.4.1 系统原理与构成

自动收费系统(AFC)集计算机、通信、微电子技术、现代密码学、数据库管理等技术为一体，实现公交行业电子自动收费、自动结算、自动分账的一套完整的解决方案。该系统可为公交运营提供有效数据，从而提高公交系统运转效率。消费者手持一张收费卡，可方便地乘坐公共汽车、出租车、地铁、轮渡等交通工具。此系统在为人们的出行带来极大便利的同时，也简化了各公交运营公司的收益处理程序，提高数据统计和分析的准确性。自动收费系统的车费介质包括磁卡、智能卡(IC卡)和借记卡等。

1. 磁卡

磁卡通过卡内的磁力记录信息，乘客将卡片扫过读卡机，磁条会自动存储磁卡的余额或仅显示磁卡是否有效。磁卡的优点是技术简单、成本较IC卡低。

2. 信用卡和借记卡

信用卡和借记卡作为公交出行付费方式可以消除车费卡片的销售成本，方便信用卡和借记卡持有者乘坐公共交通出行，包括不经常使用公共交通的出行者和外来游客，扩大了公交服务的潜在客源市场。

3. IC卡

公交IC卡，即集成电路卡，卡内有集成电路和感应天线。乘客上车时只需将IC卡靠近刷卡机，便可以完成付费工作。同时，公交IC卡记录下乘车日期、本次消费金额等数据。公交IC卡在国内许多城市都有应用，不仅方便了广大乘客，也提供了一种新的客流调查统计手段。随着公交IC卡的普及和推广，公交IC卡数据已经成为公交客流分析的主要数据来源。

4.4.2 系统数据类型

公交IC卡数据的采集流程为：刷卡原始数据存储于各个公交车辆的车载读卡

器中;然后,通过公交 IC 卡数据采集设备将信息汇总到各个数据采集分中心;最后,将数据汇总到公交 IC 卡系统管理中心,存储在公交 IC 卡数据中心。

公交系统票制一般分为一票制和计程票制(如分段计价),IC 卡为介质的自动收费系统记录字段包括公交 IC 卡基础信息、公交线路信息、刷卡信息等。与公交客流 OD 有关的主要字段包括:公交线路编号、公交车辆编号、标记时间、交易时间、上车站号、下车站号[202]。标记时间 MARKTIME,对于一票制线路,该字段无意义,对于分段计价线路,该字段表示上车时间;交易时间 TRADETIME,对于一票制线路,表示刷卡扣款时间,即上车时间,对于分段计价线路,表示下车时间;上车站号 STATIONFROM,对于一票制线路,该字段无意义,对于分段计价线路,表示与 MARKTIME 相对应的站号;下车站号 STATIONTO,对于一票制线路,该字段无意义,对于分段计价线路,表示与 TRADETIME 相对应的站号。

4.4.3　数据清洗及处理

1. 数据质量问题分类

在公交 IC 卡数据采集过程中,由于卡片质量、传输等原因,会造成上传信息错误或者字段缺失。一票制线路不涉及下车刷卡时间、上下车站号字段,因此,针对分段计价线路所采集数据进行质量控制。经分析,这些数据主要存在如下三个问题[202]。

(1)部分字段丢失:由于标记时间字段记录缺失,导致上车时间缺失。

(2)错误数据包括两种情况,一是由于乘客提前刷卡行为导致的站号错误数据;二是 IC 卡刷卡记录中标记时间和交易时间间隔异常的数据。第一种情况中乘客在司机更新 IC 卡 POS 机前刷卡,由于这部分错误数据比例非常小,并且缺乏有效的修正方法,不考虑对这部分错误数据的处理。对公交 IC 卡错误数据的定义为标记时间和交易时间间隔异常的数据。

(3)乘车站距为 0 的数据。这类数据并非是由于传输或者设备问题所引起的,而是由于公交线路中存在不同站同站序的问题所造成的。这类问题可通过站点编号修正解决。

2. 数据类型判别方法

将公交 IC 卡数据分为正确数据、丢失数据、错误数据和零站距数据四类。各类数据的判别规则如下。

(1)丢失数据的判别规则。完整的数据应该包括公交线路编号、公交车辆编号、标记时间、交易时间、上车站号、下车站号等字段,只要存在字段缺失的情况,即定义为缺失数据。在实际 IC 卡数据中,不存在公交线路编号和公交车辆编号缺失的情况。缺失情况存在于标记时间、交易时间、上车站号、下车站号等字段中缺失

1个或以上的情况。

（2）错误数据的判别规则。主要是根据各条线路的行程时间阈值进行判断。阈值根据具体线路取车辆单程最大行程时间作为乘客的乘车时间限值。如果交易时间与标记时间的时间差大于这个阈值，则判定为错误数据。

3. 丢失数据补齐

如果标记时间和上车站号或交易时间和下车站号字段同时缺失，由于在这种情况下无任何关联字段可以参考，且乘客乘车时间波动性较大，不具备补齐条件，可将该部分数据直接剔除。否则，如果标记时间、交易时间、上车站号、下车站号四个字段中任一字段缺失，或者两个字段缺失，则可以利用下述方法进行数据补齐。

（1）基于邻近搜索的补齐方法

定义刷卡时间集合 $\{MT_{ij}^1, MT_{ij}^2, \cdots, MT_{ij}^k, \cdots, MT_{ij}^n\}$，$MT_{ij}^k$ 表示第 j 条公交线路第 i 辆车的第 k 个上车刷卡时间数据；$\{TT_{ij}^1, TT_{ij}^2, \cdots, TT_{ij}^k, \cdots, TT_{ij}^n\}$，$TT_{ij}^k$ 表示第 j 条公交线路第 i 辆车的第 k 个下车刷卡时间数据；定义站点编号集合 $\{SN_j^1, SN_j^2, \cdots, SN_j^k, \cdots, SN_j^n\}$，$SN_j^k$ 表示第 j 条公交线路的第 k 个站点。

如果是站号缺失，则要补齐的站点 $SN_j^* = SN_j^k$，SN_j^k 所对应的 MT_{ij}^k 或 TT_{ij}^k 满足条件：

$$|MT_{ij}^* - MT_{ij}^k| = \min(|MT_{ij}^* - MT_{ij}^1|, \cdots, |MT_{ij}^* - MT_{ij}^k|, \cdots, |MT_{ij}^* - MT_{ij}^n|)，$$ 或者

$$|TT_{ij}^* - TT_{ij}^k| = \min(|TT_{ij}^* - TT_{ij}^1|, \cdots, |TT_{ij}^* - TT_{ij}^k|, \cdots, |TT_{ij}^* - TT_{ij}^n|)，$$ 如果

$$|MT_{ij}^* - MT_{ij}^k| = \min(|MT_{ij}^* - MT_{ij}^k|, |TT_{ij}^* - TT_{ij}^k|)，$$ 则取对应的上车站号字段值，否则取对应的下车站号字段值。

如果是时间点缺失，则直接在站点集合中查找 $SN_j^* = SN_j^k$，判断站点是属于上车站号集合还是下车站号集合，选择相应的标记时间或者交易时间。

（2）基于行程时间的补齐方法

基于邻近搜索的补齐方法是能够实现数据字段的迅速补齐，补齐效率高，但是存在的主要缺陷是：对于时间点缺失的补齐，如果没有相同的站号与之对应，则无法搜索到相应的上车刷卡时间或下车刷卡时间。在这种情况下，可以基于行程时间的补齐方法进行数据补齐。

基于行程时间的数据补齐思路是：首先确定分析时间段，将时间段尽量压缩以获得较高的补齐效率。因此需要区分是标记时间缺失还是交易时间缺失。如果是标记时间字段缺失，则分析时间段应为：$[TT_{ij}^k - \bar{t}, TT_{ij}^k]$，$\bar{t}$ 为乘客平均乘车时间，由每条线路的历史数据进行统计获得；如果是交易时间字段缺失，则分析时间段应

为：$[MT_{ij}^k, MT_{ij}^k + \bar{t}]$。然后，计算该时间段内起始站点范围内的该线路所有车辆的单位距离平均行程时间。最后，利用站间距推算缺失的标记时间或交易时间。

4. 错误数据修正

定义的错误数据，是交易时间与标记时间的时间差超过了限定阈值的数据。因此，对于这类数据的修正，则认为标记时间、上车站号和下车站号三个字段为正确数据，从而修正交易时间。修正的方法同缺失数据补齐方法。

第 5 章

基于 AVL 系统数据的公交运行可靠性评价分析

5.1 公交线网运行可靠性评价

公交线网运行可靠性评价分析的对象是整个公交线网系统,即有限规模的公交线路集合,是对整个公交线网系统运行情况的整体分析,是公交服务水平的重要方面,可以为公交企业或者调度人员在计划时刻表设计时提供决策参考,也可以通过构建指标,与小汽车等其他交通方式进行对比分析,为政府管理部门改善公交线网设计及考核公交服务水平提供理论支撑,以提高公交竞争力。

当公交线网中的两条线路不经过相同站点时,是非关联的;反之,则是有关联的。相同站点的数量反映出线路的关联程度,而其位置顺序反映出究竟是合作还是竞争性质的关联。同时,线路与线路之间相关联,构成了 O-D 点对间不同的公交出行路径。因此,结合公交线网运行可靠性的定义,拟从公交网络的关键站点处换乘可靠性和 O-D 点对间运行时间可靠性两个方面,评价分析公交线网运行可靠性。选取的指标要比较全面、有代表性,尽可能地覆盖公交线网运行可靠性的分析内容;同时要具有可操作性,能够采用 AVL 系统数据进行计算和获取,切实可行。

表 5-1 公交线网运行可靠性评价指标

评价类型	指 标
关键站点处换乘可靠性	1. 到达关键站点准点率 2. 到达时间差的分布宽度 3. 平均到达时间差
O-D 点对间运行时间可靠性	概率测度值

5.1.1 公交网络的关键站点处换乘可靠性

对于关键站点的选取,复杂网络理论中一个重要的研究方向是寻找网络中的关键节点。在网络和评判准则确定的情况下,关键节点一般是固定不变的。只有当增加新的节点或者新的边时,关键节点才有可能发生变化。而在城市公交线网系统中,各条线路的计划时刻表的更新速度要快于站点或者线路的更新速度,即基于计划时刻表所描述的公交线网系统的变化速度比较快,所对应的公交线网的关键站点的演化过程也变得较快。可以以 Space V‑2 法所描述的公交线网为背景,经过若干步演化,生成这样一个网络:其边数为网络中处于运行状态的公交车辆数,节点数是即将有公交车辆进站或已有公交车辆停靠在站的公交站点数,然后通过节点的入度确定一定时间段内公交线网的关键站点集合[66]。

关键站点处换乘可靠性主要针对存在合作或者协同关系的线路之间,重点在于线路上运行车辆的同步到站,具体指标分析如下:

(1) 到达关键站点准点率

即各合作或者协同线路上运行的公交车辆到达关键站点的准点率,适用于在关键站点处规定有各条公交线路的到达时间的情况,只有各条公交线路上运行的车辆按照规定时间同时到达,才能实现线路之间的同时换乘。该准点率指标是先定义一个准时偏差范围,例如:某线路上公交车辆的实际到站时间与计划到站时间的偏差在 $[-1,2]$ 分钟之内设定为准时出站,即早到站最多 1 分钟,最晚到站不能超过 2 分钟,如果落在这个范围之外,认为是不准时。统计落在这个范围内的班次数,除以总班次数,就是准点率。

可先对各条公交线路在关键站点处的到达准点率分别单独进行计算,识别出准点率较差的线路;然后对各条公交线路的到达准点率进行加权和,了解该关键站点的整体换乘运行情况。

单条公交线路到达关键站点准点率 P_a 的计算公式为:

$$P_a = \frac{n}{N} \tag{5-1}$$

式中:n——准点到达的班次数;

$\quad N$——总班次数。

各公交线路到达准点率的加权和 P_a^s 的计算公式为:

$$P_a^s = \sum_{i=1}^{m} \alpha_i P_{ai} \tag{5-2}$$

式中:m——公交线路的条数;

$\quad \sum_{i=1}^{m} \alpha_i = 1$,其中的 α_i 为待定系数,反映该关键站点处,第 i 条公交线路的重要度;

P_{ai}——第 i 条公交线路的到达准点率。

（2）到达时间差的分布宽度和平均到达时间差

当关键站点处规定有各条公交线路的到达时间时，可计算出各条公交线路的车辆到达时间差，即实际到达时间与规定到达时间之差，对所有正的到达时间差和所有负的到达时间差分别进行统计分析，计算相应的分布宽度和平均值，从而反映出关键站点处到达时间差的波动情况和整体换乘运行情况。分布宽度的计算公式为：

$$W_D = \frac{D_{90} - D_{10}}{D_{50}} \qquad (5-3)$$

式中：D_{90}——到达时间差的 90 分位值；

D_{10}——线路运行时间或者区间段运行时间的 10 分位值；

D_{50}——到达时间差的 50 分位值，也即中位值。

分布宽度是描述统计数据分布离散趋势的指标，从分布数列中剔除了两段各一部分的极值，排除了少数极值对分布数列变异程度的异常影响，从而较客观地描述数据集合离散趋势的主要特征。

当关键站点处没有关于各条公交线路的到达时间规定时，可选取最重要的一条公交线路的到达时间作为基准，计算出其余各条公交线路的车辆与其到达时间差，同样地计算相应的分布宽度和平均值。

5.1.2 O-D 点对间运行时间可靠性

选用概率测度值描述 O-D 点对间运行时间可靠性，仅考虑公交车辆在已有线路不同站点之间的运行时间，而不考虑乘客路径选择以及 O-D 点对间的客运量。对于某一给定的 O-D 点对，运行时间可靠性为连接该 O-D 点对间的所有的公交出行路径中的运行时间的最小值小于某一规定值的概率要大于某一设定的概率值，具体计算公式为

$$Pr\{\min\{T_i, i = 1, 2, \cdots, k\} \leqslant T\} \geqslant \alpha \qquad (5-4)$$

式中：T_i——第 i 条公交路径的运行时间；

k——该 O-D 点对间总的公交出行路径的条数；

T——规定或者考核的运行时间；

α——管理者或者考核者事先设定的概率值，如 90%、95% 等。

5.2 公交线路运行可靠性评价

公交线路运行可靠性分析的主要目的是发现和识别公交线路上车辆运行过程

中的可靠性问题,寻找公交线路运行不可靠产生的规律和原因,研究和制定针对性的策略和措施来预防不可靠的发生和恢复不可靠运行产生后的运行。基于 AVL 数据的公交线路运行可靠性分析,以公交 AVL 数据作为输入,通过计算和分析公交线路运行可靠性评价指标,输出公交线路运行可靠性状况。

5.2.1 公交线路运行属性随机性描述方法

通过分析和处理 AVL 系统获取的数据,可得到公交运行的一些基本属性,如线路总运行时间、站点间区段运行时间、车头时距、首/末站时刻表偏差等。现有研究对公交运行属性随机性的描述大多采用概率论方法,主要是连续型模型。对于运行时间,争论主要集中在分布函数究竟是对称(例如,正态分布、逻辑斯特分布)[26,103,203,204]还是非对称的(例如,对数正态分布、伽马分布、对数逻辑斯特分布)[106,203]。对于车头时距分布,通常采用指数分布和伽马分布进行描述[77]。

(1) 正态分布(Normal 分布)

正态分布是一种常用的概率分布模型,广泛应用于各类随机变量的分布描述,其密度函数如式(5-5)所示:

$$f(x;\mu,\sigma) = \frac{1}{\sqrt{2\pi}\sigma}\exp\left[-\frac{(x-\mu)^2}{2\sigma^2}\right], -\infty < x < +\infty \tag{5-5}$$

式中:μ——随机变量 X 的均值;

σ——随机变量 X 的标准差。

(2) 对数正态分布(Log-normal 分布)

对数正态分布的概率密度函数如式(5-6)所示:

$$f(x;\mu,\sigma) = \frac{1}{x\sigma\sqrt{2\pi}}\exp\left[-\frac{(\ln(x)-\mu)^2}{2\sigma^2}\right], x \geqslant 0 \tag{5-6}$$

式中:μ——随机变量 X 的自然对数的均值;

σ——随机变量 X 的自然对数的标准差。

(3) 伽马分布(Gamma 分布)

Gamma 分布的概率密度函数定义为:

$$f(x;k,\theta) = x^{k-1}\frac{e^{-x/\theta}}{\theta^k\Gamma(k)}, x \geqslant 0 \tag{5-7}$$

式中:k——形状参数($k \geqslant 0$);

θ——尺度参数($\theta > 0$)。

(4) 指数分布(Exponential 分布)

指数分布可以用来描述独立随机事件发生的时间间隔,其概率密度函数为:

$$f(x) = \begin{cases} \lambda e^{-\lambda x}, x > 0 \\ 0, x \leqslant 0 \end{cases} \tag{5-8}$$

式中：λ—— 率参数$(\lambda > 0)$。

（5）Logistic 分布

Logistic 分布形状上类似于正态分布，但是尾巴更明显，峰度比较高。其概率密度函数为：

$$f(x; \mu, s) = \frac{e^{-(x-\mu)/s}}{s\,(1 + e^{-(x-\mu)/s})^2} \tag{5-9}$$

式中：μ——随机变量 X 的均值；

s——与标准差成比例的参数。

（6）Log-Logistic 分布

当随机变量 X 的自然对数服从 Logistic 分布时，随机变量 X 服从 Log-Logistic 分布。它的形状类似于对数正态分布，但是尾巴更明显些。

$$f(x; \alpha, \beta) = \frac{(\beta/\alpha)\,(x/\alpha)^{\beta-1}}{[1 + (x/\alpha)^\beta]^2}, x \geqslant 0 \tag{5-10}$$

式中：β—— 形状参数$(\beta > 0)$；

α—— 尺度参数$(\alpha > 0)$。

5.2.2 公交线路运行可靠性评价指标体系

公交行业中应用的许多性能评价指标，特别是提供给政府管理部门的指标，反映的是公交企业商业性的一面[165]。既有的公交服务质量评价体系中，也仅提及服务可靠性的评价项目，将其描述为时刻表的执行水平[166]。而实际上，被交通工程师和规划师用于线网设计或者规划的那些指标，以及运营管理者用于调度控制的那些指标，应能够反映公交车辆的运行状况，即公交运行可靠性。

国内大多数城市，将公交车辆的运行没有公开发布的时刻表作为参考，驾驶员仅了解其在首站的发车时间以及到达末站或者再次回到首站的时间。运营管理者对公交运行可靠性的考核也仅考虑准点率，导致驾驶员在运行中更加关注的是到达末站或者再次回到首站的时间，而在线路上运行的随意性比较大，出现线路准点率很高，但实际上运行可靠性很差的问题。而且，如果计划时刻表设计不合理，如计划运行时间和休整时间不足或者过多，可能会扭曲准点率指标的计算结果。

因此，本节重点研究了评价公交线路运行可靠性的指标，对于识别和理解可靠性问题、识别和评价可靠性的改进、分析策略的效果、改进策略以更好地提高公交运行可靠性具有重要意义。指标要能够准确地描述公交线路运行属性的变化特征,并反映这种变化特征对公交企业和乘客的影响。

1. 评价的边界分析

评价公交线路运行可靠性的主要目的在于:其一,客观描述、了解公交线路运行可靠性的现状,诊断问题成因及症结所在,为公交线路运行可靠性的改善提供相应的决策依据;其二,因地制宜提高公交线路运行可靠性,增强公交出行吸引力。虽然公交线路运行涉及从网络规划、路权管理到公交企业运营管理等多个环节,与车辆构造也密切相关,甚至受到天气状况等因素的影响,但本节中关注的公交线路运行可靠性更加侧重于从微观层面出发,研究公交车辆在线路上的运行过程。也就是说,评价的对象定位为单条公交线路,是与车辆运行相关的,受到可控要素影响的。

由于评价结果的直接应用对象为规划设计者、行业监管部门与线路营运部门,因此,评价指标体系应当体现这三个主要对象的需求。一个视角是将系统内的所有长期要素(如线路、站点)与短期要素(如计划时刻表)综合考虑,客观描述在给定的外部环境下,公交运行可靠性的水平与状况。另一个是在给定长期要素与非可控要素(如交通状况)的情况下,确定短期要素是否具有改善空间,以及在充分发挥短期要素能效的情况下,长期要素需要做出哪些改变才能使得短期要素的边际效用更高。

2. 评价指标选取原则

结合评价的边界分析,公交线路运行可靠性评价指标选取时,应遵循以下几个原则:

指标既要反映公交线路运行可靠性的特点,亦要有利于作对比分析、能够帮助明确存在的问题,从而选择相应的解决方案和策略。

公交线路运行可靠性评价体系中应当包含改善效果评价的相应指标和方法。

公交线路运行可靠性指标要同时反映乘客和公交企业的角色,并尽可能准确地反映用户对系统的能力所提出的要求。

选取的指标要比较全面、有代表性,尽可能地覆盖公交线路运行可靠性的分析内容。

指标要具有可操作性,能够采用 AVL 数据进行计算和获取,切实可行。

基于公交线路运行可靠性的定义,以及评价指标选取原则,在构建公交线路运行可靠性评价指标体系时应重点考虑以下几个方面:

(1) 分布的紧密度。指标最好能够描述与均值的偏差,而不仅仅是与计划时刻表的偏差,是反映变化特征更好的指标。

(2) 极端延误的可能性。对乘客而言,衡量了长时间等待及到达目的地迟到的概率;对公交企业而言,反映了系统失效的可能性以及由于延误而导致的需要储备公交车辆备用的需求。

（3）指标的标准化。指标的标准化有利于一周内不同的天、一天中不同的时段、一年中不同的季节、不同线路进行对比分析，更加精确地衡量公交运行系统的属性。

3. 评价指标体系

综合公交线路运行系统及其属性将评价类型分为运行时间分析、车头时距分析、准时分析三个方面，采用统计分析方法，从时间、空间两个基本维度出发，构建公交线路运行可靠性评价体系，如表 5-2 所示。

表 5-2　公交线路运行可靠性评价指标

评价类型	空间层面分类	时间层面	指　标
运行时间分析	线路运行时间	日变化	反映波动性： 1. 分布宽度 2. 变异系数
		时段变化	反映运行状况： 1. 拥堵比率 2. 平均运行速度 反映差异性： 1. 规划运行时间及规划运行时间指数 2. 预留运行时间与预留运行时间指数
	站点间区段运行时间	时段变化	反映波动性： 1. 分布宽度 2. 变异系数 反映运行状况： 1. 拥堵比率 2. 平均运行速度
车头时距分析	每个站点	时段变化	1. 平均值 2. 变异系数 3. 串车比率 4. 大间隔比率 5. 等待时间
准时分析	首站（起点站）	时段变化	准点率
	末站（终点站）	时段变化	1. 准点率 2. 加权早到指数 3. 加权延误指数

对于所有的评价指标，都存在一个阈值范围，以判断公交线路运行是可靠还是不可靠。这些阈值范围应基于公交企业的效益和成本，以及乘客的期望，且由于交通状况和乘客需求的不同，不同的线路或者不同的时段，范围可能有所不同。

（1）运行时间分析

运行时间分析是公交线路运行可靠性评价的重要方面。从空间层次上将运行时间分为线路运行时间和区段运行时间,并通过时段的变化来反映公交运行的平稳程度。线路运行时间为一辆公交车从首站出发至到达末站,即完成一个班次所用的时间。区段是线路的一部分,指公交线路上任意两站点间的线路段。将线路分区段进行分析,一方面有利于诊断出线路的关键部分,另一方面,对于只有部分线路段实施了公交优先措施(如公交专用道、公交信号优先)的线路,有利于对比分析公交优先措施的实施效果。

关于运行时间的分析,除了基本的统计值如均值、标准差等,另外选用了八个指标。分布宽度和变异系数主要用于反映运行时间的波动特征;拥堵比率和平均运行速度反映了公交车辆所处运行环境的状况;规划运行时间及规划运行时间指数、预留运行时间及预留运行时间指数则主要用于描述运行时间的均值与极限值之间的差异。各指标的具体定义和计算公式如下:

① 分布宽度 W_T

$$W_T = \frac{T_{90} - T_{10}}{T_{50}} \tag{5-11}$$

式中:T_{90}——线路运行时间或者区间段运行时间的 90 分位值;

T_{10}——线路运行时间或者区间段运行时间的 10 分位值;

T_{50}——线路运行时间或者区间段运行时间的 50 分位值,也即中位值。

② 变异系数 CV_T

$$CV_T = \frac{\sigma_T}{\overline{T}} \tag{5-12}$$

式中:σ_T——线路运行时间或者区间段运行时间的标准差;

$\overline{T}$——线路运行时间或者区间段运行时间的均值。

变异系数表现为相对数的形式,可以消除度量单位和均值不同对比较结果的影响,便于针对不同长度的线路、区间段以及不同时段的运行时间进行分析,判断数据分布离散程度的大小,反映公交线路运行过程的均衡性、稳定性。

③ 拥堵比率 F_C

$$F_C = \frac{N_{1.3}}{N_T} \tag{5-13}$$

式中:$N_{1.3}$——大于 1.3 倍的自由流运行时间的线路运行时间或者区间段运行时间的数目;

N_T——总的样本数。

拥堵比率主要是为了反映公交车辆的外部运行环境,尤其是所处交通流状况的影响。参考交通网络分析中通过定义行驶时间指数对拥挤进行描述[205],假设当公交线路的运行时间或者区间段运行时间超过自由流运行时间的 1.3 倍时,所处的交通状况是拥堵的。1.3 只是个阈值,由于城市规模以及不同城市对于交通拥堵的可接受程度的不同,可以视实际情况而定。

④ 平均运行速度 S_C

$$S_C = \frac{L}{T} \tag{5-14}$$

式中:L——线路长度或者区间段长度。

平均运行速度不同于行驶速度,它涵盖公交车辆在站点处的停车时间。Cortés 等[51]参考拉丁美洲普遍应用的常规公交系统的设计运行速度的标准(20 km/h),将公交车辆的运行环境划分为五种。由于中国城市道路交通状况复杂,常规公交汽车平均运行速度设计标准远未达到 20 km/h,通常取为 15 km/h 左右,据此将运行环境也划分为五种,如表 5-3 所示。

表 5-3　运行环境的范围划分

运行速度(km/h)	$S_C \leqslant 10$	$10 < S_C \leqslant 14$	$14 < S_C \leqslant 16$	$16 < S_C \leqslant 20$	$20 < S_C \leqslant 25$	$S_C > 25$
环境状况	非常差	差	可接受	一般	好	非常好

⑤ 规划运行时间 T_P 及规划运行时间指数 I_{PT}

$$T_P = T_{95} - T_0 \tag{5-15}$$

$$I_{PT} = \frac{T_{95}}{T_0} \tag{5-16}$$

式中:T_{95}——线路运行时间或者区间段运行时间的 95 分位值;

　　　T_0——自由流线路运行时间或者自由流区间段运行时间。

规划运行时间表明了极端延误与自由流状况下运行时间的差值,即估计实际运行时间超过自由流状态下运行时间的程度。

⑥ 预留运行时间 T_B 及预留运行时间指数 I_{BT}

$$T_B = T_{95} - \overline{T} \tag{5-17}$$

$$I_{BT} = \frac{T_{95} - \overline{T}}{\overline{T}} \tag{5-18}$$

预留运行时间反映了相较于平均运行时间,要保证 95% 的出行准时可靠而需增加的预留时间。

(2) 车头时距分析

车头时距为同一公交线路上行驶的公交车辆队列中,两辆连续公交车辆到达或者离开某一公交站点的时间间隔。串车和大间隔可以采用相对值或者绝对值来进行分析。绝对值时,可以认为车头时距小于 1 分钟,即为串车。相对值时,则可以认为,车头时距小于或者等于 0.5 倍的计划车头时距时,即为串车。

① 车头时距变异系数 CV_H

$$CV_H = \frac{\sigma_H}{\overline{H}} \tag{5-19}$$

式中:σ_H——车头时距的标准差;

$\overline{H}$——车头时距的均值。

② 串车比率 F_B

$$F_B = \frac{N_{0.5}}{N_H} \tag{5-20}$$

式中:$N_{0.5}$——小于 0.5 倍平均车头时距的实际车头时距的数目;

N_H——总的样本数。

③ 大间隔比率 F_G

$$F_G = \frac{N_{1.5}}{N_H} \tag{5-21}$$

式中:$N_{1.5}$——大于 1.5 倍平均车头时距的实际车头时距的数目。

④ 等待时间 $\overline{w}$

对于高频线路(计划车头时距小于 10 分钟),假设乘客到达服从均匀随机分布,Welding[206]推导出此时平均等待时间为:

$$\overline{w} = \frac{1}{2}\overline{H}(1+CV_H^2) \tag{5-22}$$

(3)准时分析

准点率仅能区分准点或者不准点,未把早到或者延误的程度考虑在内。而实际中,早到 2 分钟与早到 5 分钟,或者延误 2 分钟与延误 5 分钟,在运营管理上的差别是很大的,存在一个可容忍阈值范围。为此,除准点率指标外,引入了加权早到指数和加权延误指数两个概念。

① 准点率

准点率分析是公共交通运营管理的重要方面。常用的准点率指标是先定义一个准时偏差范围,例如:实际出站时间与计划出站时间的偏差在[-1,2]分钟之内设定为准时出站,即早离站最多 1 分钟,晚点最晚不能超过 2 分钟,如果落在这个范围之外,认为是不准时。统计落在这个范围内的趟次数,除以总班次数,就是准点率。这个范围的上下限制定要根据经验和实际情况,不同的线路对于准点的要求可能不同。例如有些线路道路交通条件复杂,旅行时间难以掌控,如果准点率要求苛刻,无论采取怎样的措施都难以满足,会打击驾驶员的积极性。时刻表偏差的分布能够解决这一问题,允许分析者根据不同的实际情况制定准点范围。例如用实际与计划出站时间的15分位数和85分位数作为准点率的范围的上下限,保障了大部分的驾驶员能够完成准点率要求。反过来说,如果大部分班次的准点率指标都不能完成,说明计划时刻表的制定可能存在问题。准点率可以用首站处的出站时间来定义,也可以用末站处的到站时间来定义。

② 加权早到指数 R_e

$$R_e = \frac{\sum\limits_{k_e=t_e}^{H} k_e \cdot P(k_e)}{H} \tag{5-23}$$

式中:H——计划车头时距;

k_e——较计划到达时刻的早到值;

$P(k_e)$——观察到的 k_e 的频率,$0 \leqslant P(k_e) \leqslant 1$。

③ 加权延误指数 R_d

$$R_d = \frac{\sum\limits_{k_d=t_d}^{H} k_d \cdot P(k_d)}{H} \tag{5-24}$$

式中:k_d——较计划到达时刻的延误值;

$P(k_d)$——观察到的 k_d 的频率,$0 \leqslant P(k_d) \leqslant 1$。

与准点率相比,加权早到指数和加权延误指数基于早到或延误的加权和,并考虑了与计划车头时距的相对值,更加直观。例如,当加权早到指数或加权延误指数的值大于 0.5 时,意味着平均的早到或者延误已经超过了计划车头时距的 0.5 倍,准点运行水平比较差。

5.3 实例分析

本节以苏州市的1路公交线路的下行方向为例,介绍如何利用 AVL 数据对单条公交线路的运行可靠性进行分析。

5.3.1 公交线路及 AVL 数据描述

苏州市公共交通由苏州市城市客运交通管理处负责管理,现营运的 3 600 多辆公交车均已配备 GPS 设施,实现了 AVL 数据的收集。如图 5-1 所示,1 路公交线路的下行方向从北向南,首站是新火车站北临时广场,穿越老城区,末站为位于吴中区的公交一路新村。从苏站东路,途经人民路、东吴北路、广建路,最后转至枫津路。其中,人民路(约 5 km 长)是老城区最拥堵的交通走廊之一。

1 路公交线路长 13.2 km,配备有 25 辆公交车辆。下行方向有 19 个公交站点(包括首站和末站,见图 5-1)。2004 年,人民路上一条车道设为独立的公交专用道(约从平门公交站点至团结桥北公交站点);2011 年,该线路经过的 7 个信号交叉口开始实施被动信号优先。公交企业的计划时刻表仅包括上行方向公交一路新村处的计划发车时间和下行方向公交一路新村处的计划到站时间。

当公交车经过某一公交站点处时,它的到达时间、离开时间以及站点名将被记录在数据库中。本节主要使用 2011 年 5 月 4 日至 2011 年 5 月 6 日三天采集的 AVL 数据,涵盖 489 个运行班次。数据收集期间没有明显的天气变化和突发状况。

图 5-1 苏州市 1 路公交线路

5.3.2 线路总运行时间变化特征

1. 日变化

图 5-2 为 5 月 4 日、5 月 5 日、5 月 6 日的线路总运行时间观测值。可见,这三天的线路总运行时间的时段波动特征具有很大的相似性,表 5-4 中的各项指标也可以反映出来。

表 5-4　不同天的线路总运行时间各项指标计算结果

	T_{95} /min	σ_T /min	$\overline{T}$ /min	T_0 /min	CV_T /%	W_T /%	S_C /(km·h⁻¹)	F_C /%	I_{PT}	T_P /min	I_{BT}	T_B /min
5-4	49.23	4.69	41.43	28.47	11	30	19	82.5	1.73	20.76	0.19	7.80
5-5	48.48	4.67	41.24	24.15	11	27	19	97.5	2.01	24.33	0.18	7.24
5-6	49.70	4.86	42.11	26.62	11	28	19	95.3	1.87	23.08	0.18	7.59

这里假设公交车辆在晚上大多数时间以自由流速度运行。以 22:00 之后的公交线路总运行时间的最小值作为自由流运行时间。

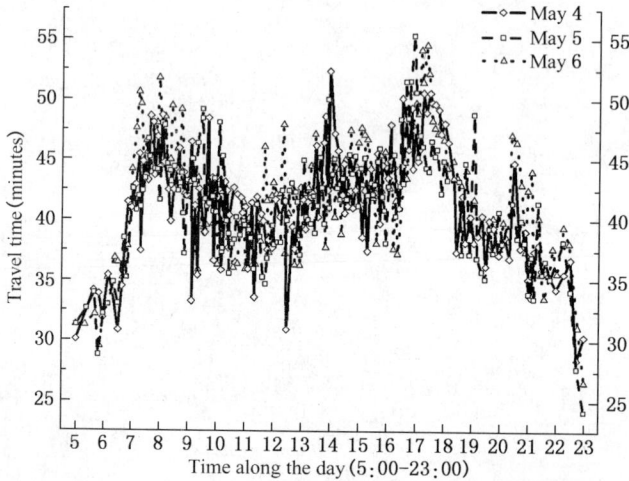

图 5-2　线路总运行时间观测值(5 月 4 日~6 日)

此外,表 5-4 中还可以得出以下结论:

(1) 这三天的线路总运行时间的各项指标值差别很小,表明日变化特征不是很显著;

(2) 三个 CV_T 均为 11%,W_T 均为 30% 左右,表明线路总运行时间的分布比较散,各个班次的线路总运行时间的波动比较明显,稳定性差。

(3) 平均运行速度 S_C 为 19 km/h,表明 1 路公交线路的运行环境一般。然而,

从拥堵比率 F_C 的值却发现,大于 1.3 倍的自由流运行时间的班次的数目均占到 80%以上,外部环境因素,尤其是交通状况,对公交车辆的运行具有重要影响。

(4) 规划运行时间指数 I_{PT} 表明 95 分位的线路总运行时间为自由流情况下的 1.7~2 倍,相差超过 20 min。反映了在保证 95%的概率准点的情况下,需要耗费比自由流情况多出 20 min 的时间。预留运行时间则表明在平均的运行情况下,乘客要保证自己 95%的出行准时可靠时,至少需要多预留出 7 min 的时间。这几个指标同样说明经常处于极端情况下的通勤者所感知的服务水平低于平均服务水平,更远低于自由流情况下的服务水平。

采用 Palisade 决策软件包中的 BestFit 4.5,根据 Kolmogorov-Smirnov(K-S)检验值对拟合分布进行排序。已有文献中多采用正态分布对线路总运行时间进行模拟[103,203],这里将最优拟合分布与正态分布进行了比较。如图 5-3 所示,实线表示的为正态分布,虚线为各天的线路总运行时间的最优拟合分布。5 月 4 日和 5 月 5 日的最优拟合分布均为 Logistic 分布,5 月 6 日的为 Weibull 分布。可以看出,各最优拟合分布与正态分布没有特别显著的差别,应用时为了简化和易于计算,可以采用正态分布替代最优拟合分布来描述线路总运行时间的分布情况。

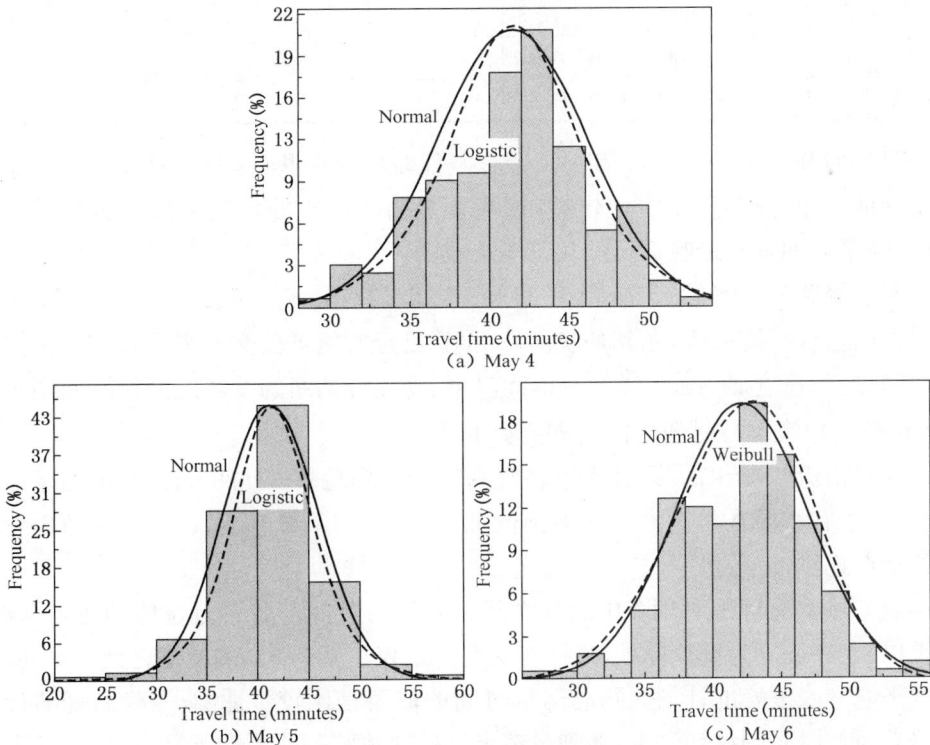

图 5-3　线路总运行时间的拟合分布(5 月 4 日~6 日)

2. 分时段变化

从图 5-2 中,可以看到五个很清晰的时段,早平峰、早高峰、中间平峰、晚高峰和晚平峰。采用有序聚类分析算法[207],这五个时段分别为:早平峰(5:00～7:00)、早高峰(7:00～9:00)、中间平峰(9:00～16:30)、晚高峰(16:30～18:30)和晚平峰(18:30～23:00)。

表 5-5 为五个不同时段的线路总运行时间的各项指标计算结果。晚高峰的平均线路总运行时间为 47.35 min,而早平峰仅为 34.00 min,差值为 13.35 min,这可能是由于不同时段的交通状况的拥堵水平不同造成的。同时也表明,时刻表设计时,不同的时段应当采用不同的计划运行时间,早、晚高峰应规划较多的计划运行时间,以应对较拥堵的交通状况。

表 5-5   不同时段的线路总运行时间各项指标计算结果

	T_{95} /min	σ_T /min	$\overline{T}$ /min	T_0 /min	CV_T /%	W_T /%	S_C /(km·h^{-1})	F_C /%	I_{PT}	T_P /min	I_{BT}	T_B /min
早平峰	41.22	3.11	34.00	26.41	9.15	22	23	41	1.56	14.81	0.21	7.22
早高峰	49.54	2.83	44.56	26.41	6.35	16	18	100	1.88	23.13	0.11	4.98
中间平峰	47.35	3.32	41.57	26.41	7.98	20	19	98	1.79	20.94	0.14	5.78
晚高峰	54.20	3.37	47.35	26.41	7.11	17	17	100	2.05	27.79	0.14	6.85
晚平峰	44.76	4.23	37.88	26.41	11.00	25	21	85	1.69	18.35	0.18	6.88

早平峰和晚平峰的 CV_T 和 W_T 值较其他时段更大些,这两个时段的线路总运行时间的分布比较宽,稳定性较差,这主要是由于早平峰期间有最早运行的几班车,而晚平峰期间有最晚运行的几班车造成的。

早平峰和晚平峰的 S_C 分别为 23 km/h 和 21 km/h,表明运行环境好;其余三个时段的运行环境一般,尤其是晚高峰,尽管已经实施了公交专用道和信号优先策略,平均运行速度 S_C 仅为 17 km/h,而且早、晚高峰期间的线路总运行时间中大于1.3 倍的自由流运行时间的比例 F_C 为 100%。

与自由流状况相比,乘客需要在晚高峰期间多耗费 27.79 min;与平均运行状况相比,乘客需要在早高峰期间多预留 7.22 min。I_{BT} 和 I_{PT} 可以为乘客的出发时间的选取提供参考。

表 5-6 为实际的时刻表中的计划线路总运行时间与各百分位值的比较情况。如果以 95 分位值为设计标准,这样车辆在末站仅可能有 5% 的概率迟到。早高峰、中间平峰和晚平峰的计划线路总运行时间的取值是比较合适的;而晚高峰的计划线路总运行时间则设计过少,驾驶员在末站处的休整时间可能不足,由于设计取值不合理而造成的车辆延误状况比较严重。

表 5-6   实际计划运行时间与各百分位值比较(单位:min)

时 段	早平峰	早高峰	中间平峰	晚高峰	晚平峰
实际的计划线路总运行时间	$37.5(\approx T_{85})$	$50.0(>T_{95})$	$48.0(>T_{95})$	$48.5(<T_{75})$	$44.0(\approx T_{95})$

5.3.3   站点间区段运行时间变化特征

1 路公交线路运行过程中存在的典型问题是由于交通状况的随机性引起的,尤其是公交专用道被小汽车和出租车占道的现象比较严重;而在没有公交专用道的地方,公交车辆与其他车辆混行,更加剧了运行时间的不稳定性。站点间区段运行时间的分析能够分析诊断一些策略和措施的实施效果。依据公交专用道和信号优先交叉口的布设情况,遵循尽量均匀的原则,将整条公交线路划分为 10 个区段,如表 5-7 所示。

表 5-7   站点间区段运行时间各项指标计算结果(晚高峰时段)

区段	$\overline{T}$(min)	L(km)	S_C(km/h)	σ_T(min)	CV_T
1*	5.02	3	35	0.69	13.81%
2*	5.28	1.3	15	0.90	17.03%
3*	4.79	1.2	15	1.23	25.60%
4*	4.50	1.1	15	0.94	20.80%
5*	4.60	0.9	12	1.11	24.11%
6	3.82	0.5	8	1.22	31.89%
7*	3.21	0.9	17	0.66	20.71%
8	5.36	1.2	13	1.22	22.74%
9	6.90	1.8	16	1.38	20.03%
10	3.53	1.3	22	0.61	17.20%

注:* 表明该区段有信号优先策略实施。

区段 1 的平均运行速度最高(35 km/h),区段 6(位于公交专用道的最后一段)的平均运行速度最低(8 km/h,非常差),且区段 6 的 CV_T 最高。究其原因,区段 6 虽然仅 0.5 km 长,却有三条支路与之相交,支路上来的任何车辆都可能会对公交专用道造成干扰;在区段 6 的起始处有一所中学,晚高峰期间,大批的学生客流量增加了车辆在站点处的停靠时间,而接学生的私家车亦对公交车辆行驶造成干扰。

区段 2 至区段 5,尽管这四个区段上已实施了公交专用道和信号优先策略,但平均运行速度依然较低,且区段 3 和 5 的变异系数 CV_T 比其他未布设公交专用道的区段还要高。表明这两种公交优先策略的实施并未在很大程度上改善 1 路公交线路的运行可靠性。

5.3.4 车头时距分析

公交运营管理中,车头时距是关键的参数之一,车头时距的波动导致乘客多余的等待时间。如图 5-4 所示,晚高峰时段的串车在 1 路公交线路运行过程中经常发生。从时空图上可以看出,除了一些从首站处发车时就已经串车的情况外,串车

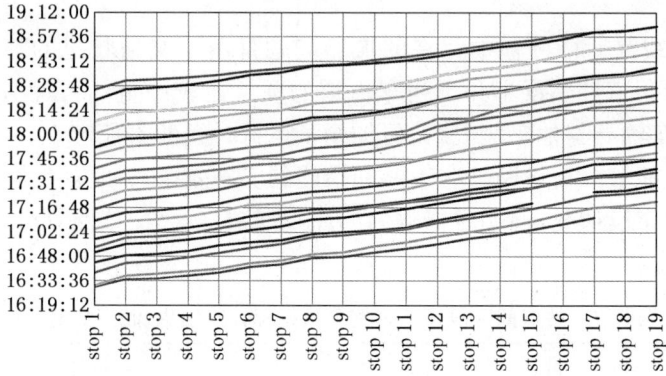

(a) 5月4日

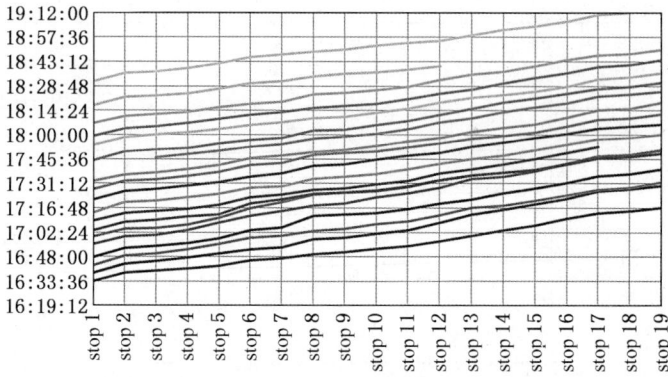

(b) 5月5日

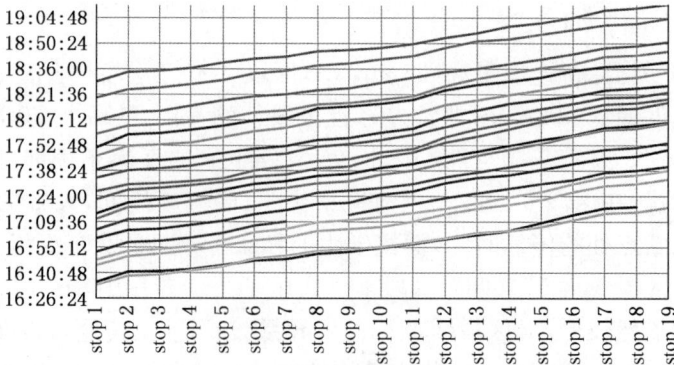

(c) 5月6日

图 5-4 5 月 4 日～6 日晚高峰时段公交车辆运行的时空图

大都从站点 8(三元坊)开始发生,该站点是一个约有 11 条公交线路经过的重要换乘点,大量的客流活动可能是导致串车开始发生的原因之一。采用控制策略改善车头时距平稳性时,站点 8 可考虑作为备选的控制点。时空图中缺失的部分说明,对于即使是数据收集覆盖率较好的晚高峰时段,仍然可能存在一些异常的数据丢失。

尽管公开发布的 1 路公交线路的发车间隔是 4~6 min,统计结果发现,晚高峰时段的平均车头时距为 6 min。与准时偏差范围的定义会影响到准时率相类似,车头时距偏差范围的定义同样也影响到车头时距平稳性的评价。这里选用 30 s 作为过度串车的标准,当车头时距小于 30 s 时,几乎有两辆公交车同时到达某一站点处;以实际平均车头时距的 2 倍作为极端大间隔的标准,当车头时距大于 12 min 时,公交服务水平大大下降。表 5-8 为车头时距各项指标计算值(缺失的数据不考虑在样本内)。可以看出,车头时距的稳定性较差。

表 5-8　车头时距各项指标计算结果(晚高峰:16:30—18:30)

	过度串车的比例	串车及大间隔比例之和	极端大间隔的比例
5-4	5.5%	42.0%	4.5%
5-5	4.2%	25.8%	6.3%
5-6	2.0%	36.5%	5.0%

图 5-5 为 5 月 4 日~6 日的晚高峰时段各站点处的车头时距变异系数 CV_H。CV_H 在 40%~75% 范围内波动,稳定性极差。采用式(5-22)计算站点 13 处的乘客平均等待时间,结果为 4.7 min;而若变异系数为 0,车头时距非常平稳时,平均等待时间仅为车头时距的一半,即 3 min。车头时距的剧烈波动导致实际的等待时间超过了期望值的 1.5 倍。

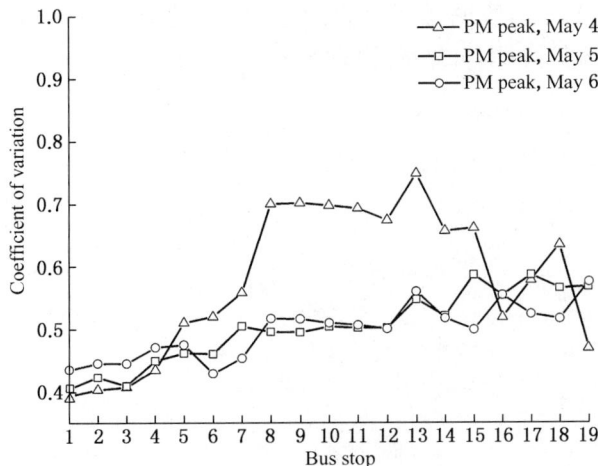

图 5-5　各站点处的车头时距变异系数 CV_H(晚高峰:16:30~18:30)

5.3.5 准时分析

本节以 5 月 5 日的 163 个班次为例,对 1 路公交线路进行准时分析。时刻表中仅有两个计划时间:上行方向上首站(公交一路新村)的计划离站时间和下行方向上末站(公交一路新村)的计划到站时间,由于这里仅研究 1 路公交线路的下行方向,以末站(公交一路新村)的记录到达时间与计划到站时间进行对比分析。

62% 的公交车辆比计划到站时间早到,平均早到时间为 5.04 min,加权早到指数 R_e 为 1;18% 的公交车辆比计划时间晚到,平均晚到时间为 3.15 min,加强晚到指数 R_d 为 0.63。表明 1 路公交线路的准时性不是很好。一方面原因可能是 5.3.2 中所述的,线路总运行时间设计得不够合理;另一方面的原因是,驾驶员早到达下行方向的首站(火车站北临时广场),而在首站处没有调度人员对驾驶员进行"等待"控制,亦没有休整时间的限制和规定,导致离开首站的时间比较随机,准时性较差。

5.3.6 相关性分析

采用 SPSS 16.0 对各站点处的车头时距标准差的相关性进行检验,相关系数为 0.952,表明第 $k-1$ 个站点的车头时距偏差与第 k 个站点($k = 2, 3, \cdots, 19$)的车头时距标准差的正相关性显著。首站处的车头时距对后面各站点处的车头时距平稳性有重要影响,保证首站处发车的车头时距的平稳性,是改善公交运行可靠性的重要方面。以此为依据,还可以基于站点 k 上游的各站点的车头时距标准差情况,预测站点 k 处的车头时距偏差。

同样地采用 SPSS 16.0 检验运行时间标准差与车头时距标准差的相关性,计算得相关系数为 0.805,表明运行时间的波动是导致车头时距波动的重要因素之一,验证了公交线路运行不可靠的原因分析。

第 6 章

公交线网协调与枢纽衔接

公交枢纽内线网协调、线路换乘设计以及枢纽合理规模确定,是实现枢纽线路有效衔接、公交运行可靠性的保障。多层次公交线网间衔接、网络换乘方式多样,本章重点研究常规公交与轨道交通的换乘,构建轨道交通接运公交线网协调模型,最后阐述公交枢纽内部线路衔接模式,分析其合理规模。

6.1 多层公交线网协调

1. 分层公交线网定位

城市公交线网包含不同的线路层次及相应的运送标准,城市轨道交通、公交快线、公交普线、公交支线形成城市公交网络,满足居民出行不同的交通需求。

轨道交通——作为城市公交系统的骨干,承担城市与区域之间及各主要功能区之间的快速联系,满足居民中长距离的出行需求。车型采用列车编组。

公交快线——在城市轨道交通修建之前,快速公交可作为城市客运的骨干;轨道交通建成之后,快速公交作为辅助,为居民提供更广、更方便的交通方式[208]。采用直达线和大站快车的线路形式,提供快速的服务,沟通各大型交通枢纽。车型采用大容量车型 BRT(Bus Rapid Transit)。

公交普线——承担快线线网难以完全覆盖的部分骨干客流,对快线网络起补充作用;另外因覆盖面广,具有支线接驳快线客流的作用(接驳轨道交通/快速公交线路)。采用中等站距提供方便的服务,沟通交通枢纽及客流集中地区。车型采用单机为主。

公交支线——服务地区内部的出行,连接客流发生吸引点到枢纽轨道及快线站点,辅助干线客流服务,减少乘客步行距离实现零换乘,配合较密的发车间隔,有效提高公交吸引力。车型采用单机小型车[209]。

2. 不同层次线路的关系

(1) 公交快线与公交普线

公交快线与公交普线的关系定位于骨干与基础的关系,在发展快线的同时,实现快线与普线的整合,发挥公交更大的作用,提高公交吸引力。公共汽车运量不大,但具有灵活、便捷、覆盖面广的优点,主要以中长距离客流为主,应重点考虑整个城市线网覆盖率。快线和普线的有效结合可以使居民得到更便捷的公交服务。

通常,应避免快线与普线过多的重合,在快线建设完工初期,取消部分与快线重合的普线;在快线交通覆盖的范围内,调整长距离与快线共站的普线,改设在快线服务半径以外的区域。这样可以更好地发挥快线的作用,吸引更多的客流,同时缓解普线的压力,避免快线与普线不必要的竞争。

在客流很大的走廊上,若快线无法满足居民的出行需求,可以在局部客流大的快线的某一段上,保留一部分普线,起分流作用并提供多层次的公交服务方式,但重合部分不宜太长(不超过 4 km)。根据其客流密度情况,在快线站点设置不同等级的普线公交换乘站,以快速集散客流,同时方便乘客。

(2) 公交快线与公交支线

城市快线与支线公交的关系定位为骨干和支撑的关系。支线公交不仅可以服务居民的短距离出行,还可以承担集散客流的功能。支线公交线路可以配合快线,扩大快线的服务辐射范围。因此,支线公交和快线的良好配合,可以最大限度发挥快线的效益。

支线公交的起终点站可以设置在快线的起终点,形成公交换乘站。在快线起终点,设置不同等级的换乘站甚至枢纽站,解决末端交通问题。另外,虽然快线有着大运量、快速、准时、舒适等优点,但是由于资金和建设期的限制,快线线网的密度不可能很高,因此,直接吸引范围有限,这就需要与支线的配合,在设置支线线路时尽量做到与快线车站交汇,为快线输送更多的客流。

(3) 公交普线与公交支线

普线与支线公交的关系可定位为基础和支撑的关系。支线公交的配合使公共交通竞争力大大提高,并且为优化城市交通结构提供有效途径。进一步优化普线与支线公交线网布局,提供客流接驳运送、各交通方式之间换乘等多功能、多层次的运输服务。

由于道路限制,普线无法进入城市的中小街道,而支线公交线路可以深入各居民住区及各功能区、运行在中小街道上,作为普线的一种补充形式,提高公交线网密度,提供多层次多样化的公交服务形式。支线公交可以发挥其机动灵活的优点,可以根据不同客流情况选择不同的车型,填补中小街道和郊区的交通空白区域[210]。

3. 轨道交通接运公交

轨道交通作为公共交通系统的重要组成部分,具有大容量、快速准点、高效安全的特点,其贯穿城市主要客流通道,能够提供高水平的公共交通服务。接运公交是指以为轨道交通接运乘客为主要功能的公共汽车等公共交通方式,与轨道线网共同组成轨道—接运公交系统,又是地面公交系统的一部分[210]。轨道交通与接运公交应分工合作,相互补充,充分发挥各自特色,提供全面高质量的公共交通服务,确立公共交通在城市交通中的主导地位。轨道交通与接运公交协调必要性主要体现在以下三个方面:

轨道交通与接运公交协调是构建城市多模式公共交通系统的需要。城市客运交通需求的多样性要求城市公共交通系统提供多元化的服务,轨道交通与地面公交由于各自特定的技术经济特征,通过功能上的分工合作、相互补充,发挥各自的优势与特点,以整体服务质量的提高来促进客流的吸引。因此,加强地面公交系统中接运公交与轨道交通的衔接与协调是促进地面公交系统与轨道交通系统协调发展的基础。

由于城市对人口和设施均有容量上的约束,从轨道交通可建设空间有限性以及建设必要性等方面,轨道交通网络总体容量总会达到上限要求,不可能无尽修建下去,即轨道交通线网密度存在上限值,无法覆盖到城市的每个角落,并且轨道交通通常只能覆盖其线路两侧一定吸引范围内的交通走廊。因此,轨道交通需要常规公交为其做客流的二次吸引,通过接运公交将其服务范围延伸到城市的各个角落,发挥出轨道交通大运量的优势,保证轨道交通的客流效益。

轨道交通与接运公交网络衔接与站点一体化等是协调的基础,合理的运营管理是两者协调的保障。轨道交通与接运公交协调调度以及票价、信息等方面的一体化,可以降低乘客换乘的时间和费用成本,提高换乘的便捷性与系统的效率,有利于公共交通系统竞争力的提升。

4. 城市公交与城乡公交一体化

由于地域差异,社会经济发展、运输需求各异,各地城乡公共客运发展进度存在差异性,所处不同阶段形成不同的发展模式[211]。一般在中、西部大多数中小城市,经济发展较为落后、地理条件较差或地广人稀地区,解决农村居民出行难问题首先是实现农村地区客运网络化发展。部分中等城市分别界定城市公交和农村客运的运营范围、公益性质、票制票价、车型选取、扶持政策,统筹规划建设城市公交与农村客运的对接换乘场站,实行城市公交与农村客运对接。随着城乡间社会经济活动日益频繁、交通服务均等性要求提高,多数大城市实行市域城乡公交一体化模式,实现管理体制、运行机制、经营方式等方面一体化。在长三角、珠三角、京津冀等高度城市化区域,城镇发展连绵成片或成带,城乡间和区域间界限不再明显,区域一体化发展趋势显著,使得原有的城乡间、城际间运输需求呈现出城市公共交通的需求特征,跨地市的公交运营模式由此产生。在客流量大、沿途城镇密集的短途班线基础上,开行"公交化"的城际客运班车,满足城际间高密度的客运需求。城际客运"公交化"实质是在一定程度上结合原有道路班线和公交运行模式,突破短途班线客运点少的障碍,方便沿线城乡居民就近上下车。典型的有广州—佛山道路客运同城化改革,江苏昆山—上海公交化班线,郑州—开封城际公交等[212]。

依据城镇空间集聚扩散理论,提出对接衔接、并行衔接、多点衔接三种城乡公交与城区公交线路衔接方式。对接衔接模式,即通过换乘枢纽"点"进行线网衔接;并行衔接模式,即城区公交向边缘区延伸、城乡公交线路向城区深入,形成"线"衔接;多点衔接模式,即城乡公交线路与城区公交线路通过中途停靠站点进行客流转换,形成"面"衔接;构建"点、线、面"衔接组织模式[213]。

6.2 轨道交通接运公交线网协调

6.2.1 轨道交通接运公交服务定位

1. 轨道交通接运公交线网协调内容

轨道交通与接运公交线网协调是公共交通一体化的基础,接运公交的网络布局结构关系到乘客到达接运站点的换乘次数、出行距离以及步行距离等指标。合理高效的接运公交网络不仅为运营调度提供良好的基础条件,而且提升了公共交通服务的质量。由于网络的重要性,在对接运公交系统的规划中首先要进行网络优化设计。

从城市地面公交系统与轨道交通系统之间的关系上来看,按其与轨道交通之间的关系可分为以下三类:

(1) 地面公交接运线网:承担接运轨道交通乘客的功能,服务于轨道交通无法延伸的盲区,作为补充线网,与轨道交通线路共同组成轨道接运公交系统。

(2) 地面公交分流线网:承担乘客直达运输的功能,服务于轨道交通饱和的局部路段,作为分流线网,与轨道交通线路存在客流竞争关系。

(3) 其他地面公交线网:承担乘客直达运输的功能,服务于有待布设轨道交通的次级片区,作为补充线网,与轨道交通没有直接相互关系。

轨道交通与地面公交线网协调是动态平衡的过程,当一条新的轨道交通规划建设后,原有旧的平衡被打破,需要重新梳理轨道交通线网与地面公交线网的关系并进行相应的调整。

由于轨道交通的建设,其他地面公交线网服务的区域可能已经有轨道交通覆盖,地面公交分流线网可能与轨道线网过度竞争,或者原有的地面公交接运线网无法满足新的轨道交通延伸与接驳服务等,需要对整个轨道交通线网与地面公交线网的关系进行判断,在此基础上进行线路的调整以及新增。即接运公交线网协调规划包含两部分:通过现有地面公交线路的优化调整得到相应的接运公交线路;新增以轨道交通枢纽为起讫点的接运公交线路。接运公交线网协调规划流程如图 6-1 轨道交通接运公交线网生成流程所示。

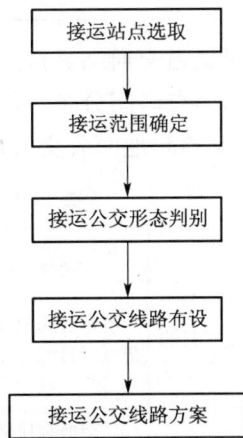

接运公交线路是为轨道交通接运乘客服务的,每一个需要集散客流的轨道车站处均有接运公交线路为其服务。轨道交通与接运公交换乘包括由轨道交通换乘到接运公交(一对多模式)和由接运公交换乘到轨道交通(多对一模式)组成,相应的 OD 分布即存在两个方向的需求,要满足轨道交通站点接运公交线路的总运能与其 OD 需求相匹配,即运能匹配为轨道交通与接运公交协调的重要约束条件。若轨道交通站点布设接运公交线路过少,会导致接运公交车辆满载率过大,乘客由于车辆拥挤而感到舒适性差,从而影响其对乘客的吸引力。反之,若接运公交线路设置过多,则会使得部分运能未被充分利用,同时增加了运营商的费用。

新增接运公交线路生成是接运公交线网规划的重要部分,本节提出"选站点—定范围—判形态—布线路"的方法,首先在轨道交通站点中选取需要与接运公交衔接的站点集合,然后确定轨道接运范围,再判断轨道交通与接运公交的衔接模式以及接运公交布局形态,针对不同线路形态提出相应的线路布设模型得到新增接运公交线路。轨道交通新增接运公交线网生成流程如图 6-2 新增接运公交线路生成流程所示[214]。

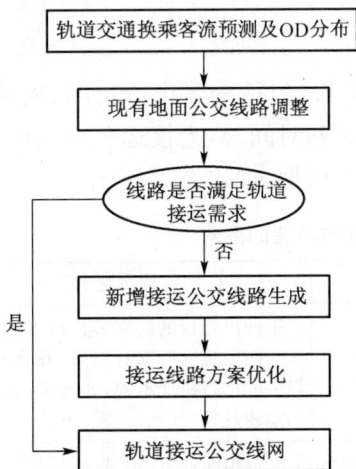

图 6-1　轨道交通接运公交线网生成流程　　图 6-2　新增接运公交线路生成流程

2. 轨道交通接运公交功能定位与服务要求

从公交服务特性和服务等级分析,现状公交的主要缺失空间为次级的多样化线路、片区内部服务线路。从公交线网的衔接层次和空间布局分析,现状城市公交线路缺乏面向轨道交通衔接的线路,衔接轨道交通和服务内部的线路出现空白。

发展面向轨道交通衔接、提高线网覆盖度、串联片区内部主要客流集散点的接运公交是公交服务体系完善的首要环节。作为传统城市公交的补充,广义的接运公交隶属城市辅助客运系统范畴,其属于非常规的城市公交类型,其功能定位主要体现为:①对轨道交通服务的补充,包括对轨道交通服务范围的补充以及对轨道交通服务功能的补充。②对轨道交通客流的喂给,包括加强对轨道交通的接驳换乘以及扩展轨道交通的服务范围。

按照场所导向型的分类标准将城市轨道交通站点地区分为公共中心区、交通枢纽区、成熟居住区和城市外围区四类[215],如表 6-1 轨道交通站点地区分类所示。

表 6-1 轨道交通站点地区分类

区位站点	站点区位特征	站点地区特征
公共中心区站点	位于城市各级商务办公服务中心区;位于城市各级商务、金融中心区	站点地区高层、高密度开发;土地再利用活动强度大;娱乐、休闲、购物功能集中
成熟居住区站点	位于市区或市郊的已经开发成熟、稳定的居住区	土地利用再开发较少;土地开发强度较大
交通枢纽区站点	位于轨道交通站点与对外交通设施交汇的综合客运枢纽区或者与多条公交线路交汇的大型城市换乘枢纽区	多模式换乘;交通功能带动土地利用的发展;站点土地开发强度较大
城市外围区站点	尚未形成交通枢纽,没有与城市对内和对外的交通枢纽连接,且周围也没有形成成熟的居住区	用地多为居住用地并且开发相对不成熟;依靠公交出行较多;站点土地开发强度较弱

通过对轨道交通站点接运公交客流特征分析,包括乘客出行目的、换乘方式、候车时间与站点时间分布、吸引范围以及公交到站时间等,为接运公交线网调整与规划、轨道交通与地面公交协调调度等提供参考依据,如表 6-2 所示。

表 6-2 接运公交客流特征对协调的要求

类　　型		特征分析	服务要求
乘客出行特征指标	出行目的	出行目的的构成中均以通勤比例较高,其余出行目的与站点地区类型有很大关系	不同出行目的的乘客出行方式选择、候车时间敏感性等均有差异,并且不同出行目的的出行特征不同,如通勤出行有明显的潮汐现象
	换乘方式	公交换乘比例均较高,尤其交通枢纽区站点公交比例超过步行	交通枢纽地区公交换乘量较大,需要设置始发接运线路与首末站
	候车时间	站点区位的不同对乘客平均等候时间没有显著影响,且乘客等候时间随着公交发车间隔的增加而增加	乘客候车成本主要取决于接运公交发车间隔
轨道站点特征指标	时间分布	双向峰型、单向峰型、全峰型与无峰型四种类型	接运公交客流时间分布特征近似
	吸引范围	直接吸引范围约为 500 m,间接吸引范围约 1 km~3 km	接运公交线路规划依据

续　表

类　型		特征分析	服务要求
接运公交运营特征指标	到站时间	站点区位对到站时间没有显著影响,且接运公交客流产生的区域较广	到站时间分布均近似服从正态分布
	发车频率	发车频率由配车数量与行程时间共同决定	线路的总长度不宜过大,并且线路应尽量避免过度迂回与避开高峰时段过于拥堵的道路设置
	设站数量	设站数量对线路客流量的影响较为明显,但设站过多会增加线路的长度和行程时间,对接运客流有抑制作用	应根据线路长度适当设置停站数量,分地区分区段差异化配置

6.2.2　现有地面公交线路调整

1. 线路形态分类

轨道交通与地面公交之间的联系分为平行和相交两种基本形态,如表 6-3 所示。平行线路根据线路走向不同分为短平行线、长平行线、短之字形、长之字形,相交线路根据相对位置分为十字形交叉、丁字形交叉和环形交叉[216]。

表 6-3　地面公交线路与轨道交通之间的相关形态

类别	形　式	定　义
平行	(含公交终点站的)短平行线	该公交线路在三站或以内的距离上与轨道交通线平行,且有终点站处在其吸引范围内。短平行线可以为轨道交通提供接驳服务,但其平行段将与轨道线路形成竞争关系
	(含公交终点站的)长平行线	该公交线路在超过三站的站间距离上与轨道交通线平行,且有终点站处在其吸引范围内,其将与轨道线路形成竞争关系
	短之字形	该公交线路在三站或以内的距离上与轨道交通线平行,但终点站都不在其吸引范围内。短之字形线可以为轨道交通提供接驳服务,同时提供局部交通服务
	长之字形	该公交线路在三站以上的站间距离上与轨道交通线平行,但没有终点站处在其吸引范围内。长之字形线可以为轨道交通提供接驳服务,同时提供局部交通服务,但局部线路存在一定竞争关系
相交	十字形交叉	该公交线路与轨道交通线十字相交,可以成为轨道交通的接驳线
	丁字形交叉	该公交线路的其中一个终点站位于轨道交通线吸引范围之内,且没有平行线路,这些线路可以成为轨道交通的接驳线
	环形交叉	该公交线路接近两端处各有一个站点位于轨道交通线吸引范围之内,且没有平行线路,这些线路可以成为轨道交通的接驳线,但对以这两个站点为起讫点的客流形成竞争关系

2. 公交线路调整措施

(1) 调整原则

现有地面公交调整目标是使地面公交与轨道交通之间能够互相补充,减少线

路间重复长度,避免客流的相互竞争,并且注重运能的相对匹配以及接驳的便利性等。在公交线路调整过程中应遵循以下原则:

① 以公交客流需求预测为依据,强调并确立轨道交通的骨干地位。

② 调整目标不仅是保证地面公交的效益和效率,更重要的是提高包括轨道交通在内的轨道+接运网络系统的效益和效率,促进整体公共交通系统的发展。

③ 将轨道交通线路两侧的公交线路的停靠站点设置尽可能靠近附近的轨道站点,如果现有接运公交接运能力不足时,考虑增设以轨道交通车站为起点的接运公交线路。

④ 近期方案与现有网络相配合,远期方案与近期方案相配合,进行公交线网调整时,应保留部分合理的公交线路,优先保留历史较长而运营效率较高的地面公交线路。

(2)调整标准

具体线路优化调整标准如表 6-4 所示[216]。

表 6-4 轨道交通接运公交线路优化调整标准

指 标	推荐值
重复段长度	不超过轨道运距的 0.5 倍
重复段长度比例	不超过 60%
与轨道站点重复数	不超过 4 个
公交线路平均运距	不超过轨道运距的 60%
公交线路站间距	不超过 500～800 m
与轨道站点距离	不超过 50～80 m

(3)调整措施

现有地面公交线路调整措施具体如下[216]:

① 平行线路

短平行线:在不调整线路的情况下采取措施将地面公交终点站与轨道交通车站相衔接。取消重叠路段,在拐点车站将地面公交终点站与轨道交通相衔接。

长平行线:不调整线路,仅改变运营方式,高峰时段对轨道交通作补充。撤销地面公交与轨道交通线路相平行的区段。

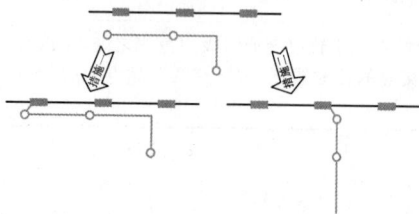

图 6-3 短平行线调整措施

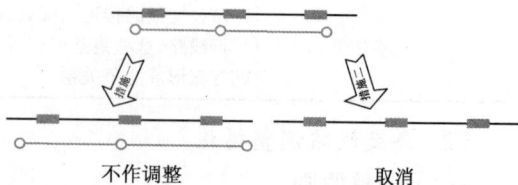

不作调整　　　　　　　　取消

图 6-4 长平行线调整措施

② 与轨道线形成"之"字形线路

短之字形线:将处在平行路段上的某个地面公交站与相邻的轨道车站相衔接,使公交线路换乘站尽可能靠近轨道车站的出入口,加强接驳换乘功能。

长之字形线:将处在平行路段两端的两个地面公交过站分别与两个轨道交通车站相衔接,使长之字形线的换乘站尽可能靠近轨道交通车站的出入口,以加强其驳运功能。

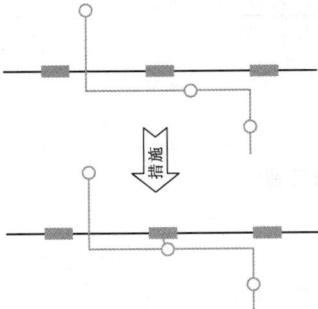

图 6-5　短之字形线路调整措施 　　　　　图 6-6　长之字形线路调整措施

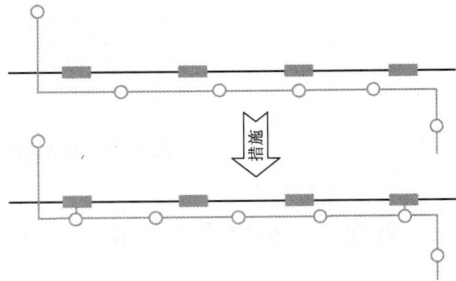

③ 与轨道线路相交线路的调整

将地面公交站与轨道交通车站相衔接,使十字形线的换乘站尽可能靠近轨道交通车站出入口,以加强接驳换乘功能。

与轨道线路形成"丁"字形的线路优化方法是将线路终点站与轨道交通车站相衔接,通过对线路的细微调整,使丁字形线的终点站尽可能地靠近轨道交通车站出入口,以加强接驳换乘功能。

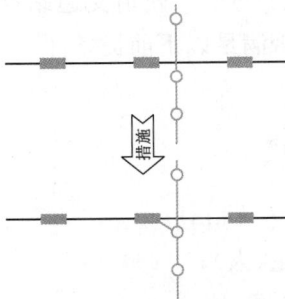

图 6-7　十字形交叉线路调整措施 　　　　　图 6-8　丁字形交叉线路调整措施

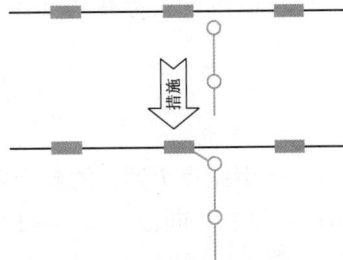

④ 与轨道形成环状交叉的线路

措施一:对线路不做调整,仅加强两端点的公交站与轨道交通车站的换乘衔接,在局部地区为轨道线路提供了驳运功能,同时在两个站点之间形成高峰时段的补充。

措施二:截断并调整线路,实质上形成两条独立的公交线路,扩大驳运吸引范围,加强公交站与轨道交通车站的换乘衔接。

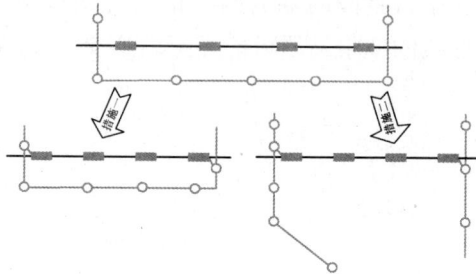

图 6-9　环形交叉线路调整措施

6.2.3　新增接运公交线路生成

1. 轨道接运站点选取

在确定了轨道线路直接吸引客流量的基础上,可以计算出各个站点始发的接运线路可能为轨道路线运送的最大客运量,并以之评价各备选接运站点[216]。

客流需求强度是影响轨道交通站点是否需求设置接运线路的主要因素,当轨道交通枢纽站点剩余客运量太小时或站点剩余上下客流量太小时,由于接运公交本身经济性差,甚至会对轨道交通站点地区产生干扰,因此,不需要设置轨道交通接运公交线路。

接运公交站点选取应该关心的是可能被接运的客流与其在轨道交通线路上乘行距离的积,即客运周转量,而不是单纯接运客流通过量。轨道交通站点在规划布设接运线路时,应该首先考察站点客运周转量是否满足以下前提条件:

$$\begin{cases} \overline{ql}(i) \geqslant C_1 \\ \overline{q_u}[i] + \overline{q_d}[i] \geqslant C_2 \end{cases} \tag{6-1}$$

式中:$\overline{ql}(i)$——由站点 i 到 j 的剩余客运周转量(人·km);

$q[i,i+1]$——断面 i 到 $i+1$ 的换乘客流量(人);

$l[i,i+1]$——轨道交通线路 i 到 $i+1$ 的距离(km);

$\overline{q_u}[i]$——第 i 个轨道交通站点的剩余上客量(人);

$\overline{q_d}[i]$——第 i 个轨道交通站点的剩余下客量(人);

C_1——轨道交通站点换乘客运周转量下限(人);

C_2——轨道交通站点换乘上下客流量下限(人)。

由站点 i 到 j 的断面剩余客流通过量：

$$\bar{q}_0[i,j] = \min_{k=i,j-1} \bar{q}[k,k+1] \quad (i < j) \tag{6-2}$$

由站点 i 到 j 的剩余客流通过量：

$$\bar{q}[i,j] = \min(\bar{q}_0[i,j], \overline{q_u}[i], \overline{q_d}[j])(i < j) \tag{6-3}$$

由站点 i 到 j 的剩余客运周转量：

$$\overline{ql}[i,j] = \bar{q}[i,j] \times \bar{l}[i,j](i < j) \tag{6-4}$$

由站点 i 始发的接运路线可能为轨道路线运送的最大客运量 $\overline{ql}(i)$ 应是它到其余各个轻轨站点间的剩余客运量之叠加。由于轨道交通是一种对于中长距离才有良好客流效益的交通方式，接运公交路线的布设也应体现这种规划思想。因此，应先叠加站点 i 与距其最远的站点（起点或终点）间的剩余客运量，然后调整轨道线路上的客运量，再叠加站点 i 到距其次远的站点间的剩余客运量，依次类推。

2. 轨道接运范围确定

轨道交通吸引范围是指轨道交通所吸引客流的全部区域范围，包括直接吸引范围和间接吸引范围。直接吸引范围是指轨道交通的合理步行范围，间接吸引范围是指通过非步行方式与轨道交通换乘的客流区域范围，本节讨论地面公交与轨道交通换乘的区域范围，即轨道交通接运公交线网规划的地理范围。

（1）聚集效应

轨道交通站点是轨道交通网络的一个节点，同时也是一个场所，是开放的完成系统服务功能的区域。轨道交通站点地区由于交通可达性的提升成为城市发展的新的增长点，带来了一定的聚集效应。站点聚集区包括站点本身及其辐射区域，统称为聚集效应场。聚集效应产生的实质在于围绕站点一定范围内存在效应梯度场。聚集效应由中心向外逐步衰减，遵循距离衰减率，理论上可以用对数衰减函数表示[219]：

$$d = f(e) = a\ln\frac{a \pm \overline{a^2 - e^2}}{e} \mp \overline{a^2 - e^2} \tag{6-5}$$

式中：d——到轨道站点的距离或时间（km 或 h）；

e——站点的梯度场效应；

a——常数，表示最大的聚集效应。

式(6-5)的函数图形如图 6-10 所示，当距离（或时间）d 由 d_1 扩展到 d_3 时，聚集效应由 e_1 降到 e_3。

（2）接运范围模型

轨道站点对接运公交客流吸引范围的大小取决于站点周围用地布局形式、站点空间分布密度等多种因素，一般可采用公交出行到站时间来反映其产生的客流吸引范围，然后根据接运公交线路布局特征及公交行驶速度，再将到站时间转化为到站距离，即通过计算客流吸引半径再确定轨道交通站点对接运公交客流的吸引范围[219]。

基于以下假设条件：

① 到站时间 t 范围内，乘接运公交到站的客流占该种方式全部客流的百分比为 $\theta(\%)$，即认为在时间 t 内，接运公交客流聚集的梯度场效应 $e = (100 - \theta)(\%)$。

② 所有居民均居住在离站点一定时间 t_0 范围外。

③ 时间 t_0 处产生的客流最大聚集效应 $\alpha = 100(\%)$。

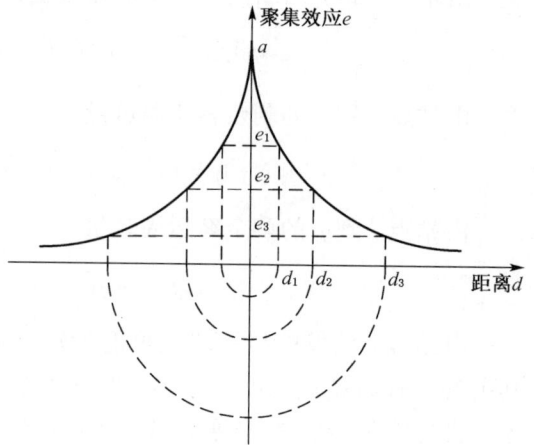

图 6-10　聚集效应距离衰减函数曲线

通过变换式(6-5)所示函数形式即可得到接运公交客流的聚集效应随着到站点时间增加而衰减的函数曲线，如式(6-6)所示。

$$t = f(\theta) = \beta\left[a\ln\frac{a + \overline{a^2 - (100 - \theta)^2}}{100 - \theta} - \overline{a^2 - (100 - \theta)^2}\right] + t_0 \quad (6-6)$$

式中：β、t_0——正参数，由现状调查数据回归分析得到。

轨道合理客流吸引半径是指接运公交与轨道交通的换乘过程中，大多数换乘乘客离轨道交通站点的距离，最大客流吸引半径是指接运公交与轨道交通的换乘过程中，最远的换乘乘客离轨道交通站点的距离。本文采用 $\theta = 80\%$ 作为接运公交合理吸引时间，采用 $\theta = 100\%$ 作为地面公交吸引最大时间，将该时间乘以公交平均速度则得到公交换乘行驶的路程，再通过非直线系数折算即获得客流吸引合理半径与最大半径，如式(6-7)所示。

$$r = \frac{\nu t}{\alpha} \quad (6-7)$$

式中：r——轨道交通客流吸引半径(km)；

　　　ν——公交平均行驶速度(km/h)；

　　　α——公交非直线系数。

由接运公交客流特征分析,将城市轨道交通站点地区分为公共中心区、交通枢纽区、成熟居住区和城市外围区四类,不同类型轨道站点的乘客到站时间、公交平均行驶速度、非直线系数等指标均有所差异,在具体计算时可以通过调查统计得到。

3. 接运公交形态分类

(1)接运公交衔接模式

轨道交通接运公交的衔接布局是指连接轨道车站的接运公交线网布局、车辆配备、运营组织以及车站附近公交换乘场站布局等综合特征。两者衔接的内涵主要体现在接运公交线网和换乘场站的布局方面,可归纳为以下三种类型[220]:

① 放射—集中布局

换乘枢纽主要分为两类,一是轨道交通换乘枢纽,即接运公交首末站设置在轨道交通换乘枢纽内部,实现零距离换乘;二是地面公交换乘枢纽,即接运公交首末站与轨道交通站点分离,但在轨道交通站点的合理步行范围内集中设置接运公交换乘枢纽站场,作为各条线路终到始发和客流集散的场所。

接运公交线网主要以轨道车站为中心呈树枝状向外辐射,线路主要布设始发线路,乘客换乘方便且步行距离较短,行人线路组织相对简单,对周围道路交通的影响也较小,但换乘枢纽站场用地较大,适合于换乘客流大或辐射吸引范围广的轨道枢纽。

② 途经—分散布局

接运公交线网由途经线路组成,公交停靠站分散设置在轨道交通车站周边的道路上,该布局模式不需设置用地规模较大的换乘枢纽场站,但线网运输能力较小,部分乘客换乘步行距离较长,行人线路组织相对复杂,换乘客流较大时对周围道路交通有一定的影响,适合于换乘客流较小的轨道车站。

③ 综合布局

该模式属于上述两种布局模式的复合形式,线网由始发线路和途经线路共同组成,且集中布置一个换乘枢纽站和分散布置一些换乘停靠站。对于规模较大的轨道枢纽站来说一般采取这种衔接布局模式。

(2)接运公交布局形态

在轨道交通覆盖而缺乏公交服务支持的地区,通过以轨道交通站点为核心新增接驳公交线路,形成对轨道交通客流的喂给。出行需求的分布特征以及与吸引点的位置关系是影响接运公交设置形式的两个重要因素,在此基础上对接运公交的基本设置形式主要分为两大类。Ⅰ大类中,虽然需求产生点和吸引点之间的距离相对较长,但由于需求呈组团状分布,接运公交只需直线连接两点,因此运行速度较快,接驳时间可以控制在乘客可接受的时间之内。Ⅱ大类中,由于出行需求的分布分散,线路沿线都有出行需求,因此接运公交的线路设置要充分适应出行需求的分布,并合理设置上下站点以减少出行者的车外时间。由于中途需要停车,同时为了深入区域内部其运行线路多为区内次干路和支路,运行速度较Ⅰ大类小,但该类接运线路长度相对较短,因此其运行时间也是乘客可接受的。对于一些客流产生吸引点关系比较复杂的片区,其接运公交设置形式可以通过对上述四种形式组合得到[221]。

表 6-5　接运公交设置形式分类

分类		交通需求特征	接运方式		接运示意图
Ⅰ	A	出行需求分布较集中,呈组团状,面积较小,出行吸引点与产生点之间的距离较远。接驳线路多为直达型,直接连接吸引点与产生点	单个出行需求片区	直线型	
	B		多个出行需求片区	放射型	
Ⅱ	A	出行需求的分布较分散,面积较大,出行吸引点与产生点之间的距离相对较短。接运线路需要深入到需求分布区域内部并在沿线设站停靠以集中区域内分散的出行需求	单个出行吸引点	苜蓿叶型	
	B		多个出行吸引点	环型	

表 6-6　接运公交线路形态分类

分类	分区类型	服务对象与功能	衔接模式	接运公交形态	形态示意图
Ⅰ	A 引导区[1]	城市外围区,主要满足居民通勤等出行需求,为轨道交通站点输送客流	放射——集中或综合布局	放射型	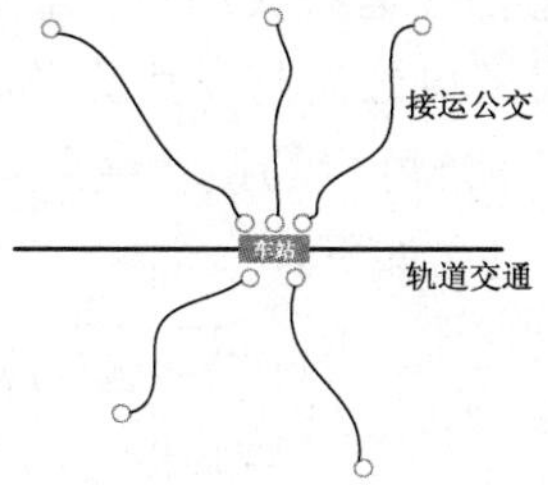
	B 枢纽区[2]	交通枢纽区,满足客流的中转换乘,承担部分城市客流集散功能			
Ⅱ	A 服务区[3]	公共中心区、成熟居住区,满足通勤和弹性需求	途经——分散布局	循环型	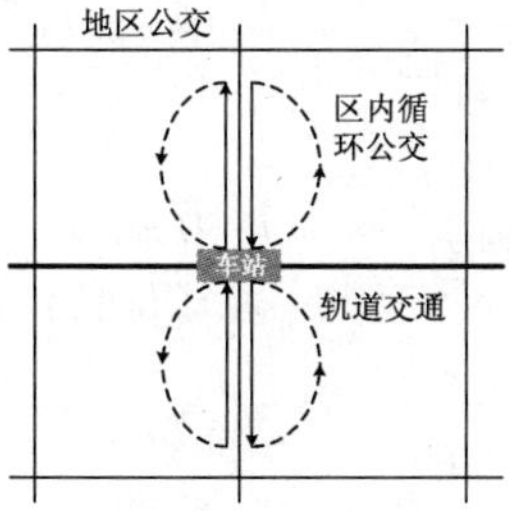
	B			地区联络型	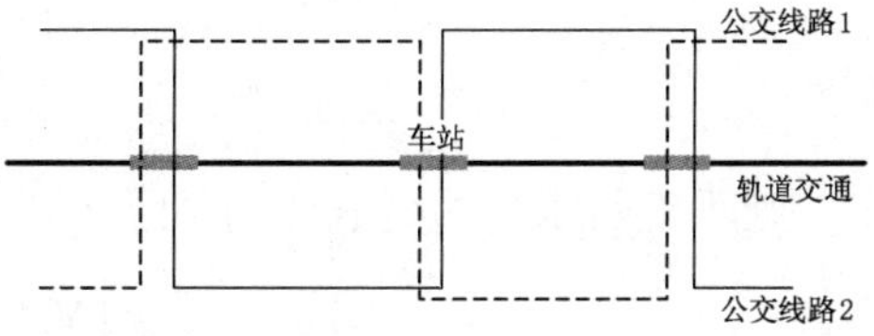

注:[1] 是指交通需求不大,需要通过交通引导开发以满足交通需求增长的地区;
　　[2] 是指对外交通设施所在的区域,需要通过便捷的换乘服务满足客流集散需求;
　　[3] 是指交通需求非常强,需要通过优质的交通服务满足不断增长的客流需求的地区。

4. 接运公交线路布设

(1) Ⅰ类线路布设模型

① 问题描述

接运公交线路服务片区,路网形态为方格网式,如图 6-11 所示。虚线与实线分别代表小区分界线与实际道路。实际道路形成的小区大小不同,为构建模型将其划分为特定长度与宽度的小区,但是公交车辆无法通过虚线连接线。图中为 $m \times n$ 矩阵,一条边连接两个垂直或水平的节点。

目标函数为由车辆运营成本与乘客出行成本组成的总成本最小,变量为线路走向与车头时距。模型构建的基本假设如下:

a. 不规则的服务片区可以依据道路与需求分布划分为规则的小区；

b. 仅有一条接运线路服务轨道站点与片区联系,因此其早晚高峰需求特征为多对一或一对多模式；

c. 连接轨道站点与片区的距离 J 以及接入点是定值；

d. 忽略接运公交站点位置；

e. 交叉口延误与车型无关,与交叉口位置有关。

任何一条可行的接运线路均是由一系列的边和节点组成,横向边、纵向边与节点的矩阵定义如下：

$$A_{ij}^Y = \begin{cases} 1, \text{节点}(i,j) \text{ 和}(i+1,j) \text{ 间的垂直边属于接运线路} \\ 0, \text{其他} \end{cases}$$

$$A_{ij}^X = \begin{cases} 1, \text{节点}(i,j) \text{ 和}(i+1,j) \text{ 间的水平边属于接运线路} \\ 0, \text{其他} \end{cases}$$

$$B_{ij} = \begin{cases} 1, \text{节点}(i,j) \text{ 属于接运线路} \\ 0, \text{其他} \end{cases}$$

$$P_{ij}^Y = \begin{cases} +\infty, \text{节点}(i,j) \text{ 和}(i+1,j) \text{ 间的垂直边是虚线连接} \\ 1, \text{其他} \end{cases}$$

$$P_{ij}^X = \begin{cases} +\infty, \text{节点}(i,j) \text{ 和}(i+1,j) \text{ 间的水平边是虚线连接} \\ 1, \text{其他} \end{cases}$$

则垂直与水平边的长度分别为：

$$\begin{cases} Y_{ij} = P_{ij}^Y W \\ X_{ij} = P_{ij}^X W \end{cases} \tag{6-8}$$

② 模型构建

总成本由车辆运营成本与乘客出行成本组成,车辆运营成本是关于车辆总运行时间以及车头时间的函数,是车辆在连接边的运行时间成本 C_L、在节点的时间延误成本 C_D 以及车辆从轨道站点到片区外围接入点的运行时间成本 C_J 的总和；乘客出行时间成本为换乘步行时间成本 C_A、候车时间成本 C_W 以及在车时间成本 C_V 的总和。相关公式如下：

总成本函数：

$$C_T = C_S + C_U \tag{6-9}$$

车辆运营成本函数 C_S：

$$C_S = C_L + C_J + C_D \tag{6-10}$$

$$C_S = \frac{2u_B}{H_B}\left(\sum_{i=1}^{m-1}\sum_{j=1}^{n}\frac{A_{ij}^Y Y_{ij}}{V_B} + \sum_{i=1}^{m-1}\sum_{j=1}^{n}\frac{A_{ij}^X X_{ij}}{V_B} + \frac{L_J}{V_J} + \sum_{i=1}^{m-1}\sum_{j=1}^{n}B_{ij}T_{ij}\right) \quad (6\text{-}11)$$

式中：u_B——接运公交车辆的运营成本；

$\quad H_B$——接运公交车辆车头时距；

$\quad V_B$——服务片区内接运公交平均运营速度；

$\quad L_J$——轨道站点到片区接入点的距离；

$\quad V_J$——轨道站点到片区接入点段的接运公交平均运营速度；

$\quad T_{ij}$——接运公交通过节点(i,j)的平均延误。

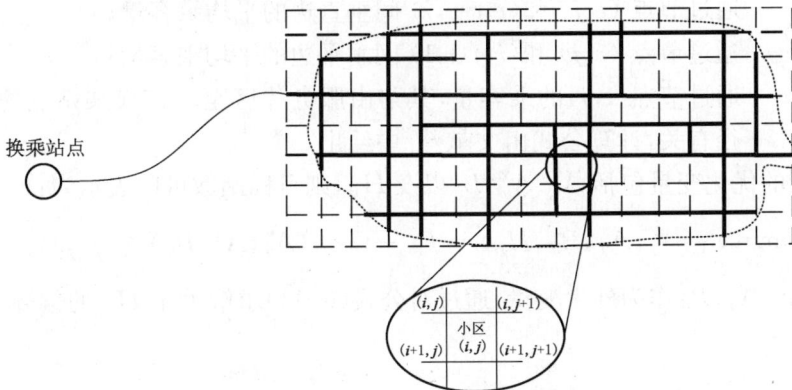

图 6-11　接运公交服务片区与道路网络示意图

乘客出行成本：

$$C_U = C_A + C_W + C_V \quad (6\text{-}12)$$

$$C_A = u_A \sum_{i=1}^{m-1}\sum_{j=1}^{n}a_{ij} \quad (6\text{-}13)$$

式中：u_A——乘客换乘步行时间价值；

$\quad a_{ij}$——所有从小区(i,j)到达接运线路的乘客总换乘步行时间，其计算公式由文献[217]中给出。

$$C_w = \frac{u_w H_B}{2}\sum_{i=1}^{m-1}\sum_{j=1}^{n}q_{ij}W^2 \quad (6\text{-}14)$$

式中：u_w——乘客等候时间价值；

$\quad q_{ij}$——小区乘客出行需求密度；

$\quad W$——小区长度或宽度。

$$C_v = u_I \left(\sum_{i=1}^{m-1} \sum_{j=1}^{n} \frac{f_{ij}^Y W}{V_B} + \sum_{i=1}^{m-1} \sum_{j=1}^{n} \frac{f_{ij}^X W}{V_B} + \sum_{i=1}^{m-1} \sum_{j=1}^{n} T_{ij} f_{ij}^B + \sum_{i=1}^{m-1} \sum_{j=1}^{n} \frac{L_J q_{ij} W^2}{V_J} \right)$$

$$(6-15)$$

$$f_{ij}^Y = \frac{f_{ij}^B + f_{i+1,j}^B}{2} \tag{6-16}$$

$$f_{ij}^X = \frac{f_{ij}^B + f_{i,j+1}^B}{2} \tag{6-17}$$

式中：u_I——乘客在车时间价值；

f_{ij}^Y——通过节点(i,j)和$(i+1,j)$间垂直边的平均乘客量；

f_{ij}^X——通过节点(i,j)和$(i,j+1)$间水平边的平均乘客量；

f_{ij}^B——通过节点(i,j)的乘客量，其与由服务片区至轨道换乘站点的行驶路径有关，计算公式由文献[217]中给出。

模型的优化变量包括A_{ij}^Y、A_{ij}^X、B_{ij}以及H_B，则目标函数可以表示为：

$$\min C_T(A_{ij}^Y, A_{ij}^X, B_{ij}, H_B) = C_S + C_U \quad (A_{ij}^Y, A_{ij}^X, B_{ij}) \in \{0,1\} \quad (6-18)$$

将A_{ij}^Y、A_{ij}^X、B_{ij}作为外生变量，通过对公式(6-11)求解关于H_B的偏导，即可导出H_B：

$$H_B = \sqrt{\frac{4u_B \left(\sum_{i=1}^{m-1} \sum_{j=1}^{n} \frac{A_{ij}^Y Y_{ij}}{V_B} + \sum_{i=1}^{m-1} \sum_{j=1}^{n} \frac{A_{ij}^X X_{ij}}{V_B} + \frac{L_J}{V_J} + \sum_{i=1}^{m-1} \sum_{j=1}^{n} B_{ij} T_{ij} \right)}{\sum_{i=1}^{m-1} \sum_{j=1}^{n} q_{ij} W^2 u_w}} \tag{6-19}$$

式(6-19)中所有变量均为非负，关于H_B的二阶导数也是正的，因此可以得出目标函数为凸函数，且任意给定A_{ij}^Y、A_{ij}^X、B_{ij}均存在H_B的特定最优解。因此，可以将该式代入目标函数计算最小总成本。

③ 模型求解

备选线路与服务片区的路网形态以及需求分布有关，通过比较所有备选线路的总成本，即穷举搜索算法，就可以得到最终的线路方案与车头时距。搜索最优方案的流程如下：

Step1：初始化。基于现状路网与需求分布分别建立A_{ij}^Y、A_{ij}^X、B_{ij}矩阵。

Step2：判断接运线路。选取一条备选线路，其中包含任意虚线连接的边均会被过滤掉，并且将此条线路从备选方案中扣除。

Step3：求解最优车头时距。

Step4：求解总成本。将最优的车头时距与连接边矩阵代入公式(6-18)，线路可以根据节点矩阵确定。如果所有的备选线路均完成评估，则进入Step5，否则返回 Step2。

　　Step5:搜索全局最优方案。搜索线路总成本最小的方案,则最终线路方案确定。

　　(2) Ⅱ类线路布设模型

　　① 线路优化

　　公交系统优化考虑的目标主要有:社会总成本最小、乘客覆盖面最大、换乘率最小以及公交运营效益最大等。处理多目标规划问题的方法可以先以一个最重要的目标进行优化,保留多个较优解,再进行多目标评价和决策;或将多个目标简化、合并为一个目标等。接运公交线网为轨道系统的上、下客流提供方便快捷的换乘,满足轨道系统运行中的运量需求,因此选取接运公交线路的接运效率最大为目标。接运效率是指接运线路所接运的乘客人数与其在轨道线上所乘行距离之积(即客运周转量)与接运公交路线长度的比值[212]。

$$\max E_F[i] = \frac{\sum\limits_{\substack{j=i \\ j \neq i}}^{j \in R} (q_{FR}[i,j] + q_{RF}[j,i]) \times l_R[i,j]}{l_F[i]} \qquad (6\text{-}20)$$

式中:$E_F[i]$——由站点 i 始发的接运路线 F 的接运效率(人);

　　　　$l_R[i,j]$——轨道线路 R 上从站点 i 到站点 j 的长度(km);

　　　　$l_F[i]$——由站点 i 始发的接运路线 F 的长度(km);

　　　　$q_{RF}[j,i]$——由站点 j 上车到站点 i 下车再转乘接运路线 F 的客流量(人);

　　　　$q_{FR}[i,j]$——由接运线 F 下车,从站点 i 上车到站点 j 的客流量(人)。

$$q_{RF}[j,i] = \sum_{k=1}^{m} \max(\bar{f}[j,i], OD_B[j,k] \times \delta_{RF}[j,k]) \qquad (6\text{-}21)$$

$$q_{FR}[i,j] = \sum_{k=1}^{m} \max(\bar{f}[i,j], OD_B[k,j] \times \delta_{FR}[k,j]) \qquad (6\text{-}22)$$

式中:$OD_B[j,k]$——轨道站点 j 与接运线路站点 k 间公交客运需求 OD 量(人);

　　　　$OD_B[k,j]$——轨道站点 k 与接运线路站点 j 间公交客运需求 OD 量(人);

　　　　m——接运线路上不与轨道交通线路换乘的终点;

　　　　$\delta_{RF}[j,k]$——轨道站点 j 和接运线路站点 k 间的轨道—接运换乘出行方式竞争参数;

　　　　$\delta_{FR}[k,j]$——接运线路站点 k 和轨道站点 j 间的接运—轨道换乘出行方式竞争参数。

　　若采用最短路分配方法,则:

$$\delta_{RF}[j,k] = \begin{cases} 1, t_{RF}[j,k] \leqslant t_B[j,k] \\ 0, t_{RF}[j,k] > t_B[j,k] \end{cases} \qquad (6\text{-}23)$$

$$\delta_{FR}[k,j] = \begin{cases} 1, t_{RF}[k,j] \leqslant t_B[k,j] \\ 0, t_{RF}[k,j] > t_B[k,j] \end{cases} \qquad (6\text{-}24)$$

式中：$t_{RF}[j,k]$——站点 j 和 k 间的轨道—接运换乘出行方式的运送时间(h)；

$t_{FR}[k,j]$——站点 k 和 j 间的接运—轨道换乘出行方式的运送时间(h)；

$t_B[j,k]$——站点 j 和站点 k 间的竞争出行方式的运送时间(h)；

$t_B[k,j]$——站点 k 和站点 j 间的竞争出行方式的运送时间(h)。

② 线路搜索

在搜索的过程中，从轨道站点所在交通小区开始向其所有邻接交通小区进行搜索，对到达的每一小区，考虑目标函数和约束条件，求得满足约束条件的所有可能路线中接运效率最大的路线，再以此小区为新起点向其所有邻接交通小区作连续的扩展，直到到达最大线路长度为止。

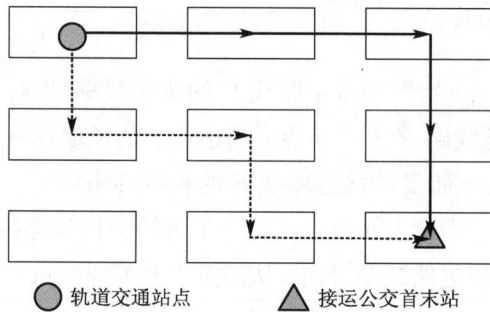

● 轨道交通站点　　▲ 接运公交首末站

图 6-12　接运公交线路搜索示意

新增轨道交通接运公交线路搜索流程如下：

Step1：初始化。接运公交范围内交通小区划分，得到小区集合 M。

Step2：线路搜索。起点交通区 S 即为轨道交通站点所在交通区，计算交通区 S 与所有邻接交通区的接运效率，从中筛选出接运效率最大的交通区作为中途控制交通区 1。

Step3：交通区集合更新。从集合 M 中扣除交通区 1，将交通区 1 作为新的交通区搜索起点。

Step4：搜索终止判定。判定其是否超出接运公交线路最大长度，若超出，则搜索完毕；若不超出，则返回到 Step3。

Step5：得到最优接运公交线路，搜索结束。

6.2.4　接运公交线网优化

接运公交线路优化方案的产生过程采用的是一个操作性较强的交互式优化过程。

Step1:将原公交线网绝大部分合理而又具有较好的公交运营效益的线路以及部分由于与轨道交通协调而调整的线路共同构成地面公交网络中的相对稳定的线路集 X。

Step2:从备选线路集 C 中选取不同的接运公交线路子集 A 与上述相对稳定的线路集 X 一起构成一个地面公交线网规划初始方案 Y,从集合 C 中扣除 A。

Step3:对初始方案 Y 从以下三个宏观因素来确认:

各片区及各小区的公交线网覆盖是否与其公交需求相适应;公交线路各主要走向的组线分配是否与此方向上的客流量相匹配;公交线路总条数是否达到或接近规划目标。

Step4:对初始方案 Y 进行线网评价、客流分析,以及对各条备选线路进行综合效益分析。线路综合效益分析主要包括此线路的社会效益、线路的营运效益、线路的预测客运总量以及线路的城市交通功能。

Step5:通过分析评价,剔除不合理线路,从备选线路集 C 中选取新的公交线路,返回 Step2,直至组成备选线路集中的各条线路的效益或评价均满意或可接受为止。

优化过程如此迭代下去,必要时对此方案作适当的局部性调整,最后输出接运公交线网规划推荐方案。

6.3　公交枢纽衔接模式及合理规模分析

城市中的各种交通方式都有其存在的合理性,要组织好换乘交通,保证各交通系统间的衔接协调,必须遵守以下原则:换乘过程的连续性、客运设备的适应性和客流过程的畅通性。换乘的连续性是组织换乘交通最基本的要求和条件,必须保证乘客完成各交通方式间的搭乘转换是一个完整连续的过程,换乘站或换乘枢纽的位置应方便乘客换乘,提供最佳交通工具及最佳交通路线的机会,保证交通连续,减少延误;客运设备的适应性是指各交通方式间的客运设备(包括交通工具的数量、候车设施、广场、行人通道、乘降设备、停车设施等)的运输能力相互适应、匹配;客流过程的畅通性是指要使乘客均匀分布在换乘过程的每一个环节上,不致在任一环节滞留、集聚,保证换乘过程的紧凑和通畅。

6.3.1 公交枢纽换乘衔接模式分析

1. 常规公交与轨道交通的换乘衔接

常规公交与轨道交通的换乘衔接模式主要包括路边停靠公交模式、公交和轨道同面模式、公交和轨道异面模式以及集中布局模式[222]。

（1）路边停靠公交模式：即公交车直接在路边停靠，利用地下通道与轨道车站站厅或站台直接相连，如图 6-13 所示。

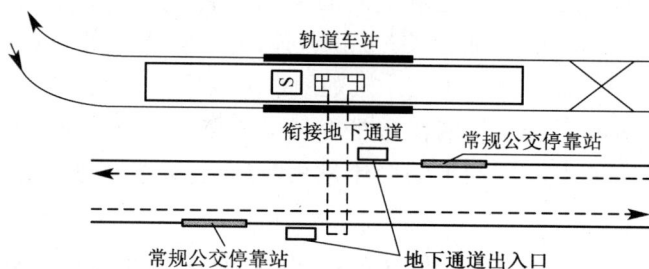

图 6-13 常规公交与轨道交通换乘的路边停靠公交模式

（2）公交和轨道同面模式：公交车与轨道交通处于同一平面，公交停靠站和轨道车站的站台合用，并用地下通道联系两个侧式站台，该形式确保有一个方向换乘条件很好，而且步行距离短（如图 6-14 所示，Ank 表示到达站，Abf 表示出发站）。

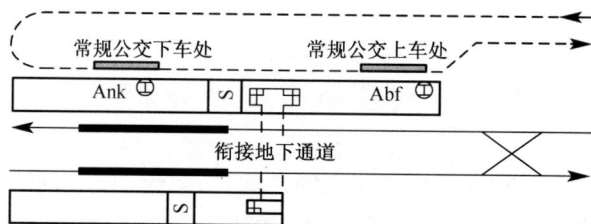

图 6-14 常规公交与轨道交通换乘的同面布局模式

（3）公交和轨道异面模式：轨道交通与公交车站处于不同平面，通过长方形路径，使公交车的到达站与轨道交通出发站同处一侧站台，而常规公交的出发站与轨道交通到达站同处另一侧站台。该形式使轨道交通与公交车共用站台，两个方向都有很好的换乘条件，就近解决了换乘并保证两股乘客流不互相干扰（见图 6-15）。

（4）集中布局模式：在路外集中设置多个站台形成换乘枢纽（见图 6-16），在衔接的公交线路较多的情况下，可以避免分散的沿线停靠模式因停靠站空间不足而造成的拥挤,防止给周边道路交通带来阻塞。为避免客流进出站对车流造成干扰,每个站台均以地下通道或人行天桥与轨道车站站厅相连,当常规公交从主要干道进入换乘站时,最好提供常规公交优先的专用道或专用标志,以减少乘客的时间延误。

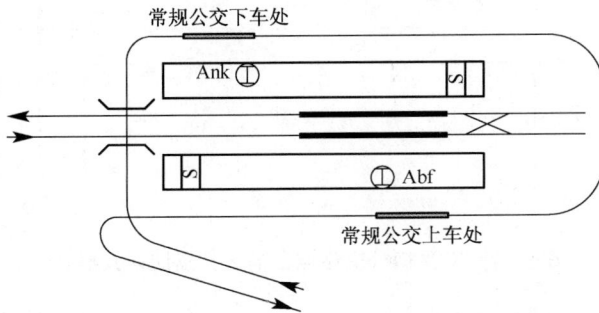

图 6-15　常规公交与轨道交通换乘的异面布局模式

图 6-16　常规公交与轨道交通换乘的集中布局模式

2. 常规公交之间的换乘衔接

根据公交线路在衔接点的交汇情况(如线路的始发和运行方向等),将线路的换乘方式分为五种类型:①两条始发线路方向相反;②一条线路始发方向与另一条线路运行方向垂直;③两条线路并向行驶后转向相反的方向;④两条线路交叉;⑤两条线路单点(顶点)衔接。

根据公交枢纽用地的情况,线路的衔接分为有专用场站用地和利用道路上中途站点两种解决方案。当用地开发日渐成熟时,公交枢纽占据的用地与土地高强度开发开始出现矛盾,土地价值得不到最大程度的实现,且伴随着公交运输系统的快速发展,公交线路的数量及发车频率大大增加,客流之间的转换通过公交站点就可以快速完成,从而出现了以道路交叉口的公交站点群为依托的无专用场站的公交枢纽形式(见图 6-17)。

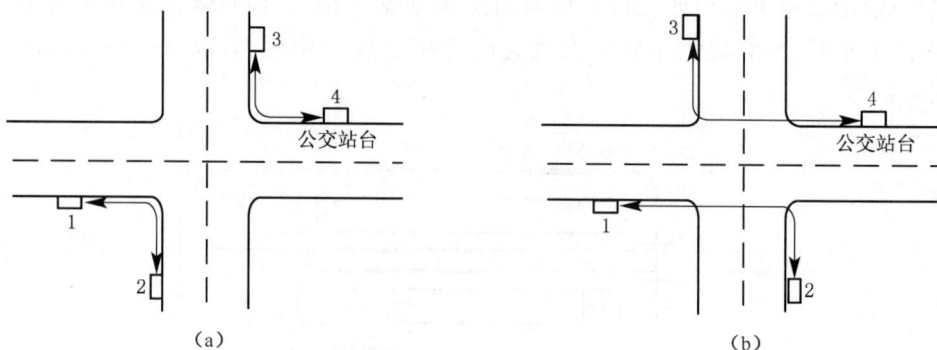

图 6-17　交叉口公交站点群的公交枢纽换乘形式

(1) 两条始发线路方向相反

两条始发线路方向相反的换乘基本形式如图 6-18 所示。

① 有专用场站用地衔接方案

a. 对于线路数较少且发车频率较低的枢纽点,可采用如图 6-19 所示的衔接方案,下客点与上客点合用,场站形式简单,用地面积小。

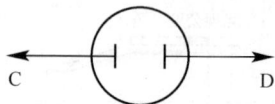

图 6-18　两条始发线路方向相反

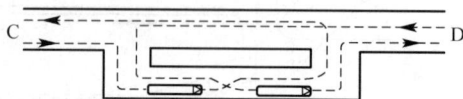

图 6-19　线路衔接方案 1

b. 对于线路数较多且发车频率较高的枢纽点,可采用如图 6-20 所示的衔接方案。这种方案对用地要求较高,停靠点的设置应尽量与发车方向一致,下客点和上客点应分开设置,多条线路的下客点可以合用,但各条线路应有专门的上客点。根据实际需要可以在场站中间设置一定的备用车辆的停靠场地。

c. 对于线路数较多但发车频率较低的枢纽点,可采用如图 6-21 所示的衔接方案。这种方案下客点与上客点合用,将停靠站平行排列,可以节省用地面积,但乘客必须横穿车行道,且站点设施扩建不便。

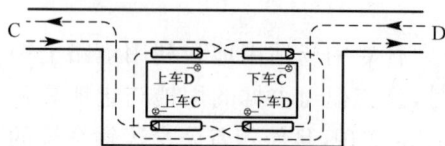

图 6-20　线路衔接方案 2

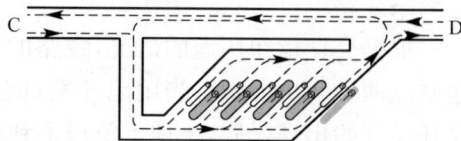

图 6-21　线路衔接方案 3

② 利用道路上中途站点衔接方案

原则上这种方案只能解决少量线路间的衔接,否则将影响道路车流速度和换乘方便性。

a. 对于连接道路无禁左限制的枢纽点,可采用如图 6-22 所示的衔接方案。公交车辆采用左转向的环形绕行方式,车次不多时较容易实现下客点与上客点的分离,减少对交通的干扰。在道路宽度不足的条件下可以考虑设置单行道。

b. 对于连接道路有禁左限制的枢纽点,可采用如图 6-23 所示的衔接方案。示意图以主干路 C-D 禁左为例,该方案会增加公交车辆的绕行距离,只适用于特殊情况。

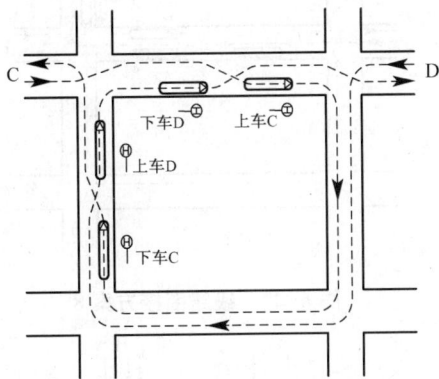

图 6-22　线路衔接方案 4

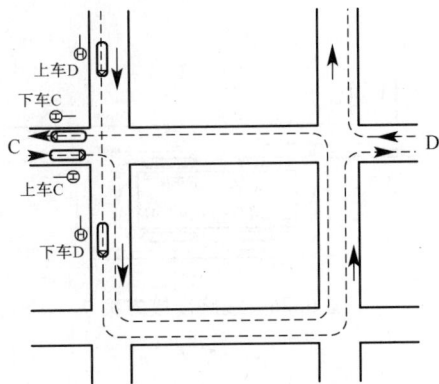

图 6-23　线路衔接方案 5

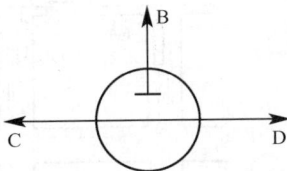

图 6-24　一条线路始发方向与另一条
线路运行方向垂直

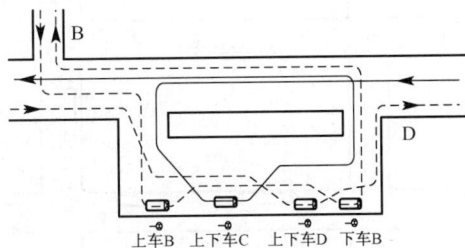

图 6-25　线路衔接方案 6

(2) 一条线路始发方向与另一条线路运行方向垂直

一条线路始发方向与另一条线路运行方向垂直的换乘基本形式如图 6-24 所示。

① 有专用场站用地衔接方案

a. 对于线路数较少且发车频率较低的枢纽点,可采用如图 6-25 所示的衔接方案。该方案将始发线路的下客点与上客点分开设置,且各停靠点直线排列,因此,要求较长的场站用地,并根据换乘客流量的大小合理布置停靠站的相对位置,以方便换乘。

b. 对于线路数较多且发车频率较高的枢纽点,可采用如图 6-26 所示的衔接方案,其特点与方案 2 类似。

② 利用道路上中途站点衔接方案

a. 始发线路街区绕行的情况,可采用如图 6-27 所示的衔接方案。该方案将始发线路的下客点与上客点分开设置,适用于以 B-C 和 C-D 为主要换乘方向的情况,可同侧换乘,B-D 和 D-B 方向换乘的乘客则需要横穿道路。

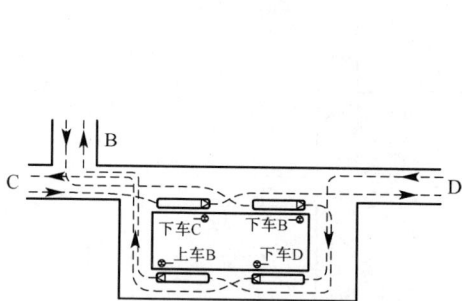

图 6-26　线路衔接方案 7

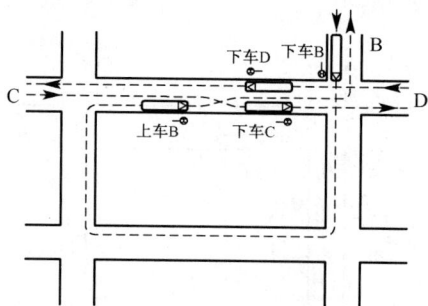

图 6-27　线路衔接方案 8

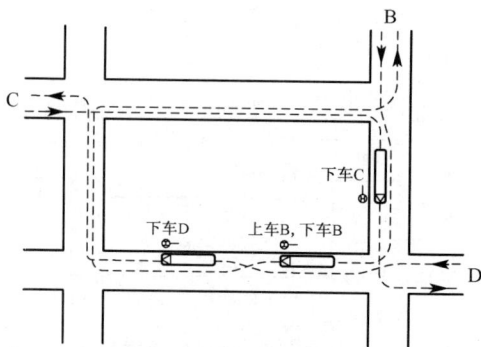

图 6-28　线路衔接方案 9

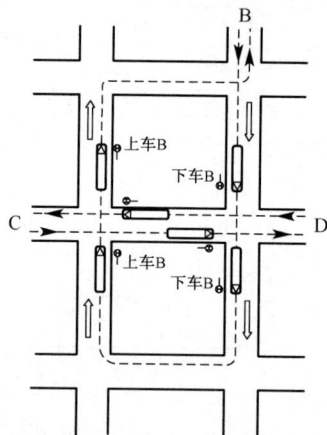

图 6-29　线路衔接方案 10

b. 始发线路街区绕行和途经线路错移的情况,可采用如图 6-28 所示的衔接方案。该方案将始发线路的下客点与上客点合用,各个方向都可实现同侧换乘,乘客不需要横穿道路。

c. 始发线路处于单行道上的情况,可采用如图 6-29 所示的衔接方案。该方案始发线路一般需要停靠多次,若单行道间距较大,则途经线路也需停靠两次才能提高换乘便捷性,且容易引发站点混乱,非特殊情况不推荐使用。

(3)两条线路并向行驶后转向相反的方向

两条线路并向行驶后转向相反的方向的换乘基本形式如图 6-30 所示。

① 有专用场站用地衔接方案

对于街道交叉口旁边有充足用地的情况,可采用如图 6-31 线路衔接方案 11 所示的衔接方案,该方案需要额外的交通管理措施,且设置清晰明确的换乘指示标志。

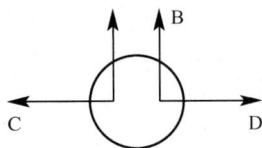

图 6-30　两条线路并向行驶后转向相反方向

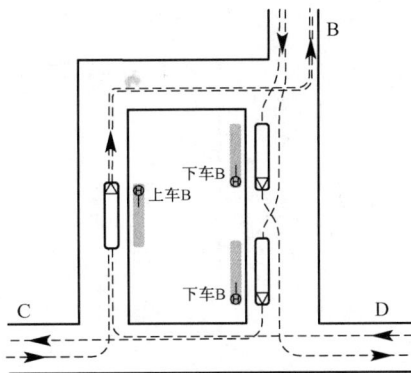

图 6-31　线路衔接方案 11

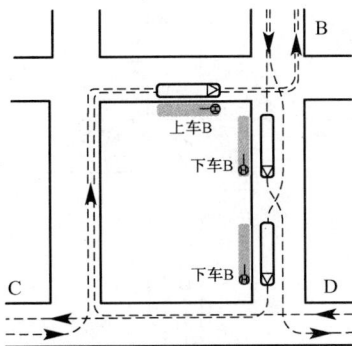

图 6-32　线路衔接方案 12

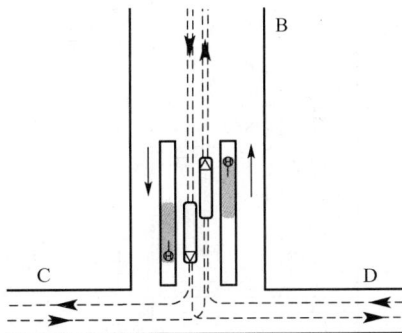

图 6-33　线路衔接方案 13

② 利用道路上中途站点衔接方案

a. 对于用地受限制的情况,可采用如图 6-32 所示的衔接方案。为避免乘客横穿道路的危险,从 D 向开往 B 向的线路采用街区绕行的方式(若交通不繁忙也可以不绕行,可采取过街换乘的方式)。

b. 对于公交线路位于道路中间的情况,可采用如图 6-33 所示的衔接方案,适用于特殊情况,如路中式的公交专用道等。

（4）两条线路交叉

两条线路交叉的换乘基本形式如图 6-34 所示。

① 有专用场站用地衔接方案

a. 换乘站位于街道一侧的情况，可采用如图 6-35 所示的衔接方案。该方案停车区域和停靠站的形式可以根据实际情况灵活设置，但公交车进出换乘站需要相应的交通管理措施。

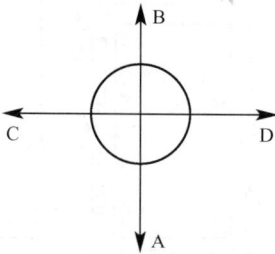

图 6-34　两条线路交叉

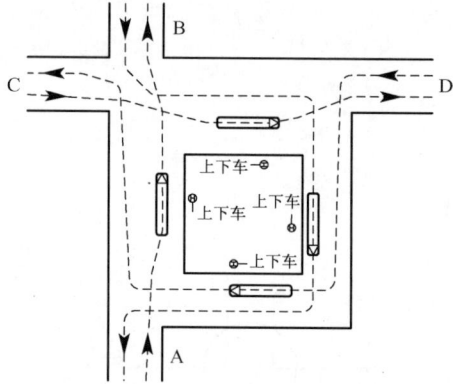

图 6-35　线路衔接方案 14

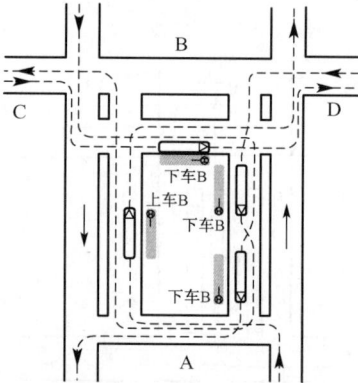

图 6-36　线路衔接方案 15

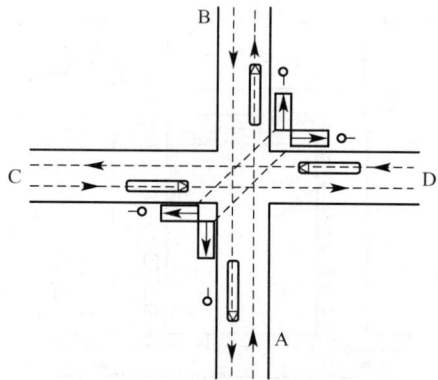

图 6-37　线路衔接方案 16

b. 换乘站位于道路中间的情况，可采用如图 6-36 所示的衔接方案。该方案需借助一块场地的中间地带（如环形场地）实现换乘，且乘客进出站需要特殊的交通设施或管理措施。

② 利用道路上中途站点衔接方案

a. 对于一般的街道交叉口，可采用如图 6-37 所示的衔接方案。停靠点的位置应根据换乘关系布置，并配置地下通道或专门的信号系统方便乘客过街换乘。

b. 对于宽阔街道交叉口,可采用如图 6-38 所示的衔接方案。为缩短换乘的距离,提高换乘的便捷性和安全性,各线路应设置两个停靠站,并实施专门的交通管理措施。

(5) 两条线路单点(顶点)衔接

两条线路单点(顶点)衔接的换乘基本形式如图 6-39 所示。

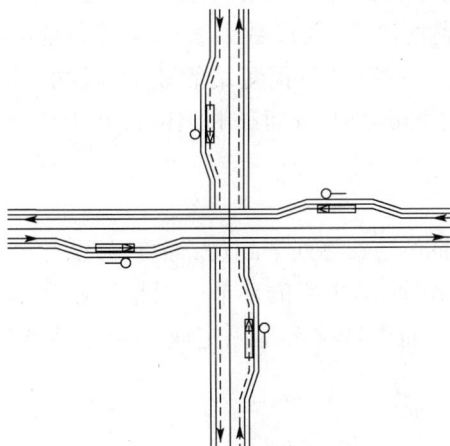

图 6-38　线路衔接方案 17

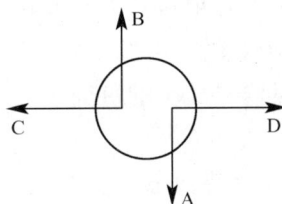

图 6-39　两条线路单点(顶点)衔接

① 有专用场站用地衔接方案

将换乘站设置在街道一侧,可采用如图 6-40 所示的衔接方案,其特点与方案 14 类似。

② 利用道路上中途站点衔接方案

对于两条线路经过同一路段的情况,可采用如图 6-41 所示的衔接方案。尽量将换乘站点布置在路段上,并设置相应的人行横道;若路段无法设置停靠站时,应根据换乘关系将换乘站点集中在其中一个交叉口处。

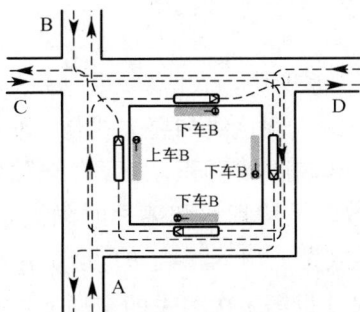

图 6-40　线路衔接方案 18

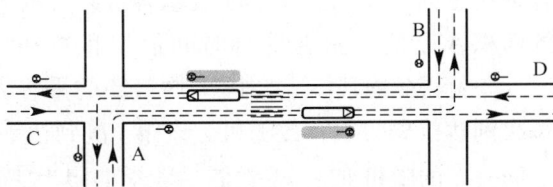

图 6-41　线路衔接方案 19

6.3.2 公交枢纽合理规模分析

1. 公交枢纽乘客聚集原理分析

直观地看,公交枢纽站的建设规模取决于枢纽站服务的乘客数量和乘客最高聚集人数。公交枢纽站客流的预测方法国内外学者已做了较为深入的研究,本文不再赘述,重点分析乘客集聚过程。通过分析公交枢纽站内乘客"到达—离去"过程发现,由于乘客分散到达和公交车辆成批离去,大多数乘客不可避免地在站等待。乘客在站等候形成的数量聚集受乘客特性(到达枢纽站的数量、时间分布)和公交车辆特性(发车时刻、线路载客量)的共同影响,进而影响到枢纽站用地与建筑规模的确定。

(1) 乘客在枢纽站内的状态

乘客在枢纽站内实现其出行目的之前必然始终处于到达、等待、接受服务或离去四种状态之一,其中"等待"与"接受服务"是最主要的环节。以枢纽站为起点的离站乘客是单个随机到达,成批固定离去;而中转乘客是固定成批到达、固定成批离去。

① 等待状态

乘客在客运站产生等待的原因主要有两种:一是由于公交车辆具有预先排定的发车时刻表,早于公交车辆离站时刻到达的乘客必然等待;另外就是车辆载客量的限制,乘客不能乘坐达到额定载客量后的车辆,只能等待乘坐下一辆公交车辆。根据概率统计学将某一时刻枢纽站内处于等待状态的乘客数量称为"等待队长",简称"队长",也称聚集人数。

② 接受服务

乘客到达枢纽站后接受站内提供的购票、候车、问询等服务,服务所花费的时间称作"服务时间"。枢纽站一般有多个服务工作组,沿用排队论的概念,这些工作组叫做"服务台"。

(2) 乘客聚集量模型

① 到达、离去时刻固定

图 6-42 累计乘客到达与离去积累数量—时间关系图中,$s_i(1 \leqslant i \leqslant m)$ 表示乘客到达时刻,$t_j(1 \leqslant j \leqslant n)$ 表示各批乘客离去时刻。到达线和离去线与 t 轴包围的面积 A 是所有乘客等待时间值累积总和,求出该区域面积,然后将它除以 $(t_n - s_1)$ 就得到时段 $[s_1, t_n]$ 内平均等待的乘客人数。虽然到达和离去时刻固定,但每次到达或离去乘客数随机。设第 i 次到达乘客数为 $x_i(1 \leqslant i \leqslant m)$,这是 m 个独立同分布的随机变量,设它们的数学期望为 $\overline{X}$;另外设第 j 次离去的交通元数为 $y_j(1 \leqslant j \leqslant n)$,这也是 n 个独立同分布的随机变量,设它们的数学期望为 $\overline{Y}$。令

$s_{m+1} = t_n$。显然

$$A = \sum_{i=1}^{m} (s_{i+1} - s_1) \sum_{k=1}^{i} X_k - \sum_{j=1}^{n-1} (t_{j+1} - t_1) \sum_{l=1}^{j} Y_l \tag{6-25}$$

可见，A 也是随机变量。它的均值为

$$
\begin{aligned}
E[A] &= \sum_{i=1}^{m} (s_{i+1} - s_1) \sum_{k=1}^{i} E[X_k] - \sum_{j=1}^{n-1} (t_{j+1} - t_1) \sum_{l=1}^{j} E[Y_l] \\
&= \overline{X} \left[m \cdot s_{m+1} - \sum_{i=1}^{m} s_i \right] - \overline{Y} \left[(n-1)t_n - \sum_{j=1}^{n-1} t_j \right] \\
&= \overline{X} \left[m \cdot t_n - \sum_{i=1}^{m} s_i \right] - \overline{Y} \left[(n-1)t_n - \sum_{j=1}^{n-1} t_j \right]
\end{aligned}
\tag{6-26}
$$

式中：E——数学期望符号。

因此，时段$[s_1, t_n]$内平均等待乘客的数量为

$$\overline{N} = \frac{E[A]}{t_n - s_1} = \frac{\overline{X} \left[m \cdot t_n - \sum_{i=1}^{m} s_i \right] - \overline{Y} \left[(n-1)t_n - \sum_{j=1}^{n-1} t_j \right]}{t_n - s_1} \tag{6-27}$$

通常使用乘客平均等待时间作为枢纽站服务水平的重要参数，综合反映枢纽站的运力组织能力。平均等待时间越短，说明枢纽站的服务水平越好。

设第 i 次到达乘客数为 $X_i (1 \leqslant i \leqslant m)$，其中 $X_{ij} (1 \leqslant j \leqslant n)$ 是第 j 次离开的，第 j 次离开 Y_j 个乘客，则

$$\sum_{j=1}^{n} X_{ij} = X_i, \sum_{i=1}^{m} X_{ij} = Y_j \tag{6-28}$$

显然，X_{ij} 是随机变量，设乘客在枢纽站的等待时间 T_{ij} 也是随机变量，且有

$$\sum_{i=1}^{m} \sum_{j=1}^{n} X_{ij} T_{ij} = A \tag{6-29}$$

于是

$$E[A] = \sum_{i=1}^{m} \sum_{j=1}^{n} E(X_{ij} T_{ij}) \tag{6-30}$$

根据实际，X_{ij} 与 T_{ij} 一般是互相独立的随机变量，因此，$E(X_{ij} T_{ij}) = E[X_{ij}]E[T_{ij}]$。又设 $\overline{T}$ 为任意一个乘客的平均等待时间，则 $\overline{T} = E[T_{ij}]$。从而

$$E[A] = \overline{T} \cdot \sum_{i=1}^{m} \sum_{j=1}^{n} E[X_{ij}] = \overline{T} \cdot \sum_{i=1}^{m} E\left[\sum_{j=1}^{n} X_{ij} \right]$$

$$= \overline{T} \cdot \sum_{i=1}^{m} E[X_i] \tag{6-31}$$

故

$$\overline{T} = \frac{E[A]}{\sum_{i=1}^{m} E[X_i]} = \frac{\overline{X}\left[m \cdot t_n - \sum_{i=1}^{m} s_i\right] - \overline{Y}\left[(n-1)t_n - \sum_{j=1}^{n-1} t_j\right]}{m \cdot \overline{X}} \tag{6-32}$$

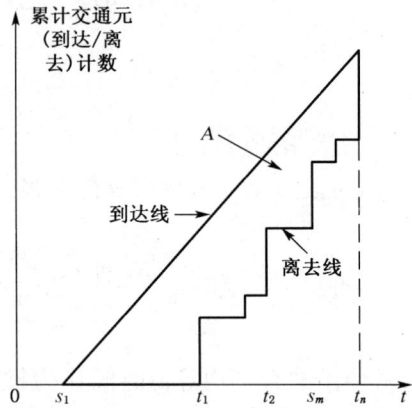

图 6-42　到达和离去时刻固定的累计　　图 6-43　到达时刻随机离去时刻固定的累计

② 到达随机、离去固定

设单位时间内乘客到达率为 c，即为时段 $[0,t]$ 内到达的乘客数，$X(t)$ 为随机变量，$X(t) = ct$。则可在乘客累积数量—时刻图中用斜率为 c 的斜线表示从 0 时刻到任意时刻 t 的累积乘客到达计数的数学期望（图 6-43），称之为随机到达的"期望斜率"。此时

$$E[A] = (t_n - s_1)^2 c/2 - \overline{Y}(n-1)t_n - \sum_{j=1}^{n-1} t_j \tag{6-33}$$

故平均等待乘客数为

$$\overline{N} = \frac{E[A]}{t_n - s_1} = \frac{c(t_n - s_1)}{2} - \frac{\overline{Y}(n-1)t_n - \sum_{j=1}^{n-1} t_j}{t_n - s_1} \tag{6-34}$$

则乘客平均等待时间为

$$\overline{T} = \frac{E[A]}{c(t_n - s_1)} = \frac{t_n - s_1}{2} - \frac{\overline{Y}(n-1)t_n - \sum_{j=1}^{n-1} t_j}{c(t_n - s_1)} \tag{6-35}$$

根据平均乘客聚集人数可以大致确定公交枢纽站候车等设施的建设规模。如果将枢纽站的候车等设施的建设规模设计依据平均乘客聚集人数 $\overline{N}$ 是不够的,因为超过平均乘客聚集人数的情况下即等待乘客数超过 $\overline{N}$ 时,人均等待设施规模就低于标准人均等待设施规模而出现拥挤。因此,等待设施规模的计算依据应大于 $\overline{N}$。究竟应该超过多少,可根据平均乘客到达和离去的平稳情况而定,比较平稳的(方差比较小的),超过值可以小一些,否则应该大一些。建议供参考的超过值范围为 $\overline{N}/3 \sim \overline{N}/2$,或干脆将设施规模取为 $\overline{N}+\sigma$,此处 σ 是乘客数量方差根。等待乘客数量越大,等待设施规模和乘客等待时间越大,因此,降低等待乘客数量是有意义的。

确定枢纽规模的方法可以通过调整公交车发车频率,综合考虑乘客和公交车等待费用,使总等待费用最小,见图 6-44(a)。公交车发车频率与乘客到达波动吻合程度差,则公交等待费用低,乘客等待费用高;反之,吻合程度好,公交等待费用高,乘客等待费用低。F 为公交车与旅客总等待费用之和最低点,即为最优点。若考虑增加运输服务班次数,班次越多,(总)等待费用越低,但服务费用就越高,因此也应该取总费用(包括总等待费用和服务费用)最小的服务台数 G,见图 6-44(b)。

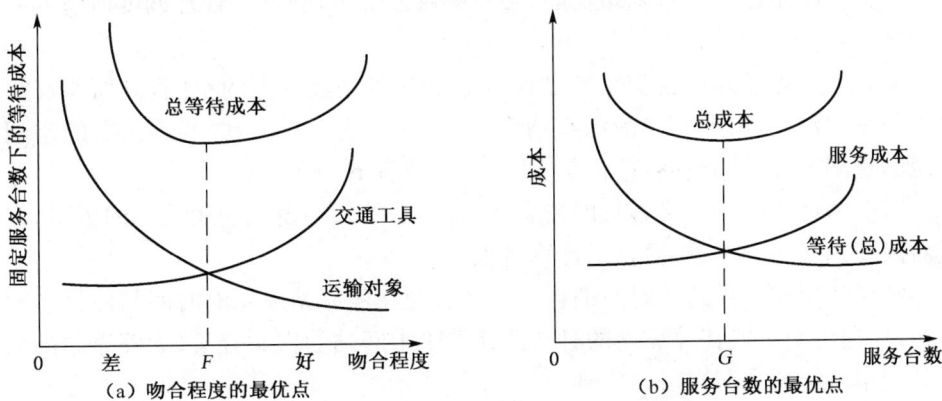

图 6-44 公交枢纽站最优规模确定原理图示

2. 各类型设施规模测算

公交枢纽的规模由其使用功能、服务的客流量及所处位置的用地条件等因素决定。

枢纽的使用功能对枢纽的规模有着极其重要的影响,根据论文前面的阐述,公交枢纽可以分为对外交通枢纽、轨道交通枢纽和常规公交枢纽,各类型枢纽的功能存在较大差异,则对设施的配套要求也不同。一般来说枢纽功能越多,设施越齐全,枢纽所需要的用地范围就越大,枢纽规模也就越大。

交通需求影响着枢纽客源的产生和吸引,决定着枢纽所承担的客流量,因此交通需求也是确定换乘枢纽规模的主要因素。土地利用特性以及城市形态确定了不同地区的交通需求。

枢纽使用功能和交通需求确定了公交枢纽理论上的需求规模,但目前大城市用地十分紧张,要在市中心区建设大型换乘枢纽所需用地十分困难,公交枢纽合理规模的确定还要受到用地条件的影响,从某种程度上说,用地条件也大大地制约了换乘枢纽的规模。

一般而言,枢纽内主要的交通设施可分为集散类设施、站场类设施以及车辆在枢纽内运行所需要的设施。本节在交通需求预测的基础上,对枢纽内各主要交通设施规模进行研究。N_{bus}、N_{car}、N_{taxi}、N_{bic}分别表示高峰小时乘常规公交、小汽车、出租车、自行车到达或离开枢纽的客流量(人/h);P_{bus}、P_{car}、P_{taxi}、P_{bic}分别表示常规公交、小汽车、出租车、自行车的平均载客量(人/辆)。

(1) 站场类设施

① 常规公交场站的规模

公交枢纽站主要为乘客提供集中的换乘服务,因此其用地规模通常应至少包括公交车辆供乘客上下车时停放和乘客在公交站台候车所需的空间面积,另外,大部分公交枢纽站还具有首末站功能,必须提供公交车辆停车、管理调度所需的空间面积。

常规公交停靠站即公交车辆供乘客上下车时停放所需的空间,其面积计算主要采用时空消耗理论,时空消耗是指交通个体(人或车)一定时间内占有的空间或一定的空间上使用的时间,单位是 $m^2 \cdot h/$人或者 $m^2 \cdot h/$车。

时空消耗法采用广义容量的概念,综合考虑了影响设施使用效率的因素,避免了对诸多因素单独考虑,简化了计算过程。

常规公交在停靠站的时空消耗为常规公交在停靠站停靠的时间与停靠空间的乘积,根据公交车辆在停靠站的时空消耗等于中间站的广义容量(为停靠站的面积与其使用时间的乘积),可以得到:

$$S_{停靠站} \cdot T \cdot \eta = \sum_{i=1}^{l} f_i \cdot (t_{busdown} + t_{busup}) \cdot s_{bus1} \qquad (6-36)$$

或

$$S_{停靠站} \cdot T \cdot \eta = \frac{N_{bus}(t_{busdown} + t_{busup})s_{bus1}}{P_{bus}} \qquad (6-37)$$

常规公交停靠站规模的计算公式为:

$$S_{停靠站} = \frac{\sum_{i=1}^{l} f_i \cdot (t_{busdown} + t_{busup}) \cdot s_{bus1}}{3\,600\eta} \qquad (6-38)$$

或

$$S_{停靠站} = \frac{N_{bus}(t_{busdown} + t_{busup})s_{bus1}}{3\ 600\eta \cdot P_{bus}} \tag{6-39}$$

式中：$S_{停靠站}$——常规公交中间站规模（m^2）；

　　　l——中间站停靠的公交线路条数；

　　　f_i——第 i 条公交线路高峰小时发送的车辆数，一般在 12 辆左右；

　　　S_{bus1}——常规公交停靠时平均占地面积（m^2/辆），约 $40\sim60\ m^2$/辆；

　　　t_{busup}、$t_{busdown}$——常规公交在停靠站上下客等候时间（s），通常取 $1\sim2$ min；

　　　T——高峰小时，$3\ 600$ s；

　　　η——高峰小时常规公交停靠站的利用率，通常取 $0.6\sim0.8$。

公交站台候车所需的空间面积也采用时空消耗理论计算，具体公式为：

$$S_{候车} = \frac{Q_{候车} \cdot s_{候车} \cdot t_{候车}}{60} \tag{6-40}$$

式中：$S_{候车}$——公交枢纽候车设施规模（m^2）；

　　　$Q_{候车}$——高峰小时等候换乘公交车的客流量（人/h）；

　　　$s_{候车}$——人均候车面积（m^2/人），服务水平按 D 级考虑时，取 $0.3\sim$
　　　　　　$0.7 m^2$/人；

　　　$t_{候车}$——公交车上客的停车时间（min）。

首末站停车坪面积主要与停靠的公交车辆数有关，其规模可采用下式计算：

$$S_{首末站} = \alpha \sum_{i=1}^{l} m_i \cdot s_{标车} \tag{6-41}$$

式中：$S_{首末站}$——常规公交首末站规模（m^2）；

　　　l——该首末站设置公交线路的总条数（条），该值可由公交规划得到；

　　　m_i——高峰小时第 i 条线路在首末站中停靠的公交车辆数，按规范规定可取
　　　　　　该条线路配备公交车辆数的 60%[222]，该条线路配备的公交车辆数可
　　　　　　由公交规划得到；

　　　α——考虑未来的发展，给高峰小时设置系数，通常取 $1.2\sim1.4$；

　　　$s_{标车}$——每标车在首末站的占地面积（m^2/车），按规范通常取 $100\ m^2$/标车。

则公共交通枢纽内常规公交站场的总规模为

$$\begin{aligned}
S_{bus} &= S_{停靠站} + S_{候车} + S_{首末站} \\
&= \frac{\sum_{i=1}^{l} f_i(t_{busdown} + t_{busup})s_{bus1}}{3\ 600\eta} + \frac{Q_{候车} \cdot s_{候车} \cdot t_{候车}}{60} + \alpha \sum_{i=1}^{l} m_i \cdot s_{标车}
\end{aligned}$$

$$\tag{6-42}$$

或

$$S_{\text{bus}} = \frac{N_{\text{bus}}(t_{\text{busdown}} + t_{\text{busup}})s_{\text{bus1}}}{3\,600\eta \cdot P_{\text{bus}}} + \frac{Q_{候车} \cdot s_{候车} \cdot t_{候车}}{60} + \alpha\sum_{i=1}^{l} m_i \cdot s_{标车} \quad (6\text{-}43)$$

此外,公交枢纽站还需要配置管理调度功能设施。管理功能设施面积按总定员 2%～3%,并按国家计委《行政办公楼建设标准(试行)》(计标(1987)184 号)中规定的人均 9～10 m² 建筑面积计算确定;调度功能设施面积根据国内经验数据,并参照上海等城市的公共交通企业技术标准确定,每标车建筑面积约 1.0～1.5 m²。

另外还应根据实际情况,考虑一些为乘客提供卫生、信息、休闲等方面的服务的附属功能所需的空间面积。

② 小汽车停车场的规模

小汽车停车场的规模,主要是指在公共交通枢纽内小汽车停车换乘所需的停车场的面积。其与高峰小时小汽车停车换乘的客流量、小汽车的平均载客数、每辆车停靠所需的面积以及停车场的周转率等相关。具体的计算公式如式(6-44)所示:

$$S_{\text{car}} = \frac{N_{\text{car}} \cdot s_{\text{car1}}}{P_{\text{car}} \cdot \lambda_{\text{car}}} \quad (6\text{-}44)$$

式中:S_{car}——枢纽内小汽车停车场所需的规模(m²);

s_{car1}——每辆小汽车的平均停车面积(m²/车),通常取 25～30 m²/车[224];

λ_{car}——小汽车停车场的周转率。

③ 出租车停车设施的规模

公共交通枢纽内出租车停车设施主要为出租车停车候客服务,包括出租车停靠位和停车场两部分。

出租车停车场规模确定的方法与小汽车停车场规模确定的方法相同,主要区别在于参数的选取上,特别是平均载客数和停车场的周转率指标。出租车停车场规模的计算公式为:

$$S_{\text{taxi1}} = \frac{\beta \cdot N_{\text{taxi}} \cdot s_{\text{taxi1}}}{P_{\text{taxi1}} \cdot \lambda_{\text{taxi}}} \quad (6\text{-}45)$$

式中:S_{taxi1}——枢纽内出租车停车场的规模(m²);

β——到达枢纽的出租车进入停车场候客的比例,一般取 0.5～0.8;

s_{taxi1}——出租车的平均停车面积(m²/车),通常取 25～30 m²/车[224];

λ_{taxi}——出租车停车场的周转率,一般大于小汽车停车场周转率 λ_{car}。

出租车停靠位设施包括下客位和上客位,出租车下客停车等待时间按 t_{taxidown}

秒计，需 $\dfrac{N_{\text{taxi}} \cdot t_{\text{taxidown}}}{3\,600 P_{\text{taxi}}}$ 个下客位；每个发车位按平均每车上客需 t_{taxiup} 秒计算，需

$\dfrac{N_{\text{taxi}} \cdot t_{\text{taxiup}}}{3\,600 P_{\text{taxi}}}$ 个发车位，则所需出租车停靠位的规模具体计算如下：

$$S_{\text{taxi2}} = \frac{N_{\text{taxi}}(t_{\text{taxidown}} + t_{\text{taxiup}}) s_{\text{taxi1}}}{3\,600 P_{\text{taxi}}} \tag{6-46}$$

式中：S_{taxi2}——枢纽内出租车停靠位的规模；

t_{taxidown}——出租车下客停车等待时间(s)，通常为 30 s 左右；

t_{taxiup}——出租车上客停车等待时间(s)，通常为 20 s 左右；

s_{taxi1}——同上。

则出租车停车设施总的规模为：

$$S_{\text{taxi}} = S_{\text{taxi1}} + S_{\text{taxi2}} = \frac{\beta \cdot N_{\text{taxi}} \cdot s_{\text{taxi1}}}{P_{\text{taxi}} \cdot \lambda_{\text{taxi}}} + \frac{N_{\text{taxi}}(t_{\text{taxidown}} + t_{\text{taxiup}}) s_{\text{taxi1}}}{3\,600 P_{\text{taxi}}} \tag{6-47}$$

④ 自行车停车场规模

自行车停车场规模的计算方法与机动车停车场规模的计算方法类似，主要考虑的因素为到达枢纽的自行车车辆数、每辆自行车停车占地面积以及自行车停车场的周转率。按停车周转率为 λ_{bic} 计算，则所需出租车停车规模具体计算如下：

$$S_{\text{bic}} = \frac{N_{\text{bic}} \cdot s_{\text{bic1}}}{P_{\text{bic}} \cdot \lambda_{\text{bic}}} \tag{6-48}$$

式中：S_{bic}——自行车在客运交通枢纽内停车换乘所需要的规模(m²)；

λ_{bic}——自行车停车场的周转率；

s_{bic1}——自行车的平均停车面积(m²/辆)，一般取 1.8 m²/辆。

（2）集散类设施

① 集散客流在枢纽内步行所需的规模

集散客流指的是通过步行方式到达枢纽或者是通过步行方式离开枢纽的客流。集散客流从进入枢纽通过步行到达枢纽内的乘车点，如轨道站点、公交站点，或者从枢纽内站点下车离开枢纽，需要提供为集散客流在枢纽内步行所需的设施。对于该部分规模也采用行人时空消耗理论以及设施的广义容量来确定。两者的关系为：

$$C_m \cdot Q_{\text{集散}} = S_{\text{集散}} \cdot T \tag{6-49}$$

集散客流在枢纽内步行所需规模的计算公式为：

$$S_{\text{集散}} = \frac{C_m \cdot Q_{\text{集散}}}{T} = \frac{s_m \cdot L_1 \cdot Q_{\text{集散}}}{3\,600 V_m} \tag{6-50}$$

式中:C_m——枢纽内行人的平均时空消耗;

$\quad s_m$——行人所需要的动态个人空间(m^2/人);

$\quad L_1$——每一集散客流在枢纽内的步行距离(m);

$\quad V_m$——步行的平均速度(m/s);

$\quad Q_{集散}$——客运交通枢纽高峰小时集散客流量(人/h);

$\quad S_{集散}$——集散客流在枢纽内步行所需要的规模(m^2);

$\quad T$——步行设施的使用时间,本文计算时间为高峰小时,即 3 600 s。

按照《交通工程手册》中人行道行人交通服务水平标准,在 C 级服务水平时,行人占用面积为 1.2~2 m^2/人,步行速度为 1.0 m/s,因此,本文对枢纽内集散客流步行的动态个人空间 s_m 取 1.2~2 m^2/人,步行的平均速度 V_m 取 1.0 m/s。步行距离 L_1 取 250~500 m(对于轨道交通枢纽内步行距离一般取 100~300 m,常规公交枢纽内步行距离一般取 50~150 m)。

② 换乘客流在枢纽内步行所需的规模

换乘客流是指利用除步行之外的其他交通方式如常规公交、小汽车、自行车等到达枢纽或离开枢纽的客流。换乘客流在枢纽内需要通过步行从一种交通方式的站点到达另一种交通方式的站点,或者是同一种交通方式的不同线路间的转换,这就需要枢纽为换乘客流提供步行所需的设施,其所需规模计算方法同集散客流在枢纽内步行所需规模的计算方法相同,也是运用行人时空消耗理论以及设施的广义容量来确定,具体为:

$$S_{换乘} = \frac{C_m \cdot Q_{换乘}}{T} = \frac{s_m \cdot L_2 \cdot Q_{换乘}}{3\ 600 V_m} \tag{6-51}$$

式中:C_m——枢纽内行人的平均时空消耗;

$\quad s_m$——行人所需要的动态个人空间(m^2/人);

$\quad L_2$——每一换乘客流在枢纽内的步行距离(m);

$\quad V_m$——步行的平均速度(m/s);

$\quad Q_{换乘}$——客运交通枢纽高峰小时换乘客流量(人/h);

$\quad S_{换乘}$——换乘客流在枢纽内步行所需要的规模(m^2);

$\quad T$——步行设施的使用时间,本文计算时间为高峰小时,即 3 600 s。

同上,换乘客流步行的动态个人空间 s_m 取 1.2~2 m^2/人,步行的平均速度 V_m 取 1.0 m/s。对于轨道交通枢纽内步行距离一般取 200~400 m,常规公交枢纽内步行距离一般取 100~200 m。

(3) 车辆在枢纽内行驶所需的规模

车辆在枢纽内行驶所需的规模主要是指常规公交、小汽车、自行车、出租车等在枢纽内行驶所需的规模,此时,仍采用时空消耗理论和设施的广义容量确定,其公式为：

$$S_{行驶} = \frac{\dfrac{N_{bus}}{P_{bus}} \cdot \dfrac{L_{bus}}{V_{bus}} \cdot s_{bus2} + \dfrac{N_{car}}{P_{car}} \cdot \dfrac{L_{car}}{V_{car}} \cdot s_{car2} + \dfrac{N_{taxi}}{P_{taxi}} \cdot \dfrac{L_{taxi}}{V_{taxi}} \cdot s_{taxi2} + \dfrac{N_{bic}}{P_{bic}} \cdot \dfrac{L_{bic}}{V_{bic}} \cdot s_{bic2}}{3\,600}$$

$$(6-52)$$

式中：$S_{行驶}$——车辆在枢纽内行驶所需的规模（m^2）；

$\quad s_{bus2}$——常规公交行驶时所占用的动态空间（$m^2/辆$）；

$\quad L_{bus}$——常规公交在枢纽内行驶的平均距离（m）；

$\quad V_{bus}$——常规公交在枢纽内行驶的平均速度（m/s）；

$\quad s_{car2}$——小汽车行驶时所占用的动态空间（$m^2/辆$）；

$\quad L_{car}$——小汽车在枢纽内行驶的平均距离（m）；

$\quad V_{car}$——小汽车在枢纽内行驶的平均速度（m/s）；

$\quad s_{taxi2}$——出租车行驶时所占用的动态空间（$m^2/辆$）；

$\quad L_{taxi}$——出租车在枢纽内行驶的平均距离（m）；

$\quad V_{taxi}$——出租车在枢纽内行驶的平均速度（m/s）；

$\quad s_{bic2}$——自行车行驶时所占用的动态空间（$m^2/辆$）；

$\quad L_{bic}$——自行车在枢纽内行驶的平均距离（m）；

$\quad V_{bic}$——自行车在枢纽内行驶的平均速度（m/s）；

3. 公交枢纽合理规模分析

通过对公交枢纽功能和换乘衔接模式的分析可知，不同类型公交枢纽对配套设施的种类和规模的要求都不一样，因此，应结合上一节各种类型设施面积的测算方法，确定各类型公交枢纽的合理规模。

（1）轨道交通枢纽

轨道交通枢纽主要由常规公交、自行车和步行等方式进行接驳，因此，通常需要配备的主要设施有常规公交场站（一般不设置首末站功能）、小汽车停车场、出租车停靠站（一般不设置出租车停车场）、自行车及相应的客流集散换乘设施和车辆行驶通道设施等。

$$S_{轨道交通枢纽} = S_{bus} + S_{car} + S_{taxi} + S_{bic} + S_{集散} + S_{换乘} + S_{行驶}$$

$$= \frac{N_{bus}(t_{busdown} + t_{busup})s_{bus1}}{3\,600\eta \cdot P_{bus}} + \frac{Q_{候车} \cdot s_{候车} \cdot t_{候车}}{60} + \frac{N_{car} \cdot s_{car1}}{P_{car} \cdot \lambda_{car}}$$

$$+ \frac{N_{taxi}(t_{taxidown} + t_{taxiup})s_{taxi1}}{3\,600 P_{taxi}} + \frac{N_{bic} \cdot s_{bic1}}{P_{taxi} \cdot \lambda_{bic}} + \frac{s_m \cdot L_1 \cdot Q_{集散}}{3\,600 V_m} + \frac{s_m \cdot L_2 \cdot Q_{换乘}}{3\,600 V_m}$$

$$+ \frac{\dfrac{N_{bus}}{P_{bus}} \cdot \dfrac{L_{bus}}{V_{bus}} \cdot s_{bus2} + \dfrac{N_{car}}{P_{car}} \cdot \dfrac{L_{car}}{V_{car}} \cdot s_{car2} + \dfrac{N_{taxi}}{P_{taxi}} \cdot \dfrac{L_{taxi}}{V_{taxi}} \cdot s_{taxi2} + \dfrac{N_{bic}}{P_{bic}} \cdot \dfrac{L_{bic}}{V_{bic}} \cdot s_{bic2}}{3\,600}$$

$$(6-53)$$

（2）常规公交枢纽

常规公交枢纽主要是服务线路间的客流转换，同时由自行车和步行方式进行接驳，因此，通常需要配备的主要设施有常规公交站场（也存在全部由中间停靠站形成枢纽的情况）、自行车及相应的客流集散换乘设施等。

对于有公交场站的情况：

$$
\begin{aligned}
S_{\text{常规公交枢纽}} &= S_{\text{bus}} + S_{\text{bic}} + S_{\text{集散}} + S_{\text{换乘}} \\
&= \frac{N_{\text{bus}}(t_{\text{busdown}} + t_{\text{busup}})s_{\text{bus1}}}{3\,600\eta \cdot P_{\text{bus}}} + \frac{Q_{\text{候车}} \cdot s_{\text{候车}} \cdot t_{\text{候车}}}{60} + \alpha \sum_{i=1}^{l} m_i \cdot s_{\text{标车}} \\
&\quad + \frac{N_{\text{bic}} \cdot s_{\text{bic1}}}{P_{\text{taxi}} \cdot \lambda_{\text{bic}}} + \frac{s_m \cdot L_1 \cdot Q_{\text{集散}}}{3\,600V_m} + \frac{s_m \cdot L_2 \cdot Q_{\text{换乘}}}{3\,600V_m}
\end{aligned}
\tag{6-54}
$$

对于有停靠站组成的情况：

$$
\begin{aligned}
S_{\text{常规公交枢纽}} &= S_{\text{bus}} + S_{\text{bic}} \\
&= \frac{N_{\text{bus}}(t_{\text{busdown}} + t_{\text{busup}})s_{\text{bus1}}}{3\,600\eta \cdot P_{\text{bus}}} + \frac{Q_{\text{候车}} \cdot s_{\text{候车}} \cdot t_{\text{候车}}}{60} + \frac{N_{\text{bic}} \cdot s_{\text{bic1}}}{P_{\text{taxi}} \cdot \lambda_{\text{bic}}}
\end{aligned}
\tag{6-55}
$$

第7章

考虑随机运行时间的公交线网设计模型及其算法

已有的公交线网设计方法大都基于平均运行时间或者说常量运行时间的假设,试图寻求一个成本最小化的系统,将公交线路设计与最短路径方法尽可能地统一。而实践中,公交车辆经常需要与其他交通方式混行,且交通状况存在不确定性,公交车辆的运行时间表现出随机特征,尤其在高峰时段,平均运行时间的假设存在其不适合性,导致乘客出行成本或者公交企业运营成本的增加。因为最短路径可能不是最快的或者最可靠的路径。

运行时间的随机性同样会引发公交车辆发车频率设计方面的问题。文献研究中假设,发车频率一经确定后便是固定不变的。然而,当将运行时间随机性考虑在内时,这种假设的合理性是非常弱的,运行时间的波动会引起最优公交线网和相应的发车频率的变动。对于公交企业而言,运行时间随机性还会影响燃油消耗、驾驶员休整时间等。因此,本章中在公交线网设计的目标函数设计时,采用了鲁棒模型,以反映公交企业对运营成本波动的风险规避。模型中所需要用到的运行时间的随机分布可以通过第3章的公交运行可靠性分析获得。

公交线网设计时,通常需要从乘客(用户)、运营者(公交企业)、管理者(政府管理部门)三个角度考虑问题。乘客关注的是更好的服务水平,而运营者期望以最小的成本提供公交服务。由于受到有限的预算的约束,管理者并不总是允许最优的公交线网和发车频率的实施。本章试图寻找提高服务水平和最低的运营成本之间的平衡的解决方法,除线路可行性、客流需求满足比例、公交车辆满载率等约束条件外,将第3章中所提出的公交线网运行可靠性的评价指标之一,即 O-D 点对间运行时间可靠性纳入到公交线网设计阶段的约束中,作为公交线网所能提供的服务水平的重要衡量指标之一,反映了乘客的需求和管理者的要求。

为了使模型更准确,乘客的出行行为需在公交分配方法中加以考虑。然而,由于计算的复杂性,仅有较少的公交线网设计方法中包括了分配模型。Constantin 和 Florian(1995)[100]和 Gao 等(2004)[101]提出了双层模型,但是他们的分配部分是基于确定型(平均)的运行时间。尽管 Lam 等(1999)[102]、Yang 和 Lam(2006)[103]、Szeto 等(2011)[98]研究了基于 Logit 的随机公交分配模型,却没有将它们应用到公交线网设计方法中。本章将运行时间假设为随机分布,提出了基于 Probit 的公交分配问题。

本章的最后采用 k-最短路径算法以及 Probit 的公交客流分配方法,提出了基于模拟退火算法的公交线网设计模型的求解方法。与已有研究中从候选线路集中选择一定数量的线路作为备选公交线网的方法不同,本书提出了三个关于乘客路径集的概念,通过路径集获取备选公交线网。

7.1 公交线网设计问题描述

公交线网设计问题主要包括两方面内容:空间优化和时间优化。即在满足一系列约束条件的情况下,寻求一个理想的目标,以期望得到一个最优的公共交通线路的网络配置和一个与之相关联的最优的发车频率方案[226]。本章试图构建这样一种方法,它可以被大多数公交企业所采用,而且将公交线路设计与最短路径方法尽可能地统一。主要目标是:以最经济有效的方式设计公交线网,同时满足已知的 O-D 需求。

公交线网设计问题的特点如下:(1)乘客需求遍布整个网络,需求产生并结束于网络上的许多连接节点,即基于站点 O-D 矩阵;(2)节点需求必须同时满足(通常指在高峰时间)。公交线网设计是一个复杂的过程,受多方面因素的影响,其中主要包括[227]:

(1) 公交需求:是影响公交线网设计的首要因素。在一定的服务水平要求下,客运需求量大的区域要求布置的公交线网客运能力较大;客运需求量过小的区域,由于线路客运能力太低不经济不宜开设。理想的公交线网应满足大多数公交需求,具有服务范围广、非直线系数小、出行距离短、直达率高等特点;

(2) 道路条件:城市道路是公交线网布置的物质基础和前提。在进行公交线网设计时,可以将所有适合于公交车辆行驶的道路定义为公交线网设计的"备选道路网",然后将公交线网布置在其上。

公交线网设计方法通常被归纳为五类,即规划手册法、系统分析法、市场分析法、交互式辅助系统分析法以及数学寻优法[73]。数学寻优法基于既有需求数据,通过数学建模直接求解生成公交线网方案,并且可归类为方案生成型公交线网设计[158]。方案生成型公交线网设计基于客流数据,根据初始的站节点集合,生成可行线路集,构建公交线网方案,基于优化目标进行寻优。采用路径生成算法,结合公交线路功能需求产生一系列候选线路,作为公交线网设计的解空间,经过公交客流分配,计算优化目标函数,并最终确定最优的公交线网方案。该类方法比较容易构建迭代的搜索过程。

公交线网设计数学建模

7.2.1　符号表述与基本假设

考虑一个由无向图表示的道路网络 $G=(N,A)$,由节点集合 N 和路段集合 A 组成。W 为所有 O-D 对的集合。d_w 为 O-D 对 $w\in W$ 之间的公交需求;d 为表征所有 O-D 对间公交需求的矢量。O-D 对间的公交需求假设是固定不变的,独立于公交线网提供的服务。T_a 表示路段 $a\in A$ 上的运行时间。路段运行时间假设是相互独立的随机变量,其分布可以通过对历史数据的统计分析或仿真模拟的方法得到,这里假设其均服从正态分布,$T_a\sim N(t_a,\beta t_a)$,t_a 为均值,βt_a 表示方差为均值 t_a 的 β 倍,$0<\beta<1$。len_a 表示路段 $a\in A$ 的长度。

R_w 为连接 O-D 对 $w\in W$ 的所有路径的集合。将对应于各个 O-D 对的路径集进一步组合起来,构成 $R=(R_w,w\in W)$。R' 为从路径集 R 中挑选出的满足公交线路可行性的子路径集,$R'\subseteq R$,即备选线路集。

公交线网包括了一组公交线路以及各公交线路对应的发车频率。一条公交线路可表示为一个整数矢量 $l(n_1,n_2,\cdots,n_m)$,有序结点集 $(n_1,n_2,\cdots,n_m)$ 表征了公交线路 l 所经过的节点。任意一对节点之间可能有多条公交线路通过。一个包含了 K 条公交线路的公交线网 $L^{(K)}$ 可以用式(7-1)中的整数矢量的集合表示:

$$L^{(K)}=L^{(K)}(l_1,l_2,\cdots,l_K) \tag{7-1}$$

$$l_j=l_j(n_{j1},n_{j2},\cdots,n_{jm}),j=1,2,\cdots,K \tag{7-2}$$

即所有的公交线路构成集合 $L^{(K)}$,$L^{(K)}$ 为 R' 的子集。

T_l 为公交线路 $l\in L^{(K)}$ 的总运行时间,它是公交线路所经过的各路段对应的运行时间之和,亦为一个随机变量:

$$T_l=\sum_{a\in A}T_a\delta_{al} \tag{7-3}$$

式中,δ_{al} 表征路段和公交线路之间的关联关系,若路段 a 在公交线路 l 上,即公交线路 l 经过路段 a 时,$\delta_{al}=1$;反之,$\delta_{al}=0$。

采用 LEN_l 表示公交线路 $l\in L^{(K)}$ 的长度,则:

$$LEN_l=\sum_{a\in A}len_a\delta_{al} \tag{7-4}$$

与路网层面上的路径相对应,在公交线网层面上,这里提出乘客公交出行路径的概念,简称为乘客路径,即一个公交乘客采用公交方式从其起点到终点所经过的路径。它应包括一系列节点:第一个节点为起点,最后一个节点为终点,中间节点为通过或者换乘节点。显然,一条乘客路径可能会有换乘,使用不止一条公交线路。如图 7-1 所示,左边为道路网,右边为运行在该道路网上的公交线路构成的公交线网。从节点 1 至节点 4,有两条乘客路径,乘客可直接使用公交线路 2 从节点 1 直达节点 4;或者先乘坐公交线路 1,然后在节点 2 处换乘公交线路 3 到达节点 4。

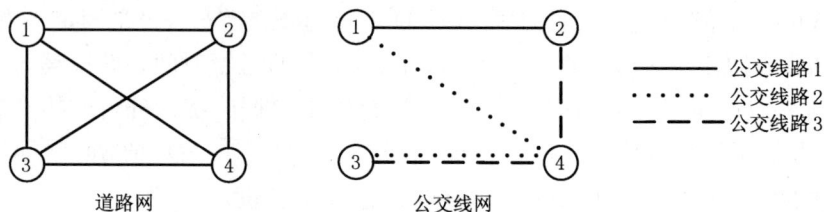

图 7-1 含 4 个节点的道路网和公交线网

一个高效的公交线网应以尽可能少的换乘实现对大部分客流需求的运输[94]。通常,乘客在出行时可以容忍的最大换乘次数为 2 次,选用乘客需求满足比率作为约束条件之一,即直达客流以及一次换乘的客流占公交总需求的比率,来评价公交线网的运输效率。采用 TR_w 表示 O-D 对 $w \in W$ 之间的直达和一次换乘的乘客路径的集合。T_{tr} 为乘客路径 $tr \in TR_w$ 的运行时间,等于该乘客路径所经过的路段上的运行时间之和。

$$T_{tr} = \sum_{a \in A} T_a \delta_{a,tr} \tag{7-5}$$

式中,$\delta_{a,tr}$ 表示乘客路径与路段之间的关联关系,若乘客路径 tr 经过路段 a,或者说路段 a 在乘客路径 tr 上,$\delta_{a,tr} = 1$;反之,$\delta_{a,tr} = 0$。

此外,在描述公交线网设计问题时,还使用了如下的符号:

f_l	公交线路 l 的发车频率
c	一辆公交车每小时的运营成本
$f_{\min}$	发车频率的下限
$f_{\max}$	发车频率的上限
$E(T_l)$	公交线路 l 运行时间的均值
$\sigma(T_l)$	公交线路 l 运行时间的方差
$(Q_l)_{\max}$	公交线路 l 上各路段的最大断面客流量

续　表

C_l	公交线路 l 上配置的公交车辆的额定载客量
$(LF_l)_{max}$	公交线路 l 上配置的公交车辆的满载率上限
LEN_{min}	公交线路长度的下限
LEN_{max}	公交线路长度的上限
S	整个公交线网总配置车辆数的上限
$W_0(L^{(K)})$	直达客流量占总客流量的比例
$(W_0)_{min}$	直达客流量占总客流量的比例的下限
$W_{0\&1}(L^{(K)})$	直达以及一次换乘的客流量占总客流量的比例
$(W_{0\&1})_{min}$	直达以及一次换乘的客流量占总客流量的比例的下限
DT^w	O-D 对 $w \in W$ 之间的目标运行时间或者可接受运行时间
RI^w	O-D 对 $w \in W$ 之间的运行时间可靠性

7.2.2　数学模型

为了促进公交服务的竞争,以提高公交服务水平,大多数城市往往引入几个独立的公司共同经营城市的公共交通系统[228]。在这种背景下,公交线网设计时,政府首先将设置一定的服务标准。公交公司在他们各自的经营区域内,负责规划和设计公交线路网络,以满足这些标准。而跨区域的线路,则由相应的公交公司共同规划和经营。例如,服务标准包括满载率约束、需求满足比例约束等。因此,公交线网设计时应将这些标准考虑在内。

公交线网设计涉及管理者(政府部门)、运营者(公交企业)、使用者(乘客)三方,存在公益性和市场性的双重性矛盾。因此,公交线网优化有两种思路:一是给定服务水平,使运营成本最小;二是限制运营成本,使服务水平最大。政府层面的规划以前者为约束条件,企业层面的规划以后者为设计目标。公交公司期望在最大限度地降低其成本的同时,提供令乘客满意且满足政府管理部门标准的公交服务。因此,该书中的公交线网设计被构建为一个优化问题,目标是在各种约束条件的制约下,确定一组公交线路及相应的发车频率,在公交网络达到所期望的服务水平下,所耗费的公交企业的运营成本最少。

公交企业的运营成本在很大程度上取决于一个特定的公交线网所要求的车公里数,与公交线路的运行时间和发车频率成正比例关系[79]。因此,公交线网设计的鲁棒优化模型定义如下:

$$\min Z(L^{(K)}, F^{(K)}) = \sum_{l \in L^{(K)}} c \cdot f_l \cdot [E(T_l) + \lambda \cdot \sigma(T_l)] \tag{7-6}$$

约束条件为：

需求满足比例约束：

$$W_0(L^{(K)}) \geqslant (W_0)_{\min} \tag{7-7}$$

$$W_{0\&1}(L^{(K)}) \geqslant (W_{0\&1})_{\min} \tag{7-8}$$

线路可行性约束：

$$f_{\min} \leqslant f_l \leqslant f_{\max} \tag{7-9}$$

$$LEN_{\min} \leqslant LEN_l \leqslant LEN_{\max} \tag{7-10}$$

满载率约束：

$$\frac{(Q_l)_{\max}}{f_l \cdot C_l} \leqslant (LF_l)_{\max} \tag{7-11}$$

总配置车辆数约束：

$$\left[\sum_{l \in L^{(K)}} 2 \cdot f_l \cdot E(T_l) \right] \leqslant S \tag{7-12}$$

运行时间可靠性约束：

$$RI^w = Pr\{\min\{T_{tr}, tr \in TR^w\} \leqslant DT^w\} \geqslant \alpha \tag{7-13}$$

考虑到运行时间的随机性，目标函数借用了鲁棒性模型的结构[229]。式(7-6)中的目标函数含有两项，第一项为运营成本的期望值，第二项反映了运营成本这一随机变量的波动性。λ是一个给定的非负权重值，可以由运营者根据自己的考虑确定，反映了模型的鲁棒性（即由于随机运行时间导致的运营成本的波动）和决策者对运营成本波动的风险规避程度。因此，目标函数代表了符合实际的公交运营成本。

由于乘客通常对换乘持负面态度，本书引入了需求满足比例的约束条件，它是决定公交线网运营效率的要素之一。需求满足比例约束式(7-7)反映了直达客流量占总客流量的比例；式(8-8)反映了直达以及一次换乘的客流量占总客流量的比例。公交线网确定后，便可确定该网络的实际直达及一次换乘的乘客比例。

可行性约束包括线路长度约束(7-10)和发车频率约束(7-9)。公交线路的发车频率不应超过实践中可实施的最大值。同样的，线路长度也不应超过最大允许值，线路太长会降低公交运行可靠性和运输效率；线路过短，既增加了乘客的换乘次数，又使车辆在终点站的停靠时间相对延长而降低运营车速。若线路的长度大于最长限制距离或小于最短限制距离时,一般不考虑设线。线路长度与城市面积、平均乘距等有一定的比例关系,大致是平均乘距的 2.0~2.5 倍,依据居民公交平均乘距控制线路平均长度的目的,是避免线路各站间断面客流量变化不过于悬殊,有助于平衡线路运营效益与满载率[227]。

而发车频率也不可过小,非常低频的公交服务将被乘客视为没有服务的可用性;而太短的公交线路是不可能的,对于非常短的距离,步行会是更好的出行方式,没有公交企业愿意保持这样的线路。

满载率约束(7-11)和总配置车辆数约束(7-12)给发车频率施加了额外的条件。式(7-12)中的运算符"·"为向上取整算子。线路的断面流量必须小于断面的运载能力,否则线路只能运送部分客流量,超过运载能力的部分将被留剩。

作为一个概率测量指标,公交线网设计中的运行时间可靠性,反映了公交系统提供的出行成本以及稳定程度。因此,式(7-13)表明了对于 O-D 对 $w \in W$ 而言,所有可行路径中的出行时间的最小值,不超过某一设计值的概率应不小于 α。α 为给定的概率值,如 95% 或者 90%。例如,新加坡陆路交通规划[230]中提出,其公交系统的设计目标之一是:公交出行时耗应在小汽车出行时耗的 1.5~1.7 倍的范围内。

7.3 基于模拟退火的求解算法

本书研究的公交线网设计问题主要包括两方面内容:在一系列约束条件的制约下,搜寻最优目标函数,以期得到一个公交线网和相关联的发车频率方案。由于其高复杂性,公交线网设计问题已被多个研究者[87,231]证明是一个 NP-hard 问题。随机运行时间的存在更是加剧了求解这个 NP-hard 问题的复杂性。考虑到启发式算法在求解大规模的优化问题方面的优越性,本节拟采用启发式算法求解公交线网设计问题。首先生成一组候选公交线路(即候选线路集 R'),详见 7.3.1 节。若考虑所有可能的线路的话,这一集合的规模将是相当大的。因此,候选公交线路集生成过程应受到一些约束条件的限制。在候选线路集 R' 的基础上,最终的公交线网设计任务可视为从候选线路 R' 中优选出令人满意的公交线路子集的过程。约束条件(7-9)~(7-12)为该过程中的分析标准。这些约束中的变量包括了发车频率以及每一条线路上的客流量,为了获取这些变量值,7.3.2 节引入并介绍了三个乘客路径集的概念,7.3.3 节阐述了基于乘客路径集和模拟退火算法的公交线网设计方法,7.3.4 节则具体讨论了公交线路筛选的过程和方法,详细的求解流程如图 7-2 所示。

```
                                              ┌──────────────┐
                                             ╱   输入        ╱
                                            ╱ ·道路网       ╱
                                           ╱ ·运行时间数据 ╱
                                          ╱ ·O-D需求      ╱
                                         └──────────────┘
                                               │
                                    ┌────────────────────┐
                                    │  候选线路集生成      │
                                    │ ·采用k-最短路法生成所│
                                    │  有候选线路,结合可行 │
                                    │  性约束条件进行筛选  │
                                    └────────────────────┘
```

```
      ┌──────────────┐                ┌────────────────────┐
     ╱   输入        ╱                │ 针对每一个O-D对,生成乘客│
    ╱ ·候选线路集    ╱                 │  初始路径集         │
   ╱ ·每一个O-D对的 ╱                  └────────────────────┘
  ╱  乘客考虑路径集 ╱                          │
 ╱ ·初始温度       ╱                  ┌────────────────────┐
 └──────────────┘                    │ 针对每一个O-D对,生成乘客│
         │                           │  考虑路径集         │
 ┌────────────────────┐              └────────────────────┘
 │ 采用随机数,生成每一个O-D对 │               │
 │  的可选路径集       │              ┌────────────────────┐
 └────────────────────┘              │ 基于模拟退火的公交分配 │
         │                           │  过程              │
 ┌────────────────────┐              └────────────────────┘
 │ 进行蒙特卡罗模拟和公交客流 │               │
 │  加载              │              ┌────────────────────┐
 └────────────────────┘              │  网络分析过程       │
         │          ┌────────┐       │ ·计算每一条候选公交线路│
         │          │ 降低温度 │      │  的发车频率和目标函数值│
         │          └────────┘       └────────────────────┘    ┌────────┐
      ╱否是否满足终止条件?╲─否──┘               │              │ 优化候选 │
      ╲                  ╱                      │              │ 线路集   │
         │是                        ╱是否所有的候选公交╲          └────────┘
 ┌────────────────────┐           ╱线路都满足发车频率可行╲──否──────┘
 │   终止             │           ╲性约束?            ╱
 │ ·输出每一条公交线路上的断 │        ╲               ╱
 │  面最大客流量       │                 │是
 └────────────────────┘          ┌────────────────────┐
                                 │   终止             │
                                 │ ·输出最优公交线路集和相│
                                 │  应的发车频率       │
                                 └────────────────────┘
```

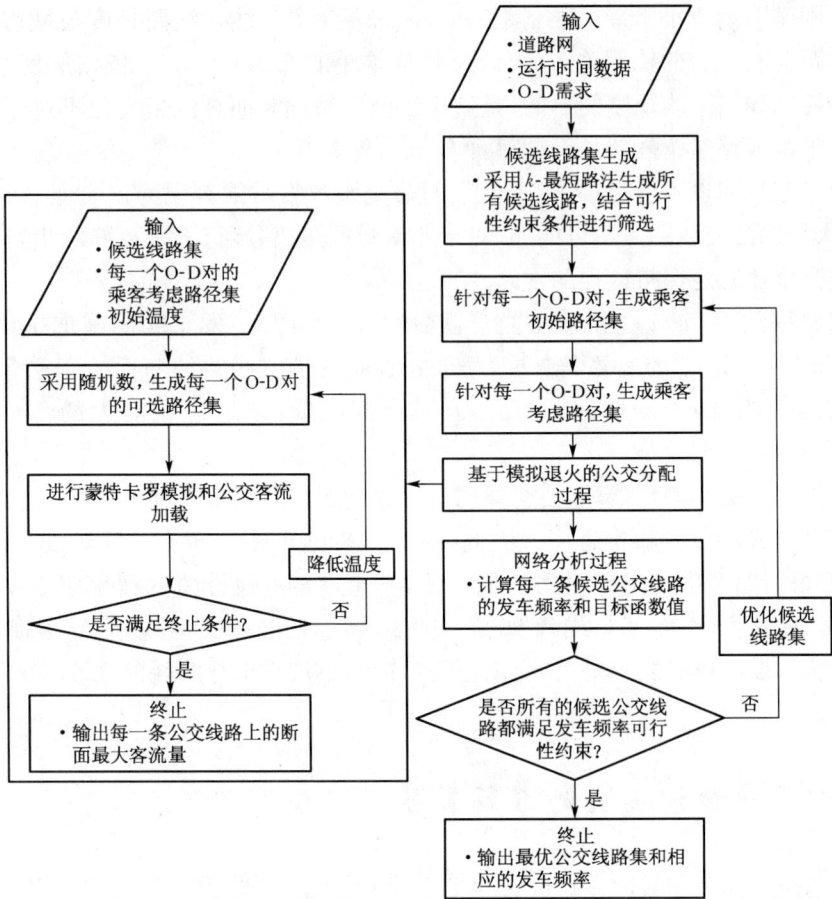

图7-2 公交线网设计的求解算法流程

7.3.1 候选线路集

候选线路集是公交线网设计的解空间,旨在为线网设计提供可供搜索的可行线路集。这里采用 k-最短路算法[232,233]生成初始线路集。公交线路的布设受客流需求的影响,往往因为要服务于更多的客流而经常选择次短以及 k 短路径,且在随机运行时间的条件下,最短路径未必是最快最可靠的路径,因此,为扩大公交线路优选的解空间,这里选用 k-最短路作为路径搜索算法。例如,可以生成连接 O-D 对 $w \in W$ 的前 10 条最短路径,检验这些路径是否满足约束条件(7-10),以及其他约束的限制,如:(a)是否存在重叠的公交线路,即任一公交线路不能在很大程度上与其他线路存在重叠部分;(b)不超过最大的可允许公交线路相对非直线系数。满足这些约束条件和检验的路径作为候选公交线路,记到候选线路集 R' 中。

重叠可以通过路径间的相互比较进行验证。Baaj and Mahmassani (1995)[88]

建议检查一个给定的路径上的所有节点中,与其他的路径相重合的节点个数占总节点数的比例。例如,当超过 75% 时,可认为存在重叠,较短的路径则不被纳入候选线路集。这里的相对非直线系数定义为被检验的路径与最短路径的长度之间的比值,例如,不宜超过 1.5 倍的最短路径[97]。

Yen[232]是较早提出 k-最短路算法的学者,他的算法的特点是简单且容易实现。具体过程为:

首先,基于最短路算法(Dijkstra's)寻找两点间的最短路并加入到集合 A;

然后,对应所得最短路,除去终点外的任意一点均被选取一次,起点至选取点路径作为第一段路径,在选取点至终点间寻找最短路作为路径的第二段。对于第二段路径,应限制两个条件:

(1) 不能是环路,且不能完全通过已经包含在最短路径中的节点。

(2) 不能完全通过此前已经找到的 $k-1$ 短路。

k-最短路算法描述符号如下:

i—— 网络节点编号,$i=1,2,\cdots,N,1$ 为起点,N 为终点;

$1-i-\cdots-j,i\neq j\neq\cdots\neq 1$—— 从 1 到 j 的一条无环路路径;

N_k—— 第 k 短路包含的节点个数;

Q_i^k—— 第 k 短路的第 i 个节点;

$A^k=1-Q_2^k-Q_3^k-\cdots Q_{N_k-1}^k-N,k=1,2,\cdots,K$—— 从 1 到 N 的第 k 短路;

R_i^k——A^k 的第一部分,从节点 1 到第 t 个节点 i 与第 $k-1$ 路径 A^{k-1} 相同的部分;

S_i^k—— 组成 A^k 的第二部分路段。

图 7-3 为 k-最短路算法的伪码描述。

---

algorithm k-shortest path;

begin;

 基于 Dijkstra's 算法搜索最短路 $A^1=1-Q_2^1-Q_3^1-\cdots-Q_{N_1-1}^1-N$

 储存 A^1 到 A 集合

 $k=1$;

 $Num=N_k$;

 While $k\geqslant K$;

 begin

    $k=k+1$

    for each $t=1,2,3,\cdots,(N_{k-1}-1)$ do

    · 检查由 A^{k-1} 的前 t 个节点组成的子路径是否为 $A^j(j=1,2,\cdots,k-1)$ 的子路径,

    如果是,令 $d_{tq}=\infty$,q 为 A_j 的第 $t+1$ 个节点;否则无变化。

    · 应用 Dijkstra's 算法搜索从第 t 个节点 Q_t 到 N 的最短路。1 到 Q_t 的路径为 R_i^k,Q_t 到 N 的路径为 S_i^k。

    · 组合 R_i^k 与 S_i^k 作为 A_i^k 添加到集合 B。

    搜索集合 B 中的最短路径,从 B 中移除并加入到集合 A,保留集合 B 中的其他元素;

 end

end

图 7-3 Yen 的 k-最短路算法的伪码描述

7.3.2 基于 Probit 的公交客流分配方法

1. 乘客路径集

在讨论公交分配方法之前,这里首先引入三个不同的关于乘客出行的公交路径集的概念,以便于更好地描述具体的公交分配过程。这三个集合分别是:乘客初始路径集 TR_w^{ms},$w \in W$,乘客考虑路径集 TR'_w,$w \in W$,以及乘客可选路径集 $\overline{TR}_w$,$w \in W$,且 $TR_w^{ms} \supset TR'_w \supset \overline{TR}_w$,$w \in W$。这三个概念主要是从规划者角度出发,基于公交线网设计过程中的决策问题而产生的。类似于 Bovy 和 Fiorenzo-Catalano(2007)[234]中的全集、主集和选择集的概念。

对于任一 O - D 对 $w \in W$,乘客初始路径集 TR_w^{ms} 为所有的可获取的乘客路径(包括直达路径和 1 次换乘路径)的集合。由于每人每次出行过程中可以容忍的换乘次数不超过 2 次,以尽量满足提供乘客公交出行的直达路径和 1 次换乘路径为目标,若没有直达路径或者 1 次换乘路径,该 O - D 对的出行被认为是不被满足的。基于候选公交线路集,采用带有约束的枚举法生成初始路径集。具体过程如下:

对于给定的 O - D 对 $w(i,j) \in W$,RS_i 表示经过起点 i 的公交线路的集合,RS_j 表示经过终点 j 的公交线路的集合,$\varnothing$ 为空集。若 $RS_i \bigcap RS_j \neq \varnothing$,说明存在公交线路既经过起点 i 又经过终点 j,有直达路径连接。若 $RS_i \bigcap RS_j = \varnothing$,则没有直达路径连接该 O - D 对。令 NLR_{it} 表示经过起点 i 的线路 l_t 的节点集,$l_t \in RS_i$;$NLR_{jt'}$ 表示经过终点 j 的线路 $l_{t'}$ 的节点集,$l_{t'} \in RS_j$。若 $NLR_{it} \bigcap NLR_{jt'} \neq \varnothing$,则存在可能的 1 次换乘路径方案,使用公交线路 l_t 和 $l_{t'}$。例如,当 $NLR_{it} \bigcap NLR_{jt'} = \{trn_1, trn_2, \cdots, trn_m\}$ 时,存在 m 种可能的 1 次换乘路径方案。

乘客考虑路径集为乘客初始路径集的子集。筛选乘客初始路径集合中的路径方案,检验是否超过最大允许绕行、是否超过最大允许重叠、经过路段的顺序是否合理等[234]。经过筛选后的路径存储在乘客考虑路径集 TR'_w 中。

乘客可选路径集 $\overline{TR}_w$ 为乘客考虑路径集的子集,它包含了规划者从乘客考虑路径集合中选出的、用于构建备选公交线网的乘客路径。乘客可选路径集合中的路径需满足关于运行时间可靠性的约束条件(7-13)。

由于乘客可能会对自己的出行设定各种限制条件或者要求,并不总是会将所有的可行路径纳入到他们的可选路径集合中。只有那些满足了他们的要求或者条件的线路才被认为是可选的,因此,可选路径集的规模,即可选路径集中的路径的个数,通常非常小,不超过 5[235]。乘客可选路径集主要用于生成备选公交线网,即公交线网的供给分析,它的规模是可变的,取决于规划者或者决策者,使得规划者能够控制生成的公交线网的特征,使其更加符合自己的期望。例如,对于任一O-D对 $w(i,j) \in W$,可以从考虑路径集中随机选取3条乘客路径作为可选路径集,这就意味着,公交线网设计时,规划者倾向于使得最终得到的公交线网能够为该O-D对的出行提供3条乘客路径。当可选路径集确定时,备选公交线网也就相应地确定了。例如,如表7-1所示,假设只有三个O-D对,候选线路集中有10条公交线路,每个O-D对分别有3条可选路径,可以看到,此时的备选公交线网由公交线路2、4、5、8构成。

表7-1 由可选路径集得到备选公交线网的示例

	可选路径1经过的公交线路	可选路径2经过的公交线路	可选路径3经过的公交线路
O-D对1	线路5	线路8	线路4、线路2
O-D对2	线路8	线路2	线路8、线路4
O-D对3	线路4	线路5、线路2	线路8、线路5

2. 公交客流分配方法

出行者在网络上的路径选择和分配是估计(预测)网络上路段客流量需求的前提,而路径选择建模是任何分配算法的基础。公交客流分配是将给定的公交O-D需求按照一定的规则分配到公交线网中的各条乘客路径上,从而获得每一条公交线路上的路段流量状况,并对约束条件(7-9)~(7-12)进行检验。所提出的公交客流分配方法主要基于如下假设:

(1) 公交出行成本包括三部分:车内行驶时间、等待时间和换乘惩罚(换乘惩罚可用等量的车内行驶时间进行换算表达);

(2) 客流分配之前,每一个O-D对之间的路径选择方案集是已知的,即可选路径集 $\overline{TR_w}$ 中的乘客路径方案。假设乘客根据经验对每条线路的特性都很熟悉,出行者对公交线网以及路段运行时间的分布比较了解,实际的路径选择方案集假设与可选路径集合中的方案是一致的;

(3) 不考虑公交线网的拥挤效应。

假设 W 中共有 M 个O-D对,将这 M 个O-D对按需求大小从高到低依次进行排序,客流分配过程针对每一个O-D对分别单独进行。考虑到仅有一部分乘客以出行成本最小为原则选择出行路径,而另一部分乘客可能以便捷为原则选择出行路径,尽可能不换乘。因此,这里将每一个O-D对的公交需求分为两类: A 类和 B 类。

A 类以换乘次数作为最重要的路径选择标准。对于这类型的出行者,可采用Han 和 Wilson(1982)[236]的"顺序"策略,即以换乘规避或者最小化作为乘客公交出行路径的选择原则。对于 O-D 对 $w \in W$ 中的 A 类型乘客,首先检查可选路径集 $\overline{TR}_w$ 中是否存在直达乘客路径,若存在,则将 A 类型的乘客需求分配在这些直达路径上;若没有,则只能分配在 1 次换乘路径上。如果以上两步中存在不止一条直达路径或者不止一条 1 次换乘路径,即存在竞争乘客路径时,A 类型乘客的需求则基于随机出行成本,在这些竞争路径之间进行分配。

连接第 m 个 O-D 对 $(m = 1, 2, \cdots, M)$ 的直达路径的随机出行成本记为 $TC_{tr(0)}^{mth}$,它是公交出行者乘坐公交线路 l_s 从起点 O 到终点 D 的运行时间,即

$$TC_{tr(0)}^{mth} = \sum_{a \in tr(0)} (t_a + \varepsilon_a) + TW_s \qquad (7\text{-}14)$$

式中:TW_s——起点处乘客的等待时间,取为发车间隔的一半,$TW_s = \dfrac{1}{2f_s}$;

f_s——公交线路 l_s 的发车频率;

t_a——该直达路径所经过的路段 a 上的平均运行时间;

ε_a——路段 a 上的运行时间的随机部分,取自分布 $P^a(0; \sigma^a)$。

$tr(1)$ 表示连接第 m 个 O-D 对 $(m = 1, 2, \cdots, M)$ 的 1 次换乘路径,出行者在起点 O 处乘坐公交线路 l_t 至换乘节点 trn_1,然后转乘公交线路 $l_{t'}$ 至终点 D。则该 1 次换乘路径的出行成本为:

$$TC_{tr(1)}^{mth} = \sum_{a' \in tr(1)} (t_{a'} + \varepsilon_{a'}) + TW_{tr(1),t} + TW_{tr(1),t'} + TP_{tr(1),t,t'} \qquad (7\text{-}15)$$

式中:$t_{a'}$——$tr(1)$ 所经过的路段 a' 上的平均运行时间;

$\varepsilon_{a'}$——路段 a' 上的运行时间的随机部分,取自分布 $P^{a'}(0; \sigma^{a'})$;

$TW_{tr(1),t}$——在出行起点 O 处等待公交线路 l_t 的时间,$TW_{tr(1),t} = \dfrac{1}{2f_t}$;

f_t——公交线路 l_t 的发车频率;

$TW_{tr(1),t'}$——在换乘节点处等待公交线路 $l_{t'}$ 的时间,$TW_{tr(1),t'} = \dfrac{1}{2f_{t'}}$;

$TP_{tr(1),t,t'}$——换乘惩罚。

基于 Probit 选择模型原理[237],结合蒙特卡罗法计算各竞争路径之间的选择概率。首先,根据每一条路段的运行时间服从的分布,利用蒙特卡罗法产生一组各路段的随机运行时间,根据(7-14)或(7-15)计算各竞争路径的出行成本,记录下出行成本最小的乘客路径。该过程重复 X 次,用 X_{tr} 表示路径 tr 被记录(出行成本最小)的次数,则路径 tr 被选择的概率为

$$P_{tr} \cong \frac{X_{tr}}{X} \qquad (7\text{-}16)$$

当 $X \rightarrow \infty$ 时，$P_{tr} = \dfrac{X_{tr}}{X}$。

乘客路径 tr 上的客流则为第 m 个 O-D 对中的 A 类型公交需求乘以选择概率 P_{tr}；公交线路 l 上的客流量则为所有使用公交线路 l 的乘客路径上的客流量之和。

B 类型的乘客以随机出行成本作为最重要的路径选择标准，他们基于可选路径集中的所有直达路径和 1 次换乘路径的出行成本做决策。直达路径的出行成本的计算公式如式(7-14)，1 次换乘路径的出行成本的计算公式如式(7-15)。类似于 A 类型乘客客流分配中关于各竞争路径的选择概率的计算方法，同样可以采用蒙特卡罗法计算可选路径集 $\overline{TR_w}$ 中各条路径的选择概率。

7.3.3 基于模拟退火算法的公交线网设计

1. 模拟退火算法简介

模拟退火(Simulated Annealing，简称 SA)是一种通用概率算法，用来在一个大的搜寻空间内找寻命题的最优解。它源于对热力学中退火过程的模拟，在某一给定初温下，通过缓慢下降温度参数，结合概率突跳特性在解空间中随机寻找最优解。其原理也和金属退火的原理近似，将热力学的理论套用到统计学上，将搜寻空间内每一点想象成空气内的分子；分子的能量，就是它本身的动能；而搜寻空间内的每一点，也像空气分子一样带有"能量"，以表示该点对命题的合适程度。算法先以搜寻空间内一个任意点作起始：每一步先选择一个"邻居"，然后再计算从现有位置到达"邻居"的概率。模拟退火算法可以分解为解空间、目标函数和初始解三部分。基本思想如下(该部分的符号仅适用于本小节)：

(1) 初始化：初始温度 T(充分大)，初始解状态 S(是算法迭代的起点)，每个 T 值的迭代次数 L。

(2) 对 $k = 1, \cdots, L$ 做第(3)至第(6)步。

(3) 产生新解 S'。

(4) 计算增量 $\Delta t' = C(S') - C(S)$，其中 $C(S)$ 为评价函数。

(5) 若 $\Delta t' > 0$，则接受 S' 作为新的当前解，否则以概率 $\exp(\Delta t'/T)$ 接受 S' 作为新的当前解。

(6) 如果满足终止条件，则输出当前解作为最优解，结束程序。终止条件通常取为连续若干个新解都没有被接受时终止算法。

模拟退火算法与初始值无关，算法求得的解与初始解状态 S 无关，具有渐近收敛性，被证明是一种以概率 1 收敛于全局最优解的全局优化算法。

2. 基于模拟退火算法的公交线网设计

基于模拟退火算法,求解本章提出的公交线网设计问题的计算步骤如下:

Part1:生成乘客考虑路径集

Step0:(初始化)

对每一个 O-D 对 $w \in W$,采用 7.3.2 节中关于乘客初始路径集的算法,生成对应的乘客初始路径集 TR_w^{ms}。

Step1:(取样)

Step1.1 对乘客初始路径集合中的每一条乘客路径 $tr \in TR_w^{ms}, w \in W$,令 $n = 1$,以及选择次数 $\beta_{tr} = 0$。

Step1.2 根据正态分布 $T_a^{(n)} \sim N(t_a, \beta t_a^0), a \in A$,生成一组路段运行时间随机数序列 $T_a^{(n)}, a \in A$。

Step1.3 对每一个 O-D 对 $w \in W$,计算乘客初始路径集 TR_w^{ms} 中每一条乘客路径的运行时间,记下运行时间最短的路径。若路径 tr 被选为最短,则

$$\beta_{tr} = \beta_{tr} + 1 \tag{7-17}$$

Step1.4 若 $n > \bar{n}$,则转至 Step2;否则,令 $n = n + 1$,并转至 Step1.2。$\bar{n}$ 为设置的模拟次数的上界。

Step2:对每一个 O-D 对 $w \in W$,按照乘客初始路径集 TR_w^{ms} 中各路径的 β_{tr} 值进行排序,选择 β_{tr} 最高的前 10 条,存储到乘客考虑路径集 $TR'_w, w \in W$ 中。

Part2:模拟退火过程

Step0:(初始化)

令 $m = 1$,并定义初始温度 $\bar{T}^{(1)}$。基于乘客考虑路径集 $TR'_w, w \in W$,从中随机选取 3 条乘客路径,记入乘客可选路径集 $\overline{TR}_w^{(1)}, w \in W$ 中。这 3 条乘客路径应满足运行时间可靠性约束条件(7-13)。所有 O-D 对的乘客可选路径集,应符合需求满足比例约束(7-7)和(7-8)。

Step1:(客流分配)

基于乘客可选路径集 $\overline{TR}_w^{(1)}, w \in W$,按照 7.3.2 节中的客流分配方法进行客流分配,计算得到公交线路 l 上的客流量,从而计算出公交线路 l 的发车频率:

$$f_l^{(1)} = \left[\frac{Q_l^{(1)}}{(LF_l)_{\max} \cdot C_l} \right] \tag{7-18}$$

$f_l^{(1)}$ 可用于计算对应于此次乘客可选路径集 $\overline{TR}_w^{(1)}, w \in W$ 的目标函数(见式(7-6)),记为 $Z^{(1)}$。

Step2：（收敛检验）

若温度 $\overline{T}^{(m)} < \overline{T}_{\min}$，则停止并输出结果，$\overline{T}_{\min}$ 为设定的温度的下限值。否则，

$$\overline{T}^{(m+1)} = \eta \overline{T}^{(m)} \qquad (7-19)$$

式中：η——任一小于 1 的正数，$0 < \eta < 1$，用于控制算法的迭代次数。

令 $m = m + 1$，继续 Step3。

Step3：（新解）

基于乘客考虑路径集 $TR'_w, w \in W$，随机生成乘客可选路径集 $\overline{TR}^{(m)}_w, w \in W$，进行公交客流分配，计算得 $\overline{f}^{(m)}_l$ 和 $\overline{Z}^{(m)}$。

Step4：（新解）

随机生成一个服从均匀分布 $\gamma \in (0,1)$ 的随机数。

若 $\overline{Z}^{(m)} < Z^{(m-1)}$ 或者 $\gamma < \exp\left(\dfrac{Z^{(m-1)} - \overline{Z}^{(m)}}{\overline{T}^{(m)}}\right)$，则 $Z^{(m)} = \overline{Z}^{(m)}, f^{(m)}_l = \overline{f}^{(m)}_l$；否则，$Z^{(m)} = Z^{(m-1)}, f^{(m)}_l = f^{(m-1)}_l$。转向 Step2。

需要注意的是，在 Part 1 中的 Step2，对于一些 O-D 对，乘客初始路径集 TR^{ms}_w 中，可能仅有部分乘客路径（条数小于 10）的 β_{tr} 为正数（大于 0），而其余乘客路径的 β_{tr} 为 0。这种情况下，只有 $\beta_{tr} > 0$ 的乘客路径被计入乘客考虑路径集 TR'_w 中。

7.3.4　候选线路集的优化

经过公交客流分配（Part 2 中的 Step1）后，挑选出客流量 Q_l 大于 0 的公交线路，并检验这些线路的发车频率是否满足约束条件（7-9）。小于约束条件（7-9）中的发车频率下限值的公交线路将被从候选线路集中删除，生成新的候选线路集（Part 2 中的 Step3）。针对新的候选线路集，进行公交客流分配，如此循环，直到最终的目标函数无法再改进为止（Part 2 中的 Step2）。

因此，基于 k-最短路算法生成的候选线路，公交线网设计问题成为一个从候选线路集合中过滤或删除"不令人满意"的公交线路的决策过程。而在删除某一公交线路时，可能会遇到的问题是：这条公交线路对于某个或某些 O-D 对而言，是"必需"的。这种情况下，这条公交线路需要保留，即使它不满足约束条件（7-9）。下面用一个例子进行具体阐述。

示例：如图 7-4 和表 7-2 所示，有两个 O-D 对，将在包含了 3 条候选公交线路的线网上进行分配，这 3 条线路分别编号为 1W、2W 和 3W。

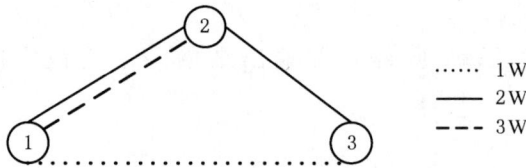

图 7-4 由 3 条公交线路构成的线网

表 7-2 示例的公交 O-D 需求

O-D对	1	2
O点	1	2
D点	3	3
需求量(人/h)	500	60

对于 O-D 对 1,有三条可选乘客路径:路径 1-1(直接使用 1W)、路径 1-2(直接使用 2W)、路径 1-3(先使用 3W,然后换乘 2W)。假设经过第一轮公交客流分配后,结果为:350 个乘客选择路径 1-1,100 个乘客选择路径 1-2,50 个乘客选择路径 1-3。对于 O-D 对 2,有两条可选乘客路径:路径 2-1(直接使用 2W)、路径 2-2(先使用 3W,然后换乘 1W)。假设 50 个乘客选择了路径 2-1,10 个乘客选择了路径 2-2。各条线路的客流量结果如下所示:

$$Q_1 = 350 + 10 = 360; Q_2 = 100 + 50 + 50 = 200; Q_3 = 100 + 10 = 110$$

若公交车额载人数为 55,满载率为 0.90,计算得每一条公交线路的发车频率为:

$$f_1 = 7.2; f_2 = 4; f_3 = 2.2$$

以 4 作为发车频率的下限值,3W 的发车频率小于 4,不满足约束条件,故从候选线路集合中删除 3W,进行公交客流分配。这时,O-D 对 1 只剩下两条可选乘客路径:路径 1-1(直接使用 1W)和路径 1-2(直接使用 2W);O-D 对 2 只剩下一条可选乘客路径 2-1。此次公交客流分配的结果假设为:410 个乘客选择路径 1-1,90 个乘客选择路径 1-2;O-D 对 2 的 60 个乘客都分配在路径 2-1 上。各条线路的客流量计算结果为:

$$Q_1 = 350 + 60 = 410; Q_2 = 90 + 60 = 150$$

若公交车额载人数为 55,满载率为 0.90,计算得 1W 和 2W 的发车频率为:

$$f_1 = 8.2; f_2 = 3$$

可以看到,此时 2W 的发车频率不满足约束条件。然而,若此时删除 2W,O-D 对 2 将没有可选乘客路径,2W 需要保留在线路候选集合中。

这种非单调递增的现象在公交线网设计过程中可能会出现,对应的这类线路称为"必需"线路,当删除这类线路时,其他线路上的客流量没有增加,反而发生了减少。

7.4 实例分析

瑞士的道路网被称为 Mandl 参照[87,89,97,238]。为便于比较分析,本节将该书提出的模型和求解算法应用到瑞士的道路网中进行算例验证。如图 7-5 所示,该网络有 15 个节点,21 条路段。O-D 对的个数为 888,每天的公交总需求为 15 570 人。各路段的运行时间假设为独立并同服从正态分布。Mandl(1979)[78] 在他的论文中提供了每一条路段上的平均运行时间以及每一个 O-D 对的公交需求,如表 7-3 和表 7-4 所示。每一条路段上的随机运行时间的方差假设为均值的 10%,高峰期间的 O-D 需求假设为日需求的 30%。每一条路段的长度见图 7-5 上的数值所示(长度单位为:km)。

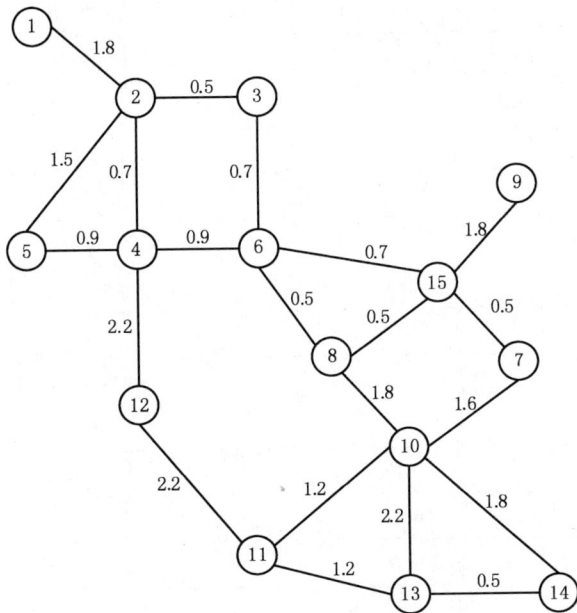

图 7-5 瑞士道路网[78]

表 7-3　公交 O-D 需求

O-D 对	公交需求（人/日）	O-D 对	公交需求（人/日）	O-D 对	公交需求（人/日）
1-2	400	3-9	15	6-12	15
1-3	200	3-10	45	6-13	15
1-4	60	3-11	20	6-14	10
1-5	80	3-12	10	7-8	50
1-6	150	3-13	10	7-9	15
1-7	75	3-14	5	7-10	440
1-8	75	4-5	50	7-11	35
1-9	30	4-6	100	7-12	10
1-10	160	4-7	50	7-13	10
1-11	30	4-8	50	7-14	5
1-12	25	4-9	15	8-9	15
1-13	35	4-10	240	8-10	440
2-3	50	4-11	40	8-11	35
2-4	120	4-12	25	8-12	10
2-5	20	4-13	10	8-13	10
2-6	180	4-14	5	8-14	5
2-7	90	5-6	50	9-10	140
2-8	90	5-7	25	9-11	20
2-9	15	5-8	25	9-12	5
2-10	130	5-9	10	10-11	600
2-11	20	5-10	120	10-12	250
2-12	10	5-11	20	10-13	500
2-13	10	5-12	15	10-14	200
2-14	5	5-13	5	11-12	75
3-4	40	6-7	100	11-13	95
3-5	60	6-8	100	11-14	15
3-6	180	6-9	30	12-13	70
3-7	90	6-10	880	13-14	45
3-8	90	6-11	60		

表7-4　路段长度及运行时间分布

路段	运行时间		长度(km)	路段	运行时间		长度(km)
	均值(s)	标准差(s)			均值(s)	标准差(s)	
1-2	480	7	1.8	8-15	120	2	0.5
2-3	120	2	0.5	15-7	120	2	0.5
2-5	360	6	1.5	8-10	480	7	1.8
2-4	180	4	0.7	10-7	420	6	1.6
4-6	240	5	0.9	10-11	300	5	1.2
3-6	180	4	0.7	10-13	600	8	2.2
6-15	180	4	0.7	10-14	480	7	1.8
15-9	480	7	1.8	11-12	600	8	2.2
5-4	240	5	0.9	11-13	300	5	1.2
4-12	600	8	2.2	13-14	120	2	0.5
6-8	120	2	0.5				

7.4.1　参数设置

可行性约束条件中的最小线路长度和最大线路长度分别为 4 km 和 8 km,发车频率的下限和上限分别为 4 和 15。需求满足比例约束中,直达路径出行的公交需求不小于 60%,直达和 1 次换乘路径出行的公交需求不小于 90%。公交车辆的额载人数为 55 人,满载率为 0.90。权重 λ 设为 0.2,每次换乘的惩罚换算为运行时间 5 min,单位运营成本为 1 $/车/h。

7.4.2　计算结果和分析

令 $k = 10$,通过修正的 k-最短路算法生成 443 条满足线路长度约束的路径,经过线路可行性约束检验后,选取出 21 条路径存储在候选公交线路集中,对这 21 条候选公交线路从 1 至 21 依次进行编号。如表 7-5 所示。

表7-5　候选公交线路集

线路编号	经过的节点序列	线路编号	经过的节点序列
1	1-2-5-4-6-3	5	10-8-6-4-12-11
2	3-2-4-12-11-10	6	10-14-13-11-12
3	7-15-8-6-4-12-11-10	7	10-8-15-6-3-2-4-12
4	8-6-3-2-4-12-11-10	8	1-2-5-4-6-8-15-9

线路编号	经过的节点序列	线路编号	经过的节点序列
9	1-2-4-6-8-10-14-13	16	5-4-2-3-6-8-10-13
10	1-2-4-6-15-7-10-14	17	5-4-6-8-10-7-15-9
11	5-2-3-6-15-7-10-8	18	9-15-8-10-14-13-11
12	5-4-6-15-7-10-11-12	19	1-2-3-6-15-7-10-13
13	2-4-12-11-13-14	20	1-2-3-6-8-10-11-13
14	3-6-8-15-7-10-13-14	21	4-5-2-3-6-8-10
15	7-15-8-6-3-2-5-4-12		

设可选路径集的乘客路径条数为 3,乘客全部假设为 B 类型,以随机出行成本作为出行路径选择标准。第一轮计算过程中,所有 O-D 对的乘客初始路径集和考虑路径集的生成时间为 0.21 s;公交分配花费时间为 34.4 s。计算结果发现公交线路 4、7、12 不满足发车频率约束条件,从候选公交线路集中删除。第二轮的公交分配在剩余的 18 条候选公交线路上进行,并继续删除不满足发车频率约束的线路。此时,发现线路的发车频率不可行,然而它的删除使得一些 O-D 对间没有公交线路通过,公交线路 2“必需”保留。

如表 7-6 所示,在第四轮筛选中,根据公交客流分配结果,仅有 8 条公交线路满足发车频率约束条件,对应的总运营成本(目标函数)为 221 863.7。这时,尝试继续按照公交线路被可选乘客路径使用的次数,从 8 条线路构成的候选线路集合中删除使用次数最少的 2 条线路(8 和 9),对剩余的 6 条公交线路进行公交客流分配,最小的总运营成本(目标函数)为 185 325.4,如表 7-7 和图 7-6 所示。而在对 6 条公交线路按照被可选乘客路径使用次数尝试继续删除线路时发现,一些 O-D 对将会没有公交出行路径。因此,计算结束。

表 7-6　对 21 条候选线路的筛选过程

筛选过程	该轮次中删除的线路
第 1 轮	4, 12
第 2 轮	1, 3, 5, 11, 13
第 3* 轮	6, 18
第 4 轮	8, 9

注: * 表明在第三轮筛选过程中,发现线路 2 是“必需”线路。

表 7-7 最优线网中的公交线路

线路编号	发车频率	线路长度(km)	线路的节点序列
2	5	6.8	3-2-4-12-11-10
10	9	8.0	1-2-4-6-15-7-10-14
14	4	6.5	3-6-8-15-7-10-13-14
15	4	7.3	7-15-8-6-3-2-5-4-12
17	10	8.0	5-4-6-8-10-7-15-9
20	4	7.7	1-2-3-6-8-10-11-13

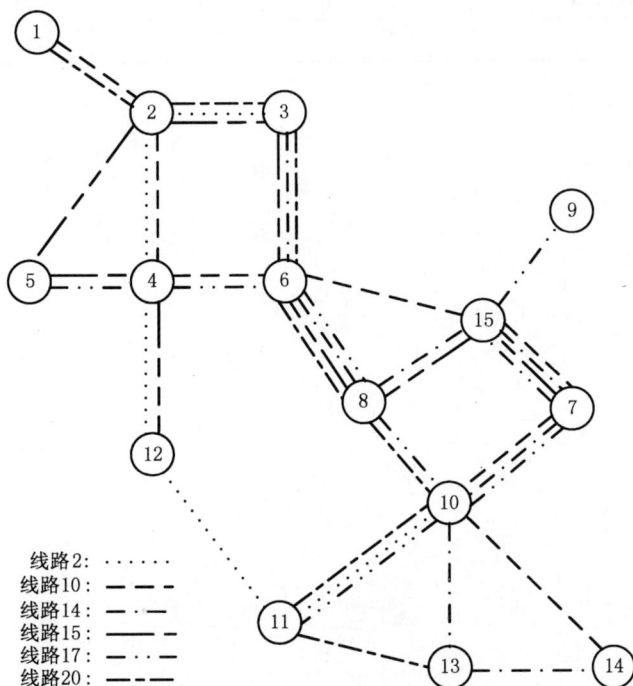

线路2: ......
线路10: ━ ━ ━
线路14: ━ · ━ · ━
线路15: ─────
线路17: ━ ━ ━
线路20: ━ ·· ━ ··

图 7-6 含 6 条公交线路的最优线网

表 7-8 将计算结果与其他文献中的计算结果进行了比较,该模型使得尽可能多的乘客享受直达和 1 次换乘公交服务,并提高了单位长度公交线路的运输能力,有效、充分地利用了车辆和线路资源,使得 55% 的车公里数集中在两条高频率公交线路(车头时距小于 10 min)上,见表 7-7。

表 7-8　与其他文献中的计算结果比较

	线路条数	需求满足比例(%)		
		直达(0 换乘)	1 次换乘	2 次换乘
Mandl(1980)[78]	4	69.94	29.93	0.13
Baaj and Mahmassani(1991)[87]	6	78.61	21.39	0.0
Baaj and Mahmassani(1991)[87]	7	80.99	19.01	0.0
Kidwai(1998)[238]	6	77.92	19.62	2.4
Chakroborty and Wivedi(2002)[94]	6	86.04	13.96	0.0
Chakroborty and Wivedi(2002)[94]	7	89.15	10.85	0.0
Bagloee and Ceder(2011)[89]	12	83.66	15.21	0.95
本书中的算法	6	89.93	10.07	0.0

第8章

公交线路计划时刻表设计

首先明确公交线路计划时刻表分类、设计依据、设计基本方法等相关问题；发车间隔的确定是公交线路时刻表设计的关键问题，围绕该关键问题，介绍时段划分技术、发车间隔确定的几种基本方法，重点介绍考虑满意度优化目标的发车间隔优化建模；构建基于时间控制点的公交线路计划时刻表设计模型，并给出相应算法与实例分析。

8.1 公交线路计划时刻表设计相关问题

公交线路计划时刻表是公交运营计划的重要组成部分。运营计划由行车时刻表、配车计划和劳动配班计划共同组成，其中配车计划和劳动配班计划需要依据行车时刻表进行派车和派人来完成行车时刻表的运营任务。行车时刻表是计划调度的基本形式，依据运营生产特点、客流波动特征、服务水平要求，确定各时段的发车频率和调度方法，用以组织和指导公交车辆运营生产的全过程。

1. 时刻表分类

行车时刻表有多种分类方法：(1)按控制站点数可分为单站点时刻表、双站点时刻表和多站点行车时刻表，即分别是首站时刻表、首末站时刻表和中途站时刻表；(2)按发车间隔可分为等间隔和不等间隔行车时刻表；(3)按线路数可分为单线和多线优化的行车时刻表；(4)按时段可分为全天时刻表、高低峰时刻表和平峰时刻表；(5)按日期可分为工作日时刻表和非工作日时刻表；还可按季节、公交线路性质等方面进行不同的分类。

按控制站点数分类的时刻表中，首末站行车时刻表是行车时刻表的主体，它确定了在某首末站始发(或停发)的所有公交车辆的发车时刻、到站时刻、停留时间、发车间隔、发车类型以及调度方案等。依据线路首末站行车时刻表，可以推算出相应的车辆进出场行车时刻表、中途站行车时刻表。进出场时刻可以依据首末站行车时刻表中每个班次(车辆)的始发时刻、最后一次的车辆到站时刻以及停车场位置等资料为依据推算得到。中途站点行车时刻表是依据首末站行车时刻表中各班次车辆在首末站的发车时刻,并按照中途区段行驶时间,一起推算出每班车从首站(或末站)发车至中途调度站的计划行驶时间,并以时刻和发车的班次顺序进行填写的行车时刻表。中途站行车时刻表一般由中途站点调度员使用,用于统计本线路各车组的运营正点和班次完成情况。

日常的实际调度过程中,由于公交车辆的运行过程受到道路情况、客流量情况、交叉口、信号灯等诸多因素的影响,车辆到达各个中途站点的时间是难以控制的,因此基础时刻表的编制,只考虑首末站的时间控制。由于单程运行时间所引起的误差可以通过调整停站时间来减小甚至消除,因此首末站行车时刻表应用得极为广泛,而对于中途站行车时刻表则不去涉及。在首末站行车时刻表中,由于车辆运行过程中受到各种因素的影响,到站和发出车辆的单程运行时间难以准确进行预测,所以在发车时刻可以精确控制的情况下,实际的到站时刻仍然是变化的。行车准点率也由此演变为发车准点率,但是预先设定较大的停站时间,大大地增加了公交车辆的空置时间,不利于提高公交车辆的有效利用率和缩减公交运营成本。北京、上海、广州等城市建立了智能化公交系统,调度中心能够对公交运行的实时情况进行数据采集并实施实时调整,但是在基础时刻表设计的过程中,仍然采用的是人工调查的方法,即仍然使用首末站行车时刻表作为线路的主要行车时刻表。如何在智能化公交系统的支持下,利用采集到的实时数据,对线路中途各停靠站点的车辆到站时刻进行控制,并将其纳入到基础时刻表的编制内容中去,实现将中途站行车时刻表作为公交时刻表的主要形式。

2. 时刻表设计依据

行车时刻表设计的关键是需全面掌握客流的波动规律。依据客流在时间、断面、方向的不均衡规律,确定各时段的发车频率和调度方法,以满足乘客乘车的需求;也应考虑行业规定的服务指标和企业的运输能力,综合体现社会效益和经济效益。在不同的城市,公交公司所使用的公交行车计划与时刻表设计方法也不尽相同,然而,时刻表设计所遵循的原则、基本步骤大体相同,其设计依据主要有以下两类:

(1) 公交客流数据

主要是指根据线路在运营时段内的公交客流出行规律,高峰小时最大断面流量,换乘客流数据等;明确正在执行中的行车时刻表在编制上与客流规律不相吻合的问题,进而提出拟改进和采取的调度措施。

(2) 运营指标数据

主要包括满载率,营运时间,车辆运载能力,停站时间,以及最大和最小的发车间隔、配车数、发车次数等等。

客流数据反映了客流的需要,运营指标控制数则是公交企业应达到的供应能力。客流时间不均衡规律决定了行车时刻表各时组的配车数和车次,断面不均衡规律和方向不均衡规律决定了行车调度方法。满足客流规律与运营指标综合平衡时,才能确定较好的行车调度方法和行车时刻表。

3. 时刻表设计基本方法

公交行车时刻表的编制,重点在确定发车间隔。在给定首个班次的发车时间之后,依据发车间隔可以依次确定后续所有班次的发车时间,即可形成行车时刻表。时刻表设计方法有以下几种:

(1)图解法

将乘客需求数据绘制成乘客累积需求与时间之间的关系图,依照营运者所设定的系统目标选取适当的轴距,在图上绘出相应的车辆发车时间。

(2)基于数据统计的方法

在给定最大最小发车间隔基础上,通过统计某站点车辆载客数据和统计整条线路上车辆载客数据来确定发车频率。

(3)数学规划法

依据时刻表设计的影响因素(如企业运营成本、乘客需求、最大最小发车间隔等)之间的关系构建数学模型,在给定的目标和约束条件下,利用各种优化算法或启发式算法求解优化问题。

(4)系统仿真方法

依据乘客到达率、站间行驶速度、旅客上下车人数分布等影响时刻表设计的因素建立概率分布模型和分布函数,进而依据收集数据求出参数。

大多数城市在公交调度过程中仍采用传统的凭借编制人员经验和公司一般规定而制定的运营调度模式。调度人员难以了解道路、客流量、车辆运行的实时情况,只能凭借以往大致数据进行编制。一般一条固定公交线路每年有十多套行车计划,以适应不同季节、工作日和节假日的客流变化需求;遇重大活动或事故,必须提前调整行车计划。手工编制时刻表是一项繁杂的工作,须由非常熟悉线路情况的调度员来完成,而即使经验丰富的调度员也难免存在判断偏差,因此为了降低工作量、确保方案的可靠性,必须对时刻表进行智能化设计。计算机编制时刻表、制定临时调度方案,可以部分取代手工劳动和现场指挥,从而节省大量的人力、物力,并尽可能减少人为因素的不利干扰,使得行车调度更加规范化、合理化。但智能调度并不能完全不需要人的参与,好的调度方案是人机结合的产物,理论加经验的结果才能更好地解决生产中的实际问题。

本章重点研究如何确定较为理想的发车频率和发车间隔、构建基于时间控制点的公交线路计划时刻表设计模型,研究公交线路计划时刻表的设计。

8.2　发车间隔确定方法

8.2.1　时段划分技术

传统的调度方法中,调度员依据经验掌握的客流信息,将客流在时间上划分为若干峰值区间,有早高峰、中高峰、晚高峰、平峰等。平峰是指相邻两个高峰之间客流较小且平稳的时段。有关时段划分方法和技术研究大体可分为以下三类:

(1)经验划分技术

公交发展早期,在客流数据难以获取的条件下,形成了经验划分方法。主要依据调度员的经验,判断公交客流的高峰时段,进而依据高峰时段确定平峰时段。经验划分的时段主要有:早高峰→上平峰→中高峰→下平峰→晚高峰→晚平峰。早高峰通常是指上午上班、上学的高峰,中高峰是指中午上下班、上下学的高峰,而晚高峰是指下午下班、放学的高峰;平峰是指两个高峰时段之间的客流平稳期。这种划分方法的精度不高,要求调度员能较为准确地掌握客流信息并判断高峰时段的起终点。在当前的客流调查频率低、客流信息更新慢的条件下,经验划分法仍然是重要的实际应用方法。但通过人工调查数据或经验确定时段划分的方法显然难以满足公交智能化调度的要求。

(2)聚类分析时段划分方法

时段划分是合并客流特征相似的相邻时段,从而得到不同的划分区间。这一过程可以看做有序样品的分类聚类问题,常用的有序样品的聚类分析方法是费歇算法。在公交客流时段划分中,以公交客流的峰值曲线为基础,以各个时段的客流峰值为特征进行时段划分。聚类分析的时段划分方法通常需依据不同的线路划分不同的时段结构,工作量较大,但时段划分的精度较高,能更好地反映客流信息的时段特征。

(3)统计抽样分析方法

统计抽样分析方法是在对线路的关键站点进行抽样调查的基础上,通过预测估计来划分线路的时段。传统的经验划分方法中,调度员先划分客流分布类型,然后将客流分布规律相近、运营地域相邻、规模相近的线路归类在一起,制定相同的运营计划。考虑到传统方法更新速度的不足,统计抽样法通过对关键站点的抽样调查,掌握站点的时段分布特征;然后通过预测估计来判断未来的线路客流分布,并最终完成时段划分。这种方法的特点是调查工作量小,适合不能及时更新公交客流信息的线路,但相对聚类分析法其精度较低。

时段划分是公交系统资源配置和公交调度的基础,不同的时段有不同调度策略。因此划分的时段需具备以下要求:

（1）相同时段内客流特征类似

依据客流时间分布特征,时段划分应保证时段内客流的时空分布特征差别不大,以便配置相同的公交资源,采用相同的调度方案。

（2）时段划分个数不宜过多

通常不能多于统计时段(统计时段一般不大于半小时)数目的一半;也不能太少,至少需要反映早中晚高峰及平峰时段,即大于等于 5 个时段。在保证反映客流大致走向的前提下,使得时段客流集中平稳,尽量减少由于客流变化造成的运力浪费。

公交调度人员在制定线路运力配置计划时,大多依据客流量的时间分布曲线,即客流时段的"时间相似性",很少考虑公交客流空间分布特征对客流时段"相似性"、时段划分的影响。客流的空间分布曲线反映客流在空间上的分布情况,不同的时段,客流的空间分布曲线有所不同。客流的空间分布特征直接影响到线路的平均满载率,对线路的运营效率有着重要影响。因此公交客流的时段特征不仅存在"时间相似性",也存在"空间相似性"。因此,建议以线路断面客流量的"时空相似性"为基础,采用有序样品聚类分析方法,构建一维、二维的公交客流时段划分方法。一维时段划分方法依据客流最大断面客流量的时间分布曲线,二维时段划分方法则是依据最大断面客流量的时间分布曲线和空间分布曲线。

8.2.2　发车间隔确定方法

公交发车间隔即一条公交线路上,线路起点的相邻两辆车发车时刻的差值。它是衡量线路上乘客等车时间的一个直接指标,也决定了线路时段内的发车次数。也有公交发车频率的提法,即单位时间内发出车辆的数量,其单位是辆/min。发车间隔与发车频率之间成倒数关系,发车间隔侧重表达发车间隔时间的长短;发车频率则侧重于车辆的多少。因此在公交调度领域,发车间隔的用处更广泛、方便,而在研究公交系统通行能力中,由于发车频率与通行能力的量纲一致,更多的选取发车频率作为研究对象。

1. 公交发车间隔与公交车辆调度的关系

分析整个公交车辆调度的过程可知,公交发车间隔对后续车辆调度工作具有决定性的作用。通常将发车间隔分成两个概念来理解:

实际发车间隔,即通过计算确定的线路每两辆车之间的发车间隔,对于同一时段,不同的两辆车之间的发车间隔可能不等。

平均发车间隔,即线路时段长度与发车车次数的比值,不同时段,平均发车间隔可能不同,一个时段只有一个平均发车间隔。

发车间隔的这两种提法在后续调度中都有着重要的作用,平均发车间隔宏观控制了单位时间内公交车辆发车的车次数;实际发车间隔是公交时刻表优化的重要约束条件,通过最大最小的发车间隔来约束实际两辆车之间的发车间隔,使得实际发车间隔在区域协调的条件下,满足车内服务水平的要求。

平均发车间隔的计算方法如式(8-1):

$$\overline{H} = \frac{T \times \rho \times PL}{V_{max}} \qquad (8-1)$$

式中:$\overline{H}$——线路平均发车间隔(s);

$\quad T$——表示时段长度(s);

$\quad \rho$——车辆的满载率;

$\quad PL$——车辆的限定载客人数。

则发车次数为:

$$F = \frac{T}{H} \qquad (8-2)$$

式中:F——表示时段发车次数。

2. 发车间隔问题分析

确定合理的发车间隔,是制定行车计划的关键。如何经济、合理地使用车辆,解决运量和运能的矛盾,挖掘车辆潜力,缓解客流拥挤,是制定行车计划的目标。一个有效率的运行计划必须体现满足乘客需求和减少运营成本两个方面的基本均衡。

(1) 乘客需求分析

居民出行都希望选择门到门的交通方式,希望出行快捷、方便、舒适,但是道路资源、交通状况以及人们的收入水平决定了理想和实际是存在很大距离的。公交这种面向大众的交通方式决定了自身的运营特点,限定了所能提供的服务水平的高低,即只能达到全体最优而做不到个体最优——无法实现门到门的服务,无法实现无等待出行,出行的舒适性也是有一定限制的。

通过在镇江、泰州、无锡、宿迁、滁州、宣城等城市的公交调查发现,车内拥挤程度、行车准时性、等车时间长短、乘坐是否方便是居民公交出行最为关注的问题。其中乘坐方便性是对线网布设提出的要求,行车准点性主要和道路交通条件相关。前者主要通过线网布局优化提高,后者需要公交优先通行措施加以保证。车内拥挤度、等车时间则主要和公交调度相关。因此,从车辆运营角度考虑乘客需求,应尽量做到减少拥挤和等待。乘客需求当然是越舒适、等待时间越少为好,这就要求车辆足够多,显然是做不到的,无论从企业运作、经济效益考虑,还是考虑道路条件限制,都不可能达到理想要求。因此,行车计划只能在一定程度上满足乘客需求。

（2）公交企业效益需求

公交是公益性事业，政府应当给予必要的补贴和扶持。但随着市场经济的确立，企业逐步脱离政府，走入市场，成为独立核算的单位。企业在满足社会效益的同时，也要考虑自身的经济效益。公共交通是劳动密集型行业，决定了企业运作的成本是非常高的。企业每年要承担车辆的投入、维修、保养、人员工资、企业管理费用等一系列费用，而主要收益只来自乘客的票款收入。公交是一种面向工薪阶层的大众交通方式，其票价的确定要考虑到乘客的经济承受力，公交的票价是按低标准确定的。另外公交的公益性决定了企业运营必须履行对公众的承诺，在规定服务时间内严格按照行业规定提供服务，在客流分布的平峰甚至低谷，或在一些客流很少的线路上，公交仍要提供一定标准的服务，就造成了车辆的运营成本远高于收益的情况。公交企业的运营成本较之效益相对较高，要提高企业的效益，只能通过降低成本，主要是减少车辆、人员的投入，而这一做法又是以牺牲乘客利益为代价的。

综上所述，乘客需求和公交企业需求是一对矛盾，满足乘客需求会牺牲企业利益，以企业利益为重又会损失乘客利益。矛盾存在但并非不可调和，从一定程度上看，二者也是一致的。公交服务水平提高了，乘客利益得到一定满足，必然会吸引更多的客流，企业效益随之而增；企业发展了，可以有更多的投入用于改善乘坐环境，提供高质量的服务，从而可以更大程度地满足乘客需求。找到二者的平衡点，制定相应的行车计划，是调度优化的关键。

3. 发车间隔确定基本方法

在公交车辆调度领域中，发车间隔是研究起步最早，也是研究最多的问题。公交发车间隔的确定方法大体可分为以下几类：

（1）传统方法

传统发车间隔的确定方法是以调度员的经验为基础，在大致掌握线路客流量的基础上，依据车型及额定载客量，推算发车间隔。这种方法取决于调度员对客流情况掌握的程度，同时，由于客流的变动，调度员需要实时调整发车间隔，或增减发车车次。传统方法对调度员素质要求较高，且调度工作量大，不能满足公交车辆智能化调度的要求。

（2）单层优化方法

公交发车间隔优化的目标变量通常不止一个，需要对多个目标变量进行合成，采用系数或加权系数的方法组合目标变量。初期单方式调度优化主要是针对运营商成本、出行者费用两方面建立的优化模型。随着研究的不断发展，出行费用从狭义的时间成本发展为广义的费用。近年来，出现了对于服务水平、公交服务质量的满意度等的优化研究,弥补了出行者时间价值难以衡量的不足。另外,乘客乘车满意度的量化,标志着公交调度优化理念的转变,由提供高质量的服务替代对基本客流需求的满足。

(3) 双层优化方法

公交车辆的调度过程中很多步骤从逻辑上符合双层规划模型的条件,如线网结构与发车间隔、公交时刻表的生成与车次配班等。通常情况下,时刻表优化目标是换乘最优,此目标需在满足客流需求的条件下进行。因此发车间隔具有决定作用,时刻表的优化不应对满足客流需求的平均发车间隔进行变动。

4. 发车间隔优化模型

以满意度为优化目标建立发车间隔优化模型是现阶段的研究趋势,因此本书介绍的优化模型主要是综合考虑乘客候车满意度、乘客乘车舒适满意度、企业满意度三方面优化目标。

(1) 模型假设

考虑对问题进行一些假设:

① 考虑单行情况;

② 乘客在任何时段内各站点上下客流情况及断面客流量已知;

③ 线路上的公交车为同一型号,公交车会按调度表准时到站和出站;

④ 依据全线客流划分时段,同一时段内发车间隔相等;

⑤ 同一时段内乘客上下车满足均匀分布;

⑥ 全程票价统一;

⑦ 服务水平较高,乘客不存在滞留情况。

(2) 变量定义

依据假设及求解需要,定义如下变量:

l——全线客流划分为 l 个时段;

L_j——每个时段的时间间隔(min),$j = 1, 2, \cdots, l$;

n_j——每个时段的发车次数,$j = 1, 2, \cdots, l$;

t_j——每个时段的发车间隔(min),$j = 1, 2, \cdots, l$;

m——全站 m 个站点;

ml_k——各站点间距,$k = 1, 2, \cdots, m$;

p_{ij}——L_j 时段内各断面通过量,$i = 1, 2, \cdots, m, j = 1, 2, \cdots, l$;

pu_{ij}——L_j 时段内单位时间上客量,$i = 1, 2, \cdots, m, j = 1, 2, \cdots, l$;

pp——全天总客流;

np——每辆车额载;

lr——最低满载率;

hr——最大满载率；

tr——乘客能接受的满载率上限；

mp_j——最大断面通过量，$mp_j = \max\limits_i p_{ij}$；

mt_j——L_j 时段最大发车间隔；

ht_j——L_j 时段乘客能接受的等车时间的上限；

c_1——公交车辆单边行驶的费用(元)；

c_2——票价(元)；

bp——抱怨等待的乘客数；

bl——抱怨拥挤的路段长度。

进一步说明：

① 模型的输入变量为 l、L_j、m、ml_k、p_{ij}、pu_{ij}、np、lr、hr、tr、c_1、c_2、mt_j、ht_j，模型的中间变量为 pp、mp_j、bp、bl，模型的输出结果为 n_j、t_j；

② 输入变量中：l 可依据要求划分为不同数目的时段数；lr、hr、mt_j 一般取行业规定值；tr、ht_j 由调查分析得到。变量将结合实例具体加以说明。

（3）模型建立

① 目标函数

由前文分析可知，等车时间和拥挤程度是乘客最关心的两个问题，因此考虑乘客需求时，要使乘客等待时间和拥挤度最小；企业效益体现为效益最大化。调度优化模型旨在寻找兼顾乘客利益和企业利益的最优发车间隔，因此这是一个多目标优化问题。

选取企业满意度最大、乘客等待抱怨程度最小、拥挤抱怨程度最小三个目标函数，为了使不同的目标具有可比性，分别用企业的效益成本比(w_1)、乘客等待抱怨百分比(w_2)和拥挤里程所占百分比(w_3)三个百分数指标来描述三个目标，具体表达式如下：

企业的效益成本比(w_1)——企业的纯盈利与运营成本的比例

$$w_1 = \frac{m \cdot pp - c_1 \cdot \sum\limits_j n_j}{c_1 \cdot \sum\limits_j n_j} \times 100\% \tag{8-3}$$

乘客等待抱怨百分比(w_2)——等车时间超过能接受时间上限的乘客数占总乘客数的百分比

$$w_2 = \frac{bp}{pp} \times 100\% \tag{8-4}$$

其中：$bp = \sum\limits_j \sum\limits_i pu_{ij}$，如果 $t_j > ht_j$，$pp = \sum\limits_j \sum\limits_i pu_{ij}$。

拥挤里程所占百分比（w_3）——满载率超过乘客能接受的满载率上限的拥挤里程占整个运营总里程的百分比

$$w_3 = \frac{bl}{\sum_i \sum_j p_{ij} \cdot L_{ij}} \times 100\%　(8-5)$$

其中：$bl = \sum_j \sum_i p_{ij} \cdot L_{ij}$，如果 $p_{ij} > n_j \cdot np \cdot tr$。

通过以上分析，建立三目标函数：$\max w_1$；$\min w_2$；$\min w_3$。为便于计算，引入三个非负加权因子 $\lambda_1, \lambda_2, \lambda_3$，将三目标函数转化为单目标函数：

$$\min W = \min(-\lambda_1 \cdot w_1 + \lambda_2 \cdot w_2 + \lambda_3 \cdot w_3)　(8-6)$$

加权因子的取值由企业管理者确定，针对不同线路，不同目标各有侧重，虽然具有一定的随意性，但可以用不同的取值组加以比较，在实例应用部分中进行了相关讨论。

② 约束条件

依据上述多目标优化函数所求的最优解必须在可行解中搜索，模型的可行解要考虑到公司维持最低效益运营的可能，行业规定的服务水平的下限。考虑对目标函数建立如下约束条件：

公司维持运营的最低可能限制——线路运营收益能维持线路正常运营开支，即车辆的平均满载率不能低于最低满载率限制：

$$\frac{\sum_{k=2}^{m} p_{kj}}{n_j \cdot np} \geqslant lr，即 \quad n_j \leqslant \frac{\sum_{k=2}^{m} p_{kj}}{lr \cdot np}　(8-7)$$

乘客等待时间限制——为确保乘客利益，一般公交行业规定了公交车最大的发车间隔，乘客在站台等待时间不超过一定的时间上限：

$$t_j \leqslant mt_j，即 \quad n_j \geqslant \frac{T_j}{mt_j}　(8-8)$$

不存在乘客滞留现象——提供较高的服务水平（见假设⑦）：

$$n_j \cdot hr \cdot np \geqslant mp_j，即 \quad n_j \geqslant \frac{mp_j}{hr \cdot np}　(8-9)$$

综上得到约束条件：

$$\max\left\{\frac{T_j}{mt_j}, \frac{mp_j}{hr \cdot np}\right\} \leqslant n_j \leqslant \frac{\sum_{k=2}^{m} p_{kj}}{lr \cdot np}　(8-10)$$

综合得到发车频率优化模型如下:

$$\min W = \min\left(-\lambda_1 \cdot \frac{m \cdot pp - c_1 \cdot \sum_j n_j}{c_1 \cdot \sum_j n_j} \cdot 100\% + \lambda_2 \cdot \frac{bp}{pp} \cdot 100\%\right.$$

$$\left. + \lambda_3 \cdot \frac{bl}{\sum_i \sum_j p_{ij} \cdot L_{ij}} \cdot 100\%\right) \qquad (8\text{-}11)$$

$$\text{s. t.} \qquad \max\left\{\frac{T_j}{mt_j}, \frac{mp_j}{hr \cdot np}\right\} \leqslant n_j \leqslant \frac{\sum_{k=2}^{m} p_{kj}}{lr \cdot np} \qquad (8\text{-}12)$$

上述模型是一个典型的非线性优化问题,可以借助 Matlab 数学工具求解。

(4) 实例应用

基于完整的客流调查或采取先进的数据采集手段,很容易获得公交线路在运营时间内不同时段的上下客人数数据。表 8-1 给出了某条公交线路各时段每站上下车人数统计。考虑高峰和平峰的差别,取 $l = 5$ 即将全线客流划分为 5 个时段:5:00~6:00、6:00~9:00、9:00~16:00、16:00~18:00、18:00~23:00。依据模型需求整理出所需的客流数据如表 8-2。对于其他要输入的变量,取值如下:

$L_j = \begin{bmatrix} 60 & 180 & 420 & 120 & 300 \end{bmatrix}$ ——由时段划分得到;

$m = 14$ ——全站 14 个站点;

$np = 75$ ——取车型为标准车,每辆车额载 75 人;

$lr = 0.5$ ——最低满载率,认为低于此值,线路无法运营;

$hr = 1.2$ ——最大满载率,规定了每辆车的最大运能;

$tr = 0.9$ ——认为满载率超过 0.9 时乘客有抱怨;

$mt_j = \begin{bmatrix} 15 & 5 & 10 & 5 & 15 \end{bmatrix}$ ——各时段发车间隔的上限,依据行业规定;

$ht_j = \begin{bmatrix} 10 & 4 & 8 & 4 & 10 \end{bmatrix}$ ——不同时段乘客能接受的等车时间的上限不同,该值应通过调查得到,本例中为假设值;

$c_1 = 70$ ——公交车辆单边行驶的费用由员工工资、油费支出和其他费用组成,本例中假设为 70 元;

$c_2 = 1$ ——不考虑月票等情况,认为对所有乘客都收取 1 元票价;

$\lambda_1 = 0.1, \lambda_2 = 0.5, \lambda_3 = 0.4$ ——考虑乘客利益权重高于公司效益的一组取值。在此算例中仅做示意。

运用 Matlab 编程运算,得到各时段的发车次数和平均发车间隔,结果见表 8-3。发车间隔确定,即可得发车时刻表。

表 8-1　某条公交线路各时段每站上下车人数统计表(上行方向：A13 开往 A0)

		A13	A12	A11	A10	A9	A8	A7	A6	A5	A4	A3	A2	A1	A0
间距(km)			1.6	0.5	1	0.73	2.04	1.26	2.29	1	1.2	0.4	1	1.03	0.53
5:00~6:00	上	371	60	52	43	76	90	48	83	85	26	45	45	11	0
	下	0	8	9	13	20	48	45	81	32	18	24	25	85	57
6:00~7:00	上	1 990	376	333	256	589	594	315	622	510	176	308	307	68	0
	下	0	99	105	164	239	588	542	800	407	208	300	288	921	615
7:00~8:00	上	3 626	634	528	447	948	868	523	958	904	259	465	454	99	0
	下	0	205	227	272	461	1 058	1 097	1 793	801	469	560	636	1 871	1 459
8:00~9:00	上	2 064	322	305	235	477	549	271	486	439	157	275	234	60	0
	下	0	160	123	169	300	634	621	971	440	245	339	408	1 132	759
9:00~10:00	上	1 186	205	166	147	281	304	172	324	267	78	143	162	36	0
	下	0	81	75	120	181	407	411	551	250	136	187	233	774	483
10:00~11:00	上	923	151	120	108	215	214	119	212	201	75	123	112	26	0
	下	0	52	55	81	136	299	280	442	178	105	153	167	532	385
11:00~12:00	上	957	181	157	133	254	264	134	253	260	74	138	117	30	0
	下	0	54	58	84	131	321	291	420	196	119	159	153	534	340
12:00~13:00	上	873	141	140	108	215	204	129	232	221	65	103	112	26	0
	下	0	46	49	71	111	263	256	389	164	111	134	148	488	333
13:00~14:00	上	779	141	103	84	186	185	103	211	173	66	108	97	23	0
	下	0	39	41	70	103	221	197	297	137	85	113	116	384	263
14:00~15:00	上	625	104	108	82	162	180	90	185	170	49	75	85	20	0
	下	0	36	39	47	78	189	176	339	139	80	97	120	383	239
15:00~16:00	上	635	124	98	82	152	180	80	185	150	49	85	85	20	0
	下	0	36	39	52	88	209	196	339	129	80	107	110	353	229
16:00~17:00	上	1493	229	240	199	396	404	210	428	390	120	208	197	49	0
	下	0	80	85	135	194	450	441	731	335	157	255	251	800	557
17:00~18:00	上	2011	379	311	230	497	479	296	586	508	140	250	259	61	0
	下	0	110	118	171	257	694	573	957	390	253	293	378	1228	793
18:00~19:00	上	691	124	107	89	167	165	108	201	194	53	93	82	22	0
	下	0	45	48	80	108	237	231	390	150	89	131	125	428	336
19:00~20:00	上	350	64	55	46	91	85	50	88	89	27	48	47	11	0
	下	0	22	23	34		63	116	108	196	83	48	64	66	204

续 表

		A13	A12	A11	A10	A9	A8	A7	A6	A5	A4	A3	A2	A1	A0
间距(km)			1.6	0.5	1	0.73	2.04	1.26	2.29	1	1.2	0.4	1	1.03	0.53
20:00~21:00	上	304	50	43	36	72	75	40	77	60	22	38	37	9	0
	下	0	16	17	24	38	80	84	143	59	34	46	47	160	117
21:00~22:00	上	209	37	32	26	53	55	29	47	52	16	28	27	6	0
	下	0	14	14	21	33	78	63	125	62	30	40	41	128	92
22:00~23:00	上	19	3	3	2	5	5	3	5	5	1	3	2	1	0
	下	0	3	3	5	8	18	17	27	12	7	9	9	32	21

表 8-2 模型中需要的客流量数据

		A13	A12	A11	A10	A9	A8	A7	A6	A5	A4	A3	A2	A1	A0
间距 (km)	ml_k		1.6	0.5	1	0.73	2.04	1.26	2.29	1	1.2	0.4	1	1.03	0.53
5:00~6:00	pu_{ij}	371	60	52	43	76	90	48	83	85	26	45	45	11	0
	p_{ij}	371	423	466	496	552	594	597	599	652	660	681	701	627	
6:00~9:00	pu_{ij}	7 680	1 332	1 166	938	2 014	2 011	1 109	2 066	1 853	592	1 048	995	227	0
	p_{ij}	7 680	8 548	9 259	9 592	10 606	10 337	9 186	7 688	7 893	7 563	7 412	7 075	3 378	
9:00~16:00	pu_{ij}	5 978	1 047	892	744	1 465	1 531	827	1 602	1 442	456	775	770	181	0
	p_{ij}	5 978	6 681	7 217	7 431	8 068	7 690	6 710	5 535	5 784	5 524	5 349	5 072	1 805	
16:00~18:00	pu_{ij}	3 504	608	551	429	893	883	506	1 014	898	260	458	456	110	0
	p_{ij}	3 504	3 922	4 270	4 393	4 835	4 574	4 066	3 392	3 565	3 415	3 325	3 152	1 234	
18:00~23:00	pu_{ij}	1 573	278	240	199	388	385	230	418	400	119	210	195	49	0
	p_{ij}	1 573	1 751	1 886	1 921	2 122	2 031	1 750	1 375	1 296	1 172	1 108	1 017	252	

表 8-3 各时段发车次数及平均发车间隔

	发车次数 n_j	平均发车间隔 t_j (min)
5:00~6:00	10	6
6:00~9:00	150	1.5
9:00~16:00	100	4
16:00~18:00	80	2
18:00~23:00	30	10

161

8.3 基于时间控制点的公交线路计划时刻表设计

尽管 AVL 的存在为公交运营企业提供了大量的公交运行实时数据,实践中公交线路计划时刻表设计时,这些数据尚未得到很好的应用。现有的公交企业大都采取"两头卡点"的调度思路对计划时刻表进行设计,公交运行可靠性无法得到控制。

新加坡和欧美国家大都采用时间控制点策略设计公交线路计划时刻表,以提高公交运行可靠性,在这种时刻表的指导下,驾驶员能够频繁地在两个时间控制点之间调整公交车辆运行速度,尽可能地"追赶"公交线路上选取的部分时间控制点处的规划到达时间。公交线路上有若干个时间控制点(包括首站、末站),这样,公交线路计划时刻表即包含了公交车辆到达每一个时间控制点处的规划到达时间以及班次结束时的驾驶员休整时间[109]。其设计主要包括三个方面的内容:(1)确定公交车辆的发车频率或者车头时距;(2)选择一些公交站点作为时间控制点,它们的规划到达时间可在站牌上公开显示,方便乘客出行,并为驾驶员和管理人员提供参考,以确定该班次是早到或者是延误,提高公交运行可靠性;(3)确定每一个时间控制点处的规划到达时间,以及线路首末站处的休整时间。关于发车频率或者车头时距的决策相对独立于另外两个决策内容,它主要是关于在满足客运需求的同时,考虑在合理的车辆资源利用和乘客可接受的等车时间两个目标之间进行均衡。本章重点针对公交线路时刻表设计的后两项内容进行研究。

已有的基于时间控制点的公交线路计划时刻表设计方法的研究多集中于结合滞站控制策略的各时间控制点处规划离开时间的确定[106~108,110~112],存在以下问题:

1. 一些公交运营企业不允许或者不愿接受滞站策略

例如,在新加坡和香港,驾驶员通常不愿意滞站,因为滞站意味着他们将有较高的可能性无法准时完成运行的班次;而交通管理部门禁止滞站主要是由于某一中途停靠站点处通常有多条线路的公交车辆需要在此停靠,车辆停靠在站点处延时出站,可能会引起停靠站点堵塞,使得其他公交车辆无法使用该站点进行乘客上、下车。而且,滞站也会导致乘客的焦虑和不耐烦。

2. 文献中所构建模型的目标函数,主要是最小化乘客等待时间的平均成本或者是最小化包括乘客的等待时间、运行时间、运营成本的平均总成本

对于不同的模拟运行或者试验运行,尽管均值是最优的,但是这种设计导

致的目标值却可能存在很大的波动,而这种波动特征在目标函数中并未有所反映。

3. 驾驶员总是会试图在两个时间控制点之间调整车辆速度,以提高公交运行可靠性

尚未有关于公交线路计划时刻表设计方法的研究考虑了驾驶员的这种恢复行为。基于此,本章拟利用公交运行的实时数据,考虑随机运行时间和驾驶员恢复行为,在没有滞站策略的条件下,对公交线路计划时刻表设计的鲁棒优化模型进行研究。运行时间的随机分布可以通过第 3 章的基于 AVL 系统数据的公交运行可靠性评价分析得到;且此模型以时间控制点处的时刻表偏差的总惩罚成本为目标函数,也是公交线路运行可靠性的重要评价指标之一。

8.3.1 公交线路计划时刻表设计问题描述

本章公交线路时刻表设计的研究对象是一条线路的单行方向,上行或者下行。首先定义半循环时间的概念:

半循环时间:为公交车辆从线路一端的首末站 A 开始运行的发车时刻与到达另一端的首末站 B 的时刻之差,加上其在 B 处的休整时间。

休整时间的用途有两方面,一是用于驾驶员休息,一是防止该行方向的延误或者早到会累积至相反方向的运行。规划半循环时间为规划线路运行时间与休整时间之和。公交时刻表设计时的第一个步骤便是依据线路运行时间的分布来确定规划半循环时间,通常取线路运行时间分布的高百分位值。例如,TriMet 和 Brussels 的公交企业的惯例[196]是以线路运行时间的 95 分位值作为规划半循环时间,将公交车辆发生延误的概率限制在 5% 以内。

规划半循环时间确定之后,第二个步骤是确定相邻时间控制点之间的区段的规划运行时间。区段的规划运行时间定义为该区段的平均运行时间加上松弛时间。某一控制点处的规划到达时间即为其上游时间控制点处的规划到达时间加上这两个时间控制点之间的区段的规划运行时间。而规划线路运行时间即为各区段的规划运行时间之和。休整时间即为规划半循环时间减去规划线路运行时间。由于区段平均运行时间通过区段运行时间的分布很容易得到,公交时刻表设计问题的关键在于松弛时间的取值。具体流程如图 8-1 所示,各概念之间的关系如图 8-2 所示。

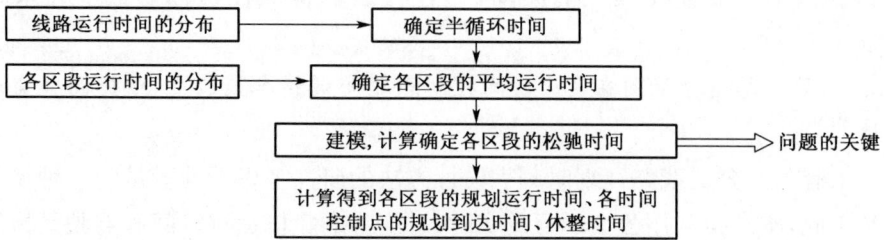

图 8-1　基于时间控制点的公交线路时刻表设计流程

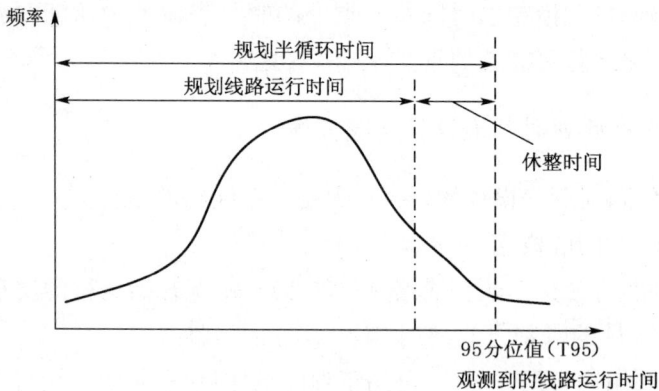

图 8-2　各概念之间的关系

8.3.2　时间控制点选取

公交车辆在线路上运行过程中,最关键的点就是与乘客直接发生交互关系的公交停靠站点。现行的公交时刻表设计方法下,除了位于线路两个端点的公交首、末站是在时间控制状态下外,各线路中途停靠站点基本上都处于无控状态,需要从这些中途停靠站点中,选取出时间控制点,规划公交车辆在这些时间控制点处的到达时间,以实现公交线路运行系统的"准实时"控制。即将时间控制站点定义为某公交线路上的首、末站以及首、末站之间规划有公交车辆到达时间的线路中途停靠站点。

已有研究对时间控制点的选取已经形成了一些常用的经验和原则[106,239]:

（1）公交线路被 n 个时间控制点分为 $n+1$ 个区段,各区段的特性宜尽可能相同。

（2）相邻两个时间控制点之间的间距不能过近,时间控制点过于接近会使得公交车辆驾驶员难以进行加、减速,即恢复行为受到过度限制。

（3）相邻两个时间控制点之间的间距也不能过远,时间控制点选取的过于分散容易降低乘客对时刻表的信任度。

（4）不同的时间段，同一线路上选用的时间控制点不一定相同。

（5）车头时距稳定性较差的公交停靠站点作为时间控制点。

依据这些经验和原则，选取出来的时间控制点通常包括以下几类：

（1）客流主要发生点。如购物中心、医院、政府部门等处附近的公交站点，这些站点处的客流通常比较集中，对规划到达时间的需求也更强。

（2）关键换乘站点。关键换乘站点是指乘客从一种交通工具转换到另一种交通工具（比如常规公交换乘地铁），或从一条路线转换到其他多条线路的停靠站点。

（3）特定需求点。特定需求点是指在某些时段对公交车辆到达时刻有重要需求的停靠站点，如学校、办公楼等。

（4）还有一类时间控制点，该类停靠站点并不处在任何一种特殊情况下，但是公交车辆的运行较少受到周边因素的影响，这些站点是天然的时间控制点。

8.3.3 鲁棒优化模型构建

1. 问题分析和假设条件

以下为本章所用到的符号，符号表示的意义在整个章节都是相同的。

$T_{i-1,i}$	公交车辆从时间控制点 $i-1$ 至时间控制点 i 的实际运行时间
$ST_{i-1,i}$	时间控制点 $i-1$ 与时间控制点 i 之间的区段的规划运行时间
$T'_{i-1,i}$	经过驾驶员恢复行为后，从时间控制点 $i-1$ 至时间控制点 i 的运行时间
SAT_i	时间控制点 i 处的规划到达时间
AAT_i	时间控制点 i 处的实际到达时间
$\tau_{i-1,i}$	时间控制点 $i-1$ 与时间控制点 i 之间的区段上的松弛时间
SD_i	时间控制点 i 处的时刻表偏差
$A_{i-1,i}$	时间控制点 $i-1$ 与时间控制点 i 之间的区段上，驾驶员对时刻表偏差的纠正
$\beta_{i-1,i}$	时间控制点 $i-1$ 与时间控制点 i 之间的区段上关于时刻表偏差的纠正系数，$0 \leqslant \beta_{i-1,i} \leqslant 1$
RA_{i-1}	经过驾驶员的恢复行为后，时间控制点 $i-1$ 处的时刻表偏差的剩余影响
γ_1	时间控制点处早到的惩罚系数
γ_2	时间控制点处晚到的惩罚系数
λ	非负权重值
h	规划车头时距
N	公交线路的配备车辆数
C	规划半循环时间

考虑一条普通的公交线路，如图 8-3 所示。假设上行方向上有 n 个公交站点，

首站为站点 1,末站为站点 n,其中有 m 个时间控制点($m \leqslant n$)。不失一般性,站点 1 为第一个时间控制点(即时间控制点 1),站点 n 为最后一个时间控制点(即时间控制点 m)。

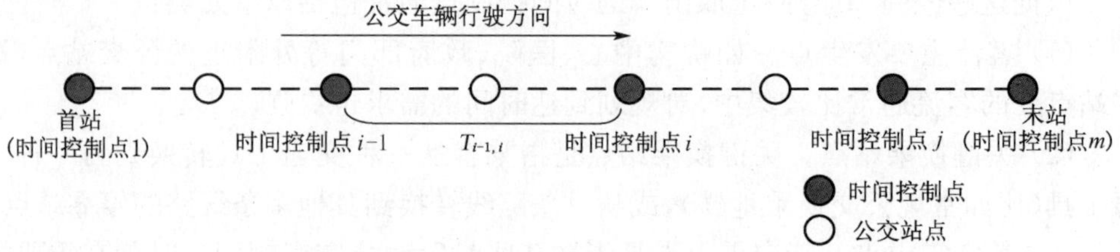

图 8-3　单行方向的公交线路示意

假设线路运行时间的分布,以及公交线路上任意两个时间控制点之间的区段的运行时间 $T_{i-1,i}$ 的分布已知,实践中,这些分布的概率密度函数可以通过 AVL 系统采集的历史数据分析和对参数标定得到。需要注意的是,对区段的运行时间的概率分布的估测必须是基于在没有时间控制点的时刻表的条件下,AVL 系统采集得到的数据,即在公交运行过程中,驾驶员并未发生恢复行为。这样的数据中才不包含驾驶员为了"追赶"时间控制点处的规划到达时间的恢复行为,所求得的松弛时间中也才能把该因素的影响排除掉,主要适用于原来没有按照基于时间控制点的计划时刻表运行的公交线路,从其中途停靠站点中选取出时间控制点,并对其进行计划时刻表设计。区段运行时间 $T_{i-1,i}$ 包括了乘客处理时间(上、下客时间),为时间控制点 $i-1$ 的到达时间与时间控制点 i 处的到达时间之差。

时间控制点 $i-1$ 至时间控制点 i 之间的区段的规划运行时间 $ST_{i-1,i}$ 定义如下:

$$ST_{i-1,i} = E(T_{i-1,i}) + \tau_{i-1,i} \qquad (8-13)$$

其中,$E(T_{i-1,i})$ 为 $T_{i-1,i}$ 的平均值,$\tau_{i-1,i}$ 为对应于时间控制点 $i-1$ 至时间控制点 i 之间的区段的松弛时间,可能是正数,也可能是负数。$\tau_{i-1,i} > 0$ 时,意味着区段的规划运行时间大于区段运行时间的均值;$\tau_{i-1,i} < 0$ 时,意味着区段的规划运行时间小于区段运行时间的均值;$\tau_{i-1,i} = 0$ 时,意味着区段的规划运行时间等于区段运行时间的均值。

假设公交站点 1 处的到达时间是给定的,则时间控制点 $i(i=2,3,\cdots,m)$ 处的规划到达时间为:

$$SAT_i = SAT_{i-1} + ST_{i-1,i} \qquad i=2,3,\cdots,m \qquad (8-14)$$

对于两个连续的时间控制点之间的区段而言,若规划运行时间设计的太少,会使得驾驶员在"追赶"到达时刻表时产生挫败感,产生潜在的安全问题,如超速、抢信号灯以及对待乘客态度差,而规划运行时间设计的过多时,又会导致不必要的多余运行时间,导致公交车辆和驾驶员资源的低效使用。而且,不准确的规划到达时间也可能使得乘客错过与其他交通方式(如铁路)的换乘,招致关于运行可靠性差的抱怨,以及需要控制中心重新耗费时间修正时刻表。因此,区段间的规划运行时间的设计取值很重要。

此外,若公交车辆驾驶员被告知他/她在时间控制点 $i-1$ 处与时刻表的偏差,他/她将会尽量调整车辆的行驶速度,使得公交车辆在到达时间控制点 i 处时尽可能准时,这种反应行为即被定义为驾驶员的恢复行为。1995 年,Kalaputapu 和 Demetsky[240] 基于 AVL 数据,采用人工神经网络法,首次提出了驾驶员的这种恢复行为,他们的初步研究结果表明,时间控制点 k 处的时刻表偏差受到时刻表控制点 $k-1$ 及时刻表控制点 $k-2$ 处的时刻表偏差的影响。公交车辆在公交线路上的运行过程中,驾驶员的这种恢复行为频繁出现,公交线路计划时刻表设计时也应将这种恢复行为考虑在内。

2. 目标函数与约束条件

与时间控制点 $i(i=2,3,\cdots,m)$ 处的规划到达时间有关的时刻表偏差为

$$SD_i = SAT_i - AAT_i \tag{8-15}$$

当 $SD_i > 0$ 时,意味着公交车辆在时间控制点 i 处的到达时间比规划到达时间早,即早到。反之,公交车辆在时间控制点 i 处的到达时间比规划到达时间晚,即晚到。

假设一旦公交车在某一时间控制点处偏离了计划时刻表,驾驶员将会调整车辆速度,在下一个区段上加速或者减速,从而确保能够在下一个时间控制点处尽量准时到达。如图 8-3 所示,若一公交车辆在时间控制点 $i-1$ 处早到,驾驶员则会在时间控制点 $i-1$ 与时间控制点 i 之间的区段上减速,以便能够准时到达时间控制点 i;若在时间控制点 $i-1$ 处晚到,驾驶员往往会在该区段上加速。借鉴 Chen 等(2005)[241] 在公交车辆到达时间预测中关于驾驶员恢复行为的假设,即驾驶员在时间控制点 $i-1$ 与时间控制点 i 之间的区段上对时刻表偏差的纠正,记为 $A_{i-1,i}$,与时间控制点 $i-1$ 处的时刻表偏差成正比,如下式所示:

$$A_{i-1,i} = \beta_{i-1,i} \times (SAT_{i-1} - AAT_{i-1}) \qquad i=2,3,\cdots,m \tag{8-16}$$

其中,$\beta_{i-1,i}(0 \leqslant \beta_{i-1,i} \leqslant 1)$ 为时间控制点 $i-1$ 与时间控制点 i 之间的区段上关于时刻表偏差的纠正系数。由于该参数主要取决于区段的长度和交通状况,也将其假设为一个随机变量。另外,假设驾驶员总能准时到达公交站点 1 处发车,故 $\beta_{1,2}=0$,即第一个区段上不存在驾驶员的恢复行为。

为便于建模而又不失描述驾驶员恢复行为的主要特征,提出时刻表偏差的剩余影响的概念,用于表达经过驾驶员恢复行为后,剩余的无法纠正的时刻表偏差。则时间控制点 $i-1$ 与时间控制点 i 之间的区段上,时间控制点 $i-1$ 处的时刻表偏差的剩余影响的表达式为:

$$RA_{i-1} = (1 - \beta_{i-1,i}) \times (SAT_{i-1} - AAT_{i-1}) \qquad i = 2, 3, \cdots, m \qquad (8\text{-}17)$$

换而言之,驾驶员也仅可以部分纠正公交车辆的时刻表偏差。

依据图 8-3,可以估算得到经过驾驶员恢复行为过程后,从时间控制点 $i-1$ 到时间控制点 i 的运行时间 $T'_{i-1,i}$ 为:

$$T'_{i-1,i} = T_{i-1,i} + A_{i-1,i} \qquad i = 2, 3, \cdots, m \qquad (8\text{-}18)$$

因此,推导出时间控制点 i 处的实际到达时间为

$$AAT_i = AAT_{i-1} + T'_{i-1,i} \qquad (8\text{-}19)$$

依据式(8-16)~(8-19),式(8-15)可重写如下:

$$\begin{aligned}
SD_i &= SAT_i - AAT_i \\
&= SAT_{i-1} + ST_{i-1,i} - (AAT_{i-1} + T_{i-1,i} + A_{i-1,i}) \\
&= (SAT_{i-1} - AAT_{i-1}) + (ST_{i-1,i} - T_{i-1,i}) - A_{i-1,i} \\
&= (SAT_{i-1} - AAT_{i-1}) + (ST_{i-1,i} - T_{i-1,i}) - \beta_{i-1,i} \cdot (SAT_{i-1} - AAT_{i-1}) \\
&= (ST_{i-1,i} - T_{i-1,i}) + (1 - \beta_{i-1,i}) \cdot (SAT_{i-1} - AAT_{i-1}) \\
&= (ST_{i-1,i} - T_{i-1,i}) + (1 - \beta_{i-1,i}) \cdot SD_{i-1}
\end{aligned} \qquad (8\text{-}20)$$

依据式(8-13),式(8-20)即为:

$$SD_i = [E(T_{i-1,i}) + \tau_{i-1,i} - T_{i-1,i}] + (1 - \beta_{i-1,i}) \cdot SD_{i-1} \qquad i = 2, 3, \cdots, m$$

$$(8\text{-}21)$$

由于假设驾驶员总能准时到达公交站点 1(即时间控制点 1)处发车,时间控制点 1 处没有时刻表偏差,则

$$SD_1 = 0 \qquad (8\text{-}22)$$

分别采用 $T = (T_{i-1,i} : i = 2, 3, \cdots, m)$ 和 $\beta = (\beta_{i-1,i} : i = 2, 3, \cdots, m)$ 两个随机矢量,表达各区段上的随机运行时间和时刻表偏差纠正系数。$\tau = (\tau_{i-1,i} : i = 2, 3, \cdots, m)$ 为表达各区段上的设计松弛时间的矢量。则式(8-21)可表达为矢量式,即 $SD_i(\tau, T, \beta), i = 2, 3, \cdots, m$,以强调时间控制点处时刻表偏差的随机性。

对于一个按照基于时间控制点的计划时刻表运行的公交系统而言,实际运行情况与计划时刻表之间的匹配程度是公交运行可靠性的重要方面,各时间控制点

处的准时性取决于实际运行如何能够匹配计划时刻表。若松弛变量设计不合理，公交车辆的实际到达时间与规划到达时间偏差较大，公交运行可靠性则较差。因此，计划时刻表设计的目标函数应能够反映这种负效用，而各区段上的规划运行时间的选取应能够使该目标函数最小化。γ_1 和 γ_2 分别为表征某一时间控制点处早到和晚到的惩罚参数，时间控制点 i 处的广义时刻表偏差记为对早到和晚到的惩罚：

$$GSD_i(\tau,T,\beta,\gamma_1,\gamma_2) = \gamma_1 \max(SD_i(\tau,T,\beta),0) + \gamma_2 \max(-SD_i(\tau,T,\beta),0)$$

$$(8-23)$$

式(8-23)中的参数 γ_1 和 γ_2 可依据计划时刻表设计人员的偏好进行取值，它们对计算结果的影响将会在实例分析中探讨。

综上，基于时间控制点的计划线路时刻表设计问题可构建为如下的鲁棒优化模型：

目标函数：

$$\min F(\tau) = \sum_{i=2}^{m} \left[E(GSD_i(\tau,T,\beta,\gamma_1,\gamma_2)) + \lambda \times E(|(|SD_i(\tau,T,\beta)| - E(|SD_i(\tau,T,\beta)|))|) \right]$$

$$(8-24)$$

约束条件：

$$\sum_{i=2}^{m} \tau_{i-1,i} \leqslant \frac{hN}{2} - C$$

$$(8-25)$$

式中：λ——一个非负的权重值；

　　　h——规划车头时距；

　　　N——公交线路上配备的公交车辆数；

　　　C——规划半循环时间。

公交线路计划时刻表设计的鲁棒优化模型的目标是求得松弛时间的最优解，使得所有时间控制点处的时刻表偏差的总惩罚成本最小。目标函数含两项，第一项为时间控制点 i 处的广义时刻表偏差的均值，第二项用于衡量随机变量$|SD_i(\tau, T,\beta)|$与其均值的绝对差值，称为平均绝对偏差[236,237]，反映了随机变量的变动性。在数理统计上，平均绝对偏差是所有单个观测值与算术平均值的偏差的绝对值的平均，即对同一物理量进行多次测量时，各次测量值及其绝对误差不会相同，将各次测量的绝对误差取绝对值后再求平均值。此外，目标函数中的权重值 λ 反映了模型鲁棒项（即时刻表偏差的波动）的重要性，以及决策者对时刻表偏差变动性的风险规避。例如，若取 $\lambda = 0$，则该模型变为一个不含鲁棒项的随机规划问题。

约束条件意味着各区段上的松弛时间的总和不大于由配备的公交车辆数、规划车头时距和规划半循环时间所决定的总松弛时间的最大值 $\dfrac{hN}{2} - C^{[108]}$。

对不同的调度时刻表设计理念而言,惩罚系数比(γ_1/γ_2)可能有所不同。为了进一步评价参数 γ_1 和 γ_2 对计算结果的影响,提出分析鲁棒优化模型的以下两种特殊情况:$\gamma_1 = 2\gamma_2$ 和 $\gamma_1 = 0.5\gamma_2$。调度人员通常有自己偏好的公交线路计划时刻表设计理念。车辆早到时,乘客则不得不等待下一个班次的公交车辆的到来;车辆晚到时,乘客的等待时间增加。一些运营者认为早到对乘客而言更加不利;而一些运营者则认为晚到会引起乘客的更多不便,导致额外的出行成本[109,196]。当 $\gamma_1 = \gamma_2$ 时,早到和晚到引起的惩罚成本被决策者认为是等价的;当 $\gamma_1 = 2\gamma_2$ 时,决策者则认为早到带来的"危害"大于晚到,早到的时刻表偏差的单位惩罚假设为晚到的时刻表偏差的单位惩罚的两倍;当 $\gamma_1 = 0.5\gamma_2$ 时,决策者则认为晚到带来的"危害"大于早到,晚到的时刻表偏差的单位惩罚假设为早到的时刻表偏差的单位惩罚的两倍。这三种特殊情况可分别表示为如下三个模型:

[情况-1]:

目标函数:

$$\min F'(\tau) = \sum_{i=2}^{m} [E(GSD_i(\tau,T,\beta,\gamma_1,\gamma_1)) + \lambda \times E(\,|\,(\,|\,SD_i(\tau,T,\beta)\,| \\ - E(\,|\,SD_i(\tau,T,\beta)\,|\,))\,|\,)] \tag{8-26}$$

约束条件:

$$\sum_{i=2}^{m} \tau_{i-1,i} \leqslant \frac{hN}{2} - C \tag{8-27}$$

[情况-2]:

目标函数:

$$\min \hat{F}(\tau) = \sum_{i=2}^{m} [E(GSD_i(\tau,T,\beta,2\gamma_2,\gamma_1)) + \lambda \times E(\,|\,(\,|\,SD_i(\tau,T,\beta)\,| \\ - E(\,|\,SD_i(\tau,T,\beta)\,|\,))\,|\,)] \tag{8-28}$$

约束条件:

$$\sum_{i=2}^{m} \tau_{i-1,i} \leqslant \frac{hN}{2} - C \tag{8-29}$$

[情况-3]:

目标函数:

$$\min \overline{F}(\tau) = \sum_{i=2}^{m} [E(GSD_i(\tau,T,\beta,0.5\gamma_2,\gamma_1)) + \lambda \\ \times E(\,|\,(\,|\,SD_i(\tau,T,\beta)\,| - E(\,|\,SD_i(\tau,T,\beta)\,|\,))\,|\,)] \tag{8-30}$$

约束条件：

$$\sum_{i=2}^{m} \tau_{i-1,i} \leqslant \frac{hN}{2} - C \qquad (8\text{-}31)$$

此外，考虑到公交计划时刻表设计问题的特点，在有需要的情况下，也可以补充增加其他的约束条件。如：总的松弛时间以及相邻时间控制点之间的各区段上的松弛时间必须为整数；除了最后一个区段外，其他各区段上的松弛时间不得超过 2 min 等。

8.3.4 基于蒙特卡罗的求解算法

蒙特卡罗法（Monte Carlo Method），也称统计模拟方法，是 20 世纪 40 年代中期提出的一种以概率统计理论为指导的一类非常重要的数值计算方法，指使用随机数（或更常见的伪随机数）来解决很多计算问题的方法。它将所求解的问题同一定的概率模型相联系，用电子计算机实现统计模拟或抽样，以获得问题的近似解。

在 Matlab 和 EXCEL 中都有自带的库函数可以实现蒙特卡罗模拟，直接产生服从某一概率密度函数的随机数；也可以采用 C、C++、VB 等程序设计语言编写程序实现。蒙特卡罗解题主要归结为三个步骤：构造或描述概率过程；实现从已知概率分布抽样；建立各种估计量。它具有以下几个特点，即与问题的维数关系不大，适宜于多维的问题；具体解题时所占用的计算机存贮单元较少；受问题的条件限制的影响小。

1. 平均绝对偏差最小化模型的线性规划转化方法

含平均绝对偏差的成本最小化模型最初由 Konno 和 Yamazaki 于 1991 年提出[244]，用于证券市场的投资优化。Yu 和 Li 在 2000 年[245]将其应用到物流分析中。其一般形式为：

$$\min_{x \in X} C_{MAD}(x) = \sum_{s \in S} p_s \xi_s(x) + \lambda \sum_{s \in S} p_s \left| \xi_s(x) - \sum_{s' \in S} p_{s'} \xi_{s'}(x) \right| \qquad (8\text{-}32)$$

其中：X——所有可行解的集合；

S——不确定参数的所有可能情况（或取值）的集合；

$\xi_s(x)$——在不确定参数的某一种情况（或取值）下 $(s \in S)$，决策变量 x 取特定值 $(x \in X)$ 时的确定性成本；

p_s——情况 $s \in S$ 发生的概率；λ 是一个给定的非负权重。

所有可能情况（或取值）的发生概率应满足以下基本条件：

$$\sum_{s \in S} p_s = 1 \qquad (8\text{-}33)$$

由于参数 λ、p_s、$s \in S$ 均非负,对每一种情况(或取值)$s \in S$ 引入另外两个非负变量 δ_s^+ 和 δ_s^-,可以将含平均绝对偏差的成本最小化模型等价转化为以下最小化模型:

$$\min C_{MAD}(x, \delta_s^+, \delta_s^-) = \sum_{s \in S} p_s \xi_s(x) + \lambda \sum_{s \in S} p_s(\delta_s^+ + \delta_s^-) \qquad (8\text{-}34)$$

约束条件:

$$\sum_{s' \in S} p_{s'} \xi_{s'}(x) - \xi_s(x) = \delta_s^+ - \delta_s^- \qquad (8\text{-}35)$$

$$\delta_s^+, \delta_s^- \geqslant 0 \qquad \forall s \in S \qquad (8\text{-}36)$$

$$x \in X \qquad (8\text{-}37)$$

由式(8-35)可知

$$\delta_s^+ = \sum_{s' \in S} p_{s'} \xi_{s'}(x) - \xi_s(x) + \delta_s^- \qquad (8\text{-}38)$$

将式(8-34)右边项中的变量 δ_s^+ 用式(8-38)替换,最小化模型(8-34)~(8-37)可写为

$$\min_{x \in X} C_{MAD}(x, \delta_s^-) = \sum_{s \in S} p_s \xi_s(x) + \lambda \sum_{s \in S} p_s \left(\sum_{s' \in S} p_{s'} \xi_{s'}(x) - \xi_s(x) + 2\delta_s^- \right)$$

$$(8\text{-}39)$$

约束条件:

$$\sum_{s' \in S} p_{s'} \xi_{s'}(x) - \xi_s(x) + \delta_s^- \geqslant 0 \qquad \forall s \in S \qquad (8\text{-}40)$$

$$\delta_s^- \geqslant 0 \qquad \forall s \in S \qquad (8\text{-}41)$$

由式(8-39)可以看出,含平均绝对偏差的成本最小化模型最终可以转化为呈线性规划的形式。这种含平均绝对偏差的成本最小化模型近年来广泛应用于税收管理[246,247]、随机物流优化[245,248]、生产规划[249,250]以及供应链设计[251]。

2. 鲁棒优化模型的求解算法

鲁棒优化模型的目标函数式(8-24)中的期望值项没有显式表达式,为了求解该模型,首先依据各区段运行时间及其对应纠正系数的概率密度函数,采用蒙特卡罗模拟生成随机变量 (T, β) 的 K 个数值,记为 $\{(T^{(k)}, \beta^{(k)}), k = 1, \cdots, K\}$。每一个生成的 $\{(T^{(k)}, \beta^{(k)}), k = 1, \cdots, K\}$,可对应计算得到 $GSD_i(\tau, T^{(k)}, \beta^{(k)}, \gamma_1, \gamma_2)$ 和 $|SD_i(\tau, T^{(k)}, \beta^{(k)})|$,模型中的各均值项则可以通过样本均值估计得到,即:

$$E(GSD_i(\tau,T,\beta,\gamma_1,\gamma_2)) \approx \frac{1}{K}\sum_{k=1}^{K}GSD_i(\tau,T^{(k)},\beta^{(k)},\gamma_1,\gamma_2) \qquad (8\text{-}42)$$

$$E(|SD_i(\tau,T,\beta)|) \approx \frac{1}{K}\sum_{k=1}^{K}|SD_i(\tau,T^{(k)},\beta^{(k)})| \qquad (8\text{-}43)$$

$$E(|(|SD_i(\tau,T,\beta)|-E(|SD_i(\tau,T,\beta)|))|) \approx \frac{1}{K}\sum_{k=1}^{K}|(|SD_i(\tau,T^{(k)},\beta^{(k)})|$$

$$-\frac{1}{K}\sum_{k=1}^{K}|SD_i(\tau,T^{(k)},\beta^{(k)})|)| \qquad (8\text{-}44)$$

基于这些样本均值,鲁棒优化模型可近似为如下最小化模型:

目标函数:

$$\min F(\tau) = \frac{1}{K}\sum_{k=1}^{K}\sum_{i=2}^{m}GSD_i(\tau,T^{(k)},\beta^{(k)},\gamma_1,\gamma_2)$$

$$+\frac{\lambda}{K}\sum_{k=1}^{K}\sum_{i=2}^{m}|(|SD_i(\tau,T^{(k)},\beta^{(k)})|-\frac{1}{K}\sum_{k=1}^{K}|SD_i(\tau,T^{(k)},\beta^{(k)})|)|$$

$$(8\text{-}45)$$

约束条件:

$$\sum_{i=2}^{m}\tau_{i-1,i} \leqslant \frac{hN}{2}-C \qquad (8\text{-}46)$$

由于参数 λ 非负,采用线性模型构建方法[252],最小化模型(8-24)~(8-25)很容易等价转化为混合整数线性规划问题(即 LP 模型)。因此,可以通过任一优化问题求解软件(如 CPLEX)有效进行求解。CPLEX 为 ILOG 开发的一款优化软件包,包含一系列可配置的算法,综合了多种算法的优点,可用于求解线性规划、二次规划、二次约束规划及混合整数规划问题等。

需要指出的是,当样本量趋于无穷时,基于蒙特卡罗模拟的方法的收敛性已经在很多研究文献中得到证明。如,Mak 等(1999)[253]给出了近似解的质量与样本量之间的统计分析结果。这些结果可以指导我们在分析某一给定问题时,采用合适的样本量。见式(8-47)所示:

$$\sqrt{n}[L(n)-Ez] \Rightarrow N(0,\sigma^2) \qquad (\text{当 } n \to \infty \text{ 时}) \qquad (8\text{-}47)$$

式中:σ^2——z 的方差;

$\qquad L(n)$——每次试验所得观察值的算术平均值;

$\qquad z$——所求的真值;"$\Rightarrow$"表示分布的收敛;

$\qquad N(0,\sigma^2)$——均值为 0,方差为 σ^2 的正态分布。

令 $t_{n-1,\alpha}$ 满足 $P\{T_n \leqslant t_{n-1,\alpha}\} = 1-\alpha$，随机变量 T_n 服从自由度为 $n-1$ 的 t-分布，α 为置信水平；$\tilde{\varepsilon}$ 为作为每次试验所得观察值的算术平均值与所要求的真值的近似估计，可得：

$$\tilde{\varepsilon} = \frac{t_{n-1,\alpha}s(n)}{\sqrt{n}} \tag{8-48}$$

式中：$s(n)$——σ^2 的标准样本方差估计。

由式(8-48)可知，蒙特卡罗法对于误差的估计具有概率性质，即不能断言误差不超过某值，而应该是某种概率不超过某值。而且，误差与所取的样本数 n 的平方根成反比，多取一百倍的样本，算得的统计误差仅减少 10%。

8.3.5　实例分析

如图 8-4 所示，以苏州市 1 路公交线路的下行方向(从北至南)为例，主要考虑晚高峰时段(16:30～18:30)，对基于时间控制点的公交线路计划时刻表设计的鲁棒优化模型进行应用。该方向以火车站为首站，经过老城区，最后到达吴中区的公交一路新村站点，途经 19 个公交站点(含首站、末站)，长 13.2 km。

图 8-4　苏州市 1 路公交线路及时间控制点

该线路并未按照基于时间控制点的公交线路计划时刻表运行,现状时刻表仅含上行方向(由南至北)的首站(即公交一路新村)处的发车时间,以及至下行方向(由北至南)的末站(即公交一路新村)处的到达时间。1 路公交线路配备有公交车辆 25 辆,已全部安装 GPS 设备,获取的 AVL 数据符合鲁棒优化模型的适用条件。从中选取公交站点 1(首站,火车站)、站点 8(三元坊)、站点 13(南门二村)、站点 19(末站,公交一路新村)作为时间控制点,按顺序编码为时间控制点 1 至时间控制点 4。

采用 2011 年 5 月 4 日至 2011 年 5 月 6 日的晚高峰期间的 AVL 数据进行分析。公交线路平均运行时间为 47.35 min,平均运行速度为 17 km/h。以线路运行时间的 95 分位值为线路半循环时间,即 $C = 54.2$ min。基于 60 个 AVL 数据集,表8-4 给出了由 4 个时间控制点形成的 3 个区段的运行时间的统计分析结果。

表 8-4 各区段运行时间统计分析(单位:min)

区段	站点	区段长度(km)	区段运行时间					
			均值	标准差	中位值	最小值	最大值	大于均值的比例
1	1-8	6.1	18.61	2.14	17.95	14.12	24.57	58%
2	8-13	2.8	12.66	2.13	12.23	8.00	18.33	60%
3	13-19	4.3	16.21	2.59	15.91	12.70	30.93	58%

该线路晚高峰时段的规划车头时距为 5 min,因此,可分配的总的松弛时间为

$$\frac{hN}{2} - C = \frac{5 \times 25}{2} - 54.2 = 8.3 \text{ min}$$

基于 AVL 数据,对三个区段运行时间进行 Anderson-Darling(A-D)检验,发现它们均服从对数正态分布,如表 8-5 所示。

表 8-5 区段运行时间的对数正态分布标定

区段	对数正态分布的参数估计		T-value(A-D检验)
	位置参数	尺度参数	
1	2.9171	0.1117	0.5578
2	2.5254	0.1622	0.1968
3	2.7759	0.1363	0.8397

关于纠正系数的分布,Chen 等 2005 年[241]对美国东北部一家公交公司的 AVL 数据和计划时刻表的研究发现,平均的纠正系数大部分集中在 $-0.5 \sim 0.5$ 之间。这里的纠正系数为非负,即驾驶员总是试图纠正前一个时间控制点处的时刻表偏差,以恢复当前时间控制点处的时刻表遵守。而公交车辆在时间控制点处

是早到还是晚到取决于时刻表偏差为正还是为负。因此,假设区段 2 和区段 3 上的纠正系数 $\beta_{2,3}$ 和 $\beta_{3,4}$ 均为服从间隔[0,0.5]的均匀分布。

取样本量 $K = 500$,权重值 $\lambda = 0.3$。设定三组惩罚系数比(γ_1/γ_2)= 1,(γ_1/γ_2)= 2,以及(γ_1/γ_2)= 0.5。采用 CPLEX 12.1 版本的优化软件包在 VC++ 的集成环境下编译,选择混合整数线性规划优化器进行求解,计算结果如表 8-6 所示。

表 8-6　三种情况下的鲁棒优化模型计算结果(单位:min)

	区段 1		区段 2		区段 3	
	松弛时间 $\tau_{1,2}$	规划运行时间 $ST_{1,2}$	松弛时间 $\tau_{2,3}$	规划运行时间 $ST_{2,3}$	松弛时间 $\tau_{3,4}$	规划运行时间 $ST_{3,4}$
[情况-1] $\gamma_1 = \gamma_2 = 1;$ $\lambda = 0.3$	−0.15	18.46	−0.11	12.55	−0.07	16.14
[情况-2] $\gamma_1 = 2\gamma_2 = 2;$ $\lambda = 0.3$	−0.93	17.68	−0.56	12.10	−0.29	15.92
[情况-3] $\gamma_1 = 0.5\gamma_2 = 1;$ $\lambda = 0.3$	0.60	18.21	0.34	13.00	0.21	16.42

[情况-1]的条件下,三个最优松弛时间均为负数,初看起来,可能是与直觉不符的。然而,由于与大多数已有研究不同,提出的鲁棒优化模型考虑了驾驶员的恢复行为,而且在公交车辆运行过程中不允许滞站或延时出站。因此,对于 1 路公交线路的各区段而言,存在负的松弛时间是有可能的,而且计算结果是的确如此的。

[情况-2]假设早到的不利之处更多。因此,与其他两种情况相比,各区段的规划运行时间较少,以使得公交车辆早到的概率低于晚到的概率。而与[情况-2]相反,[情况-3]假设晚到的不利之处更多,所以各区段的规划运行时间较长,以尽可能避免晚到,减少晚到的概率。

表 8-7 为计算得到的三种情况下的线路规划运行时间和休整时间。

表 8-7　三种情况下的线路规划运行时间和休整时间(单位:min)

	[情况-1]	[情况-2]	[情况-3]
总松弛时间	−0.33	−1.78	1.15
线路规划运行时间	47.15	45.70	48.63
休整时间	7.05	8.50	5.57

表 8-6 和表 8-7 的计算结果可直接转换为基于时间控制点的公交线路计划时刻表。例如,假设一辆公交车在时间控制点 1(即火车站,下行方向的首站)的规划到达时间为乘客上车时间,即 16:39:00,则它在其他三个时间控制点处的规划到

达时间如表 8-8 所示。

表 8-8　计算结果转化为公交线路计划时刻表

	站点 8 处的规划到达时间	站点 13 处的规划到达时间	站点 19 处的规划到达时间
[情况-1]	16:57:28	17:10:01	17:26:09
[情况-2]	16:56:41	17:08:47	17:24:42
[情况-3]	16:58:13	17:11:13	17:27:38

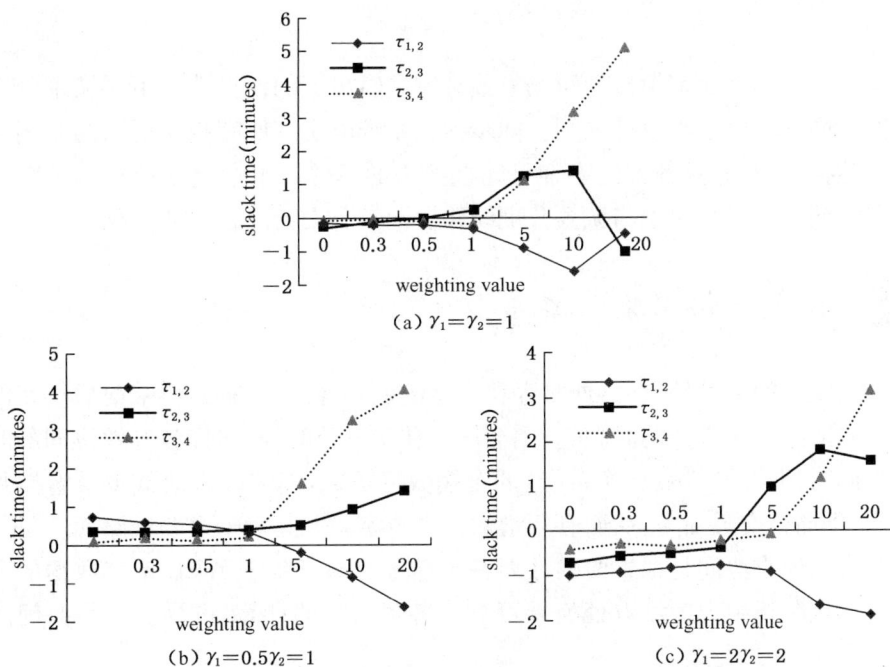

图 8-5　计算结果关于 λ 的敏感性分析

将权重值 λ 在 0～20 之间波动,分析它对最优松弛时间的影响,如图 8-5 所示。对于给定的 γ_1 和 γ_2,当 λ≥5 时,松弛时间变化剧烈;当 λ≤1,即 λ 小于/等于早到或者晚到的惩罚系数时,松弛时间的计算结果比较平稳。

从以上的讨论可以看出,若决策者期望采用鲁棒优化模型获得可靠的公交线路计划时刻表,在选取 γ_1 和 γ_2 的值时,应尽量运用能够反映其偏好的调度理念;对于 λ,则应能够反映对于时刻表偏差波动性的风险规避程度。

第9章

多条公交线路协同调度

多条公交线路换乘衔接的顺畅直接影响乘客出行的便捷性。不同换乘分类有相应的协同发车要求与设计准则。同步换乘系统能实现所有相交线路的车辆都能同时到达换乘中心,且各方向乘客可轻松换乘的目的。本章重点针对轨道交通接驳公交协同调度优化模型与城乡公交线路协同发车设计问题展开研究。

9.1　换乘与协同发车要求

公交线网的关键站点处,通常存在大量的换乘客流,若乘客换乘前后所在的两条公交线路的车辆不是同时到达,则会产生在站点处的等待时间,有效协同的时刻表使得同时到达关键站点(换乘点)的车辆数目最大,能够显著地减少乘客换乘等待时间,提高公交吸引力,从而有望增加公交乘客。尤其对于通勤线路而言,早、晚高峰时段的换乘协同是很重要的计划编制任务。通过基于 AVL 系统数据的公交运行可靠性分析中关键站点处换乘可靠性各项指标的计算,可寻找出线路间的公交网络瓶颈,并进行改善。

9.1.1　换乘分类及协同发车要求

从乘客换乘角度说明多线路协同发车的必要性,列举不同发车间隔长度的换乘分类、不同类型线路的换乘分类及相应的时刻表协同要求[254]。

1. 不同发车间隔长度的换乘分类

当两条及以上公交线路在某一点相交或在某点结束时,便存在换乘。用一个简单相交的公交线路模型来分析这种现象,每条线路的公交单元以固定的、统一的发车间隔运行。由换乘引起的时间延误取决于相交线路发车间隔的长度和相互关系。发车间隔可分为短间隔(≤10 min)和长间隔(>10 min)两种。依据到达、出发线路的发车间隔长短可将不同线路间的换乘分成四类,如表 9-1所示。

表 9-1　短发车间隔和长发车间隔线路的换乘时间分类

出发线路＼到达线路	短发车间隔	长发车间隔
短发车间隔	类型 A 换乘时间短,便捷	类型 C 变化大,需要向乘客提供连接线路信息
长发车间隔	类型 B 换乘时间短,便捷	类型 D 发车间隔的关系分: ① 发车间隔相等且同步——所有换乘都便捷(TTS) ② 发车间隔相等但不同步——只有一个方向的换乘便捷 ③ 发车间隔不等——不能进行时间的协调,换乘时间长

类型 A,B:分别为短—短发车间隔和长—短发车间隔。从任何一条发车间隔短或长的线路换乘到一条发车间隔较短的线路时,换乘时间较短。没有必要专门对换乘站的时刻表进行协调。

类型 C:短—长发车间隔。该类型与类型 B 相反,它出现在从短间隔的干线换乘到长间隔的接运线路的情况。这种换乘可能影响等待时间,等待时间从较短的时间变化到接近乘客换乘线路的长发车间隔那么长的时间。因此,换乘等待时间的延误是随机的。当所有线路的时刻表都告知给乘客时,每位乘客就可以安排各自出行,因此乘客可选择在最小的延误内赶上与该接运线连接的干线车辆,等待时间的不确定性能被缓解。

类型 D:长—长发车间隔。根据发车间隔的关系,两条长发车间隔的线路间换乘可以分成 3 个子类型。

类型 D_1:长—长发车间隔,发车间隔相等且同步,有重叠的车站停站时间。进行换乘的连接线路的公交单元同时到达车站,保持连续间隔(称为脉冲发车间隔)并在站点停留几分钟,以便各公交单元间乘客换乘。这种类型的换乘称作同步换乘系统(Timed Transfer System,以下简称 TTS),能为各公交单元间乘客提供简单、便捷的换乘。

类型 D_2:长—长发车间隔,发车间隔相等,没有重叠的车站停留时间,公交单元按照相同的时间顺序到达不同的连接线。这种可能使一条线到另一条线能方便换乘,如从 M 线到 N 线,但反向却不能(从 N 线到 M 线)。假设线路 M 在每小时的 07、27、47 min 到站,线路 N 在每小时的 10、30、50 min 到站,那么从 M 换乘到 N 只需要等待 3 min,而从 N 换乘到 M 则需要等待 17 min。

类型 D_3:长—长发车间隔,发车间隔不等,无法进行时间的协调。换乘时间是随机的,且可能在目的线路上等待一个发车间隔的时间。

表 9-1 简单概述了所有类型和子类型的特点。如表所示,从任何线路换乘到短间隔的线路都很便捷(类型 A、B);而换乘到长间隔的线路可能发生的情况有很

多种,可能如类型 D_1 换乘很便捷,也有可能如类型 D_3,换乘不方便。类型 A 或 B 不必对时刻表进行协调,但对类型 D_1 和 D_2,时刻表的协调则很重要。

2. 不同类型线路的换乘分类

不同类型的线路换乘会导致不同的乘客换乘次数和特征。一方面是每条线路与换乘枢纽的关系,可能是终止也可能是贯穿通过换乘枢纽。另一方面,换乘线路是否有相似特征(如发车频率、运输能力等);或者是否其中一条线路发车频率及运输能力较强,起主导作用,其他线路则作为集散客流功能的接运线。换乘类型会有相似线路间的多对多换乘,干线/接运线间多对一、一对多换乘等。

在不同点相交的市郊线路通常有相似的性质,当多条市郊线路汇合到中心城镇发车的轴辐式线路时,一般将线路设置成干线/接运线。

案例 1 最简单,换乘枢纽即较多公交线路共用一个终点站,多条相似线路或是市郊低频线路在干线终点站终止。同步换乘系统(TTS)主要应用于该类型换乘枢纽,使乘客换乘延误最小。当 N_e 条尽头线在换乘枢纽汇合时,换乘方案共有 k 种:

$$k = N_e(N_e - 1) \tag{9-1}$$

案例 4 是案例 1 换乘的简单算例:两条线路共用一个首末站,换乘方案会有 2 个,即从线路 A 换乘至线路 B,或是从线路 B 换乘至线路 A。

案例 2 中有接运线的干线,有利于接运线换乘。然而由于干线发车间隔短,大部分干线车辆可能无法与接运线的车辆衔接,仅有少数干线能与刚到站的接运车辆衔接,会导致干线承载客流量不均衡。因此只有当接运线与干线之间换乘量很大时,可以协调两者发车时刻,运用 TTS。

案例 2 和案例 5 是有 N_t 条通过线到达换乘枢纽站,换乘方案共有 k 种:

$$k = 4N_t(N_t - 1) \tag{9-2}$$

当两条交叉线路换乘时即有 8 种换乘方案。当换乘量很大且发车间隔相等时,有必要运用 TTS。然而由于该类型换乘枢纽经常是设置在公交线路中途,会增加所有通过该枢纽站乘客的出行延误,因此为减少延误,同时避免通过客流流失,应尽量通过编制精确的时刻表、可靠运营以及设计短距离换乘车站来实现缩短车辆在车站的滞留时间。

案例 3 也较为常见,N_e 条尽头线与 N_t 条通过线在同一枢纽站汇合,换乘方案有 k 种:

$$k = (N_e + 2N_t)^2 - (N_e + 4N_t) \tag{9-3}$$

当所有线路都为尽头线或通过线时,案例 3 即表现为案例 1 或案例 2。

表9-2 根据线路类型对换乘进行分类

案例编号	线路条数		换乘方式	相似路线/路径			干线/联运式线路		
	尽头线	通过线		图例	典型案例	说明	图例	典型案例	说明
1	N_e	0	$N_e(N_e-1)$		多条市郊线路的终点站	需要多条线路间的协调,能成功使用TTS		干线与多条接运线共用一个终点站	接运线之间的换乘需要协调(TTS)
2	0	N_t	$4N_t(N_t-1)$		多条线路的相交点	需要TTS,但会引起通过线乘客的延误		有多条接运线相交/终止的干线相交车站	可能应用TTS.接运线在干线停靠点周围到线出发
3	N_e	N_t	$(N_e+2N_t)^2-(N_e+4N_t)$		多条公交线路终止或通过点	需要TTS,比案例2容易实现		干线通过,接运线相交或终止的车站	
4	2	0	2		两条市郊线路的终点站			一条接运线和一条干线共用一个终点站	
5	0	2	8		任意两条线路的相交点			有接运线相交的干线车站	
6	1	1	4		一条尽头线和另一条通过线的相交点			干线通过,接运线终止	

案例 6 是一条尽头线与一条通过线间的换乘,会有 4 种换乘方案。如果尽头线的车辆能在通过线车辆通过车站前到达或在其之后离开,即可实现协同换乘。

9.1.2　协同发车优化目标

本章的重点集中在如何设计时刻表,使得同时到达换乘点的车辆数目最大。从乘客角度来看,建立时刻表的全局方法是考虑最小的出行和等待,包括可能的步行时间,问题即转换为利用 O-D 数据的公交线网调度问题。假设公交线网存在一定乘客需求量,最大协同问题无论从公交线网,还是从乘客角度,都是非常重要的目标。在公交线网设计中,强调了减少换乘点数量的重要性,因为这些换乘点对乘客会造成不利的影响。从运营成本角度看,换乘点的减少和公交线网效率的提高之间,存在某种制约关系,如图 9-1 的描述。

为提供适当的或折中的服务水平,计划编制人员需要保证最大平滑换乘,这涉及乘客从一条线路换乘到另一条线路而无需等待。要求换乘的乘客等待时间最小,其最直接的效果就是计划编制人员能够使公交系统更有吸引力,并因此有望增加公交乘客。图 9-1 描述了同步换乘能够减少影响服务水平的负面因素,并使公交线网效率提高。换乘协同是最困难,却是最重要的计划编制任务。差的换乘可能会导致用户停止使用公交服务。

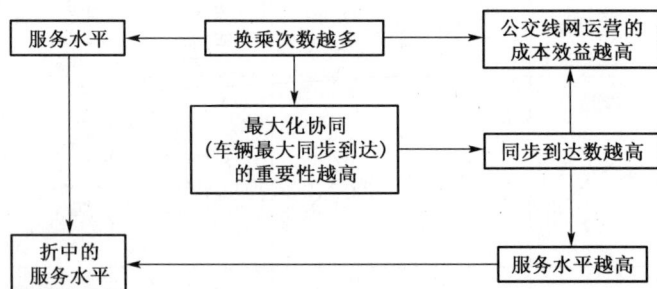

图 9-1　基于乘客换乘的权衡

9.2　多线路公交协同调度设计

9.2.1　协同调度设计准则

大部分文献中重复引用了以下几条公交线路计划时刻表的协同准则[77]:

(1) 对于有效的公交协同换乘系统,线路设计和行车计划编制应该同时生效。

（2）同步换乘运行的成功很大程度上依赖于实时控制，因此时刻表的准点率非常重要。

（3）当发车频率较高时，引入协同控制策略可能并不值得。大部分文献用30 min 发车间隔的案例来进行分析。

高频线路换乘至低频线路的典型例子是轨道交通的接驳巴士。当轨道交通站的周围存在新建的住宅区、商业区、学校等产生大量发生和吸引出行的地点时，这些吸/发点与轨道交通站之间可以通过接驳巴士相连。轨道交通发车间隔比较短，属于高频线路。接驳巴士受到资源的限制，发车频率不高，车头时距长，乘客换乘等待时间往往会较长。此时，低频线路发车间隔为高频线路的整数倍为优；若低频线路发车间隔为高频线路的整数倍，低频线路的计划发车时刻应与高频线路的计划到达时刻一致[255]。

低频线路换乘到低频线路可能会出现的情况是：乘客刚下车，目标换乘的车辆就已离开，导致换乘失败，需要等待下一个班次，而由于发车间隔较长，换乘等待时间增加。所以在包含低频线路的换乘中，应当优化协同计划时刻表，在关键站点处设置较多的规划衔接时间或者松弛时间，以使得车辆非同时到达站点的时间差达到最小。时间差总和越小，趋近同步到达的车辆数越多，越利于换乘[66]。

运行层的调度控制策略中，可以通过通信控制以延迟车辆在关键站点处的离站时间，减少换乘等待时间。即当前车（乘客换乘前所乘坐的车辆）到达站点后或者即将到达站点时，将实际到站时刻或者预测到站时刻通过通信系统发送至后车（乘客目标换乘车辆）。后车在接到前车信息后，决定何时离站以及需要在站点上等待多长时间，从而保证乘客顺利换乘。通信控制需要智能公共交通系统配合，建立车辆与车辆之间或者车辆与调度控制中心之间的通信连接。

当常规公交作为支线用于衔接火车站、机场等时，可给公交车辆配备相关衔接站点的火车或者飞机的到站信息及时间偏差，通过多模式的在线通信，及时采取运行过程中的调度控制策略，提高换乘可靠性。

9.2.2　同步换乘系统运行设计

1. 同步换乘系统网络

同步换乘系统网络是指包含公交线路以及一个或多个公交枢纽（或网络聚集点）的网络，在这个网络中，所有相交线路的车辆都能同时到达换乘中心，且各方向乘客可轻松换乘。为使乘客换乘，车辆出发时需要对各线路服务如车辆到达、同时停站进行时间安排。在同步换乘系统中,换乘中心之间的车辆运行时间与计划的发车间隔有一定的联系。因此网络线路与基本运营时刻表必须协同设计。

在很多不同的交通运输系统中,实际运营都采用了同一个基本思路:两条或多条线路的车辆同步到达换乘中心(或聚集点)→乘客进行换乘→车辆离开车站,尽管车辆到达及延续之间的时间不同。例如,许多北美的航线就是这样运行的:至少有一个或几个枢纽机场,在这些枢纽机场,各方向的航班每隔 30～60 min 集中到达。大约 1 h 后,再集中出发飞往不同的目的地。与枢纽机场运营一样,这样也使得乘客换乘便利。一些快速货运服务也采用这种类型的运营方式,并在一天中汇合一至两次。

同步换乘思路在时刻表精确的系统中运用最有效。脉冲发车间隔与服务的类型有关,例如,德国、荷兰、瑞士等国的市际或区域轨道交通系统拥有每隔 60、30 或 15 min 进行同步换乘的广泛网络。由于夜间服务的车辆发车间隔都比较长,因此很多城市的公交系统一直就用 TTS 为夜间服务。尤其是城市内所有主要线路的车辆每隔一小时在中心地点汇合一次——通常为城市中心、主要的火车站或中心广场。另一方面,也有很多地铁系统为使线路间乘客换乘方便就会以较高频率,如每 5 min 一次或更短的发车间隔实现同时汇合。为实现在不同线路之间以及同一线路快/慢车之间换乘而采用这种车辆同时到站的运营方法。

自 1970 年以来,很多北美城市的公交网络以不同形式成功的引入了 TTS 理念。随着北美许多低密度、小汽车化郊区的发展,仅靠独立公交线路服务这些区域已经很困难了。由于独立公交线路的发车间隔长,导致线路间的换乘不方便,而且等待时间长且不规律。因此,对所有市郊出行来讲,公交出行远不及直达的小汽车交通便捷。为提高公交在小汽车导向区域的吸引力,如加拿大埃德蒙顿、波特兰、萨克拉曼多等城市就引进基于 TTS 的网络和运行方式。通过其对 LRT 系统的加强,基于 TTS 系统的运营将这些城市不协调的公交线路提升到协调网络并使乘客轻松换乘。

引入一个成功的 TTS 网络主要采取以下三个方面的措施。第一,尽量使线路、网络的布局与运行时刻表的编排相协调。网络布局包括公交枢纽站的选址、枢纽站联络线以及辐射线的布设等。因为线路的运行时间必须与脉冲发车间隔一致,因此时刻表的编制与网络设计相互依赖,所以必须考虑这两者。第二,尽量提高运营的可靠性,以使车辆在换乘中心错过汇合的可能性降到最低。为使市郊公共汽车服务可靠,应使连接点的停留时间为 2～4 min。如果由于交通拥挤或其他原因导致频率降低,则停留时间应适当延长,增加至 4～6 min。但如果停留时间过长,换乘就失去了 TTS 的主要优点——便捷、换乘延误小。第三,应推进分布式信息和市场服务的综合作用,并将 TTS 服务介绍给公众,使他们了解并接受这一运营方式。当乘客习惯了协调换乘后他们对其会产生依赖,他们希望整合的公交单元在公交枢纽汇合并使换乘方便。但当系统不可靠时,乘客就会因错过换乘时机而感到不满,他们需要等待一个发车间隔,10～15 min 或更长的时间[254]。

2. 同步换乘系统运行设计

TTS 系统中不同线路的车辆每隔一个时间间隔都必须在公交枢纽同步到站、离站,这个时间间隔称为脉冲发车间隔 h_p。TTS 通常应用在承运线路能力较小或中等能力线路中,这些线路的脉冲发车间隔一般比较长,通常为 9～30 min。为使时刻表每小时重复一次,目前只有两种不同的基本脉冲发车间隔可以选择,每种脉冲发车间隔都包含一系列的发车间隔,这些发车间隔是脉冲发车间隔的一部分或整数倍:

15 min,允许这些线路为 7.5、30、45、60 min;

20 min,允许发车间隔一般为 10、40、60 min。

对于 15 min 和 20 min 脉冲发车间隔的选择,需要考虑以下几点:所需的服务水平(频率);公交枢纽站间的距离,这影响时刻表的效率;投资规模大小和运营费用,考虑系统发车频率、所有线路需要车辆数。

设计采用 TTS 的公交系统时,必须协调考虑网络形式、规模(线路长度)和车辆运行的时刻表。现在通过如图 9-2 所示的一个最简单的 TTS 的例子,即单中心

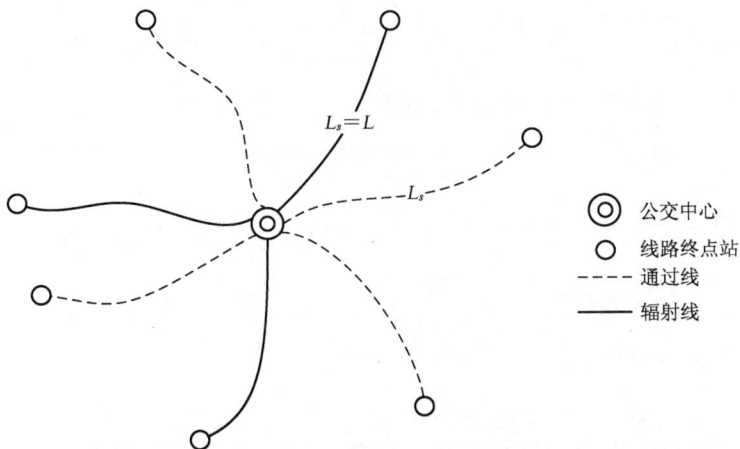

图 9-2　单中心的 TTS 网络

网络来说明网络运营要素的计算方法。这个例子是一系列辐射线和直径式线路在一个单公交枢纽终止或贯穿通过。

若要在单中心网络中运用 TTS,所有在公交枢纽 L_s 终止的线路或贯穿通过的线路,其 T,N 和 h_p 应满足以下关系:

$$j_1 \frac{T_1}{N_1} = j_2 \frac{T_2}{N_2} = \cdots = j_i \frac{T_i}{N_i} = h_p \qquad \left| \frac{j}{-} \right| \frac{T}{\min} \left| \frac{N}{TU} \right| \frac{h}{\min/TU} \right| \qquad (9\text{-}4)$$

其中,j 是整数,某线路的车辆如果是在每个脉冲发车间隔到站,$j=1$;相应的,如果每隔两个或三个脉冲发车间隔才到站时,$j=2$ 或 3。或者,某线路的运行周期为 $2T$,共有 2 辆车($N=2$)运行,则 $j=1$,因为每隔 h_p 才有一辆车到站。

式(9-4)表明,当线路 i 上有 1 辆车($N=1$)时,脉冲发车间隔 h_p 等于从换乘中心到线路 i 终点的运行周期(来回运行一次所用的时间):$h_{pi}=T_i$。如果在一个运行周期 T 内,线路上运行的车辆由 1 增到 2,则脉冲发车间隔减少到 $h_p/2$。另一方面,如果线路的运行周期比较长,相应的发车间隔就比较长,为 $2T$ 或 $3T$。当只有 1 辆车运行时,相应的发车间隔就比较长,为 $2h_p$ 或 $3h_p$,这就意味着该线路上的车辆每隔两个或三个脉冲发车间隔才能到达。

这里给出由各类时间组成的运行周期 T,且 T 是线路长度 L 和运营速度 V_0 的函数表示。其中,两个终端站时间 t 被用来调整运行周期,令其等于 h_p 或等于 h_p 的整数倍,并满足式(9-4)。

运行周期也可以表示成线路长度 L 和周转速度 V_c 的函数:

$$T = 2T_0 + t_{t1} + t_{t2} = \frac{120L}{V_0} + t_{t1} + t_{t2} \qquad \left| \frac{T,t}{\min} \right| \frac{L}{km} \left| \frac{V}{km/h} \right| \qquad (9\text{-}5)$$

如果用 $N*h$ 代替运行周期 T,每条线路 i 或者从中心 L_s 出发的辐射区段上的车辆数 N,可通过式(9-5)和(9-6)得到式(9-7):

$$T = \frac{120L}{V_c} = h \cdot N \qquad \left| \frac{T}{\min} \right| \left| \frac{L}{km} \right| \frac{V}{km/h} \left| \frac{h}{\min/TU} \right| \frac{N}{TU} \right| \qquad (9\text{-}6)$$

$$N_i = \frac{120L/V_0 + \sum t_t}{h} = \frac{120L_{si}}{h_p \cdot V_{ci}} \qquad \left| \frac{N}{TU} \right| \frac{L}{km} \left| \frac{V}{km/h} \right| \frac{h}{\min/TU} \left| \frac{t}{\min} \right|$$

$$(9\text{-}7)$$

对于直径式线路,算出从中心出发的单侧辐射线路所需的车辆数 N,再将两侧的辐射线的车辆数相加,得到整条线路的车辆总数。

利用以上公式,TTS 网络的规划步骤如下:

① 确定每条线路的运行周期 T_0 和在两终点站的最小时间,即为每条线路所需的最小可能周期。

② 根据获得的发车间隔画图,分别绘出 h_p 为 15 min 和 20 min 时可以进行的发车间隔调节,如图 9-3 所示。

③ 将这两种情况的服务水平以及所需公交单元的数量(即费用)进行对比,选出较好的情况。将选出的发车间隔应用于整个 TTS 网络中,然后将所有的发车间隔调整为与所选集合中发车间隔相符。同时,调节终端站时间使各线路周期 T 都与 h_p 相等或为 h_p 的倍数。

④ 计算每条线路所需的公交单元数目。

图 9-3 为一规划案例,5 条线路(A、B、C、D、E)聚集于轨道交通中心。有关这 5 条线路的数据和计算结果分别用图表形式表示成两组:对时刻表而言,h_p 分别为 15 min 和 20 min,表中列出的各线路最小周期是根据式(9-5)得到的,其中 T_0 为实际测量值,终端站时间为运营经验值。表下面的两行分别为所需的发车间隔和所能提供的发车间隔,前者根据客流量和政策发车间隔确定,后者是 h_p 的最小整数倍。

为使最小周期与 h_p 相适应,可根据以下方法进行调整:增加在站时间(最常用的方法);提高运营速度(提倡公交车辆优先政策系统、减少停战次数、建设快速售票系统、缩短车辆停站时间等);改变线路长度或布局;改变公交单元的数量。

当线路 D 的发车间隔为 30 min 时可以将周期设为 45 min 而不是 60 min,但这种情况只有当该线路与另一线路交叉,或两线联合制定时刻表时,且与之相交的另一条线路的运行周期与发车间隔的比值 $N = 1.5$ 时才能实现。

表中同时给出了附加周期时间 ΔT(所需最小周期与实际可行周期 T 之间的差值),线路所需要的公交单元数量 N 以及所有线路需要的公交单元数量总和,最后给出了根据周期调整确定各线路和所有线路总的 TU - min。

图 9-3 的图表给出了评价两种情况的所有要素。与 15 min 脉冲发车间隔相比,20 min 脉冲发车间隔的线路 A、B 和 E 提供的发车间隔较短,但线路 C 和 D 的发车间隔较长。从图 9-3 中各线路可行的发车间隔,脉冲发车间隔 20 min 的周期差值 ΔT 较小(h_p 为 20 min 的 $N \cdot \Delta T$ 为 75 min,h_p 为 15 min 的 $N \cdot \Delta T$ 为 99 min),但所需的公交单元数量 N 比 h_p 为 15 min 的多一个,共需要 10 个而非 9 个。应根据这些不同点的比较进行选择[254]。

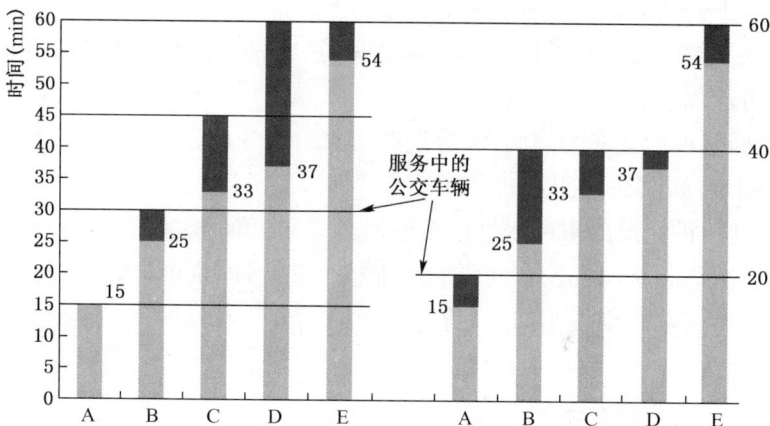

线路	$h_p = 15\ \text{min}$						$h_p = 20\ \text{min}$					
	A	B	C	D	E	$\sum$	A	B	C	D	E	$\sum$
$T_{\min}$	15	25	33	37	54		15	25	33	37	54	
h：期望值	15	30	20	40	30		15	30	20	40	30	
提供值	15	30	15	40	30		10	20	20	40	20	
T	15	30	45	60 (45)	60		20	40	40	40	60	
$\Delta T = T - T_{\min}$	0	5	12	23	6	46	5	15	7	3	6	36
N	1	1	3	2	2	9	2	2	2	1	3	10
$N \cdot \Delta T$	0	5	36	46	12	99	10	30	14	3	18	75

图9-3 规划5条线路的 TTS 网络的脉冲发车间隔为 15 min 和 20 min

9.3 轨道交通接驳公交协同调度

在城市中,轨道交通和地面常规公交承担不同的运输任务。当城市发展到一定规模之后,单纯依靠地面常规公交来解决大容量人流运输非但不经济,而且会加剧高峰期的交通拥堵。因此,最佳的解决办法是将大容量的轨道交通作为公共交通的主力,地面常规公交则主要围绕轨道交通站点为其疏散人流。从此角度出发,研究立足点是:在满足客流需求的前提下,通过运用常规公交调度手段,实现常规公交与轨道交通在换乘站点的时间协调,减少乘客的换乘平均候车时间,提高乘客的出行效率、公共交通系统运行可靠性,优化公共交通的运营调度,从而提高公共交通的吸引力。

9.3.1　面向换乘枢纽的计划调度协调模型

1. 模型建立

乘客公共交通出行流程如图9-4所示,由此得出乘客出行包括在车时间、到站步行时间、候车(包括换乘候车)时间三部分。

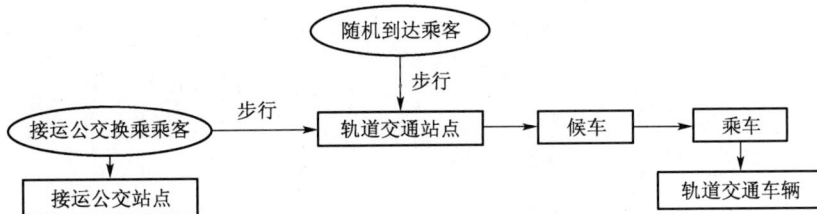

图9-4　接运公交换乘轨道交通乘客出行流程

本书研究限于接运公交线路与轨道交通之间的乘客换乘总等待时间,乘客的总换乘等待时间包括两种方式间乘客换乘的等待时间和随机到达乘客的等待时间两部分。

本文在构建模型前对问题进行了简化,建立以下假设:

① 各换乘点乘客的到达服从均匀分布,并设乘客的到达率为常数。

② 不考虑道路交通运行条件的影响。

③ 轨道交通与接运公交车辆在线路上各站之间行驶的行程时间已知。

④ 在某一时间区间内,轨道交通与接运公交线路的发车间隔为定值。

(1) 随机到达乘客等待时间

由假设各换乘站点步行到站乘客的到达是均匀的,则到达换乘站点 k 等候第一条接运公交线路与轨道交通的总时间可以表示为:

$$T_1^l = \frac{\varrho I_r^2}{2} + \frac{\varrho I_b^{l2}}{2} \tag{9-8}$$

式中:ρ——乘客步行到换乘站点的到达率;

　　I_r——轨道交通发车间隔;

　　I_b^l——第 l 条接运公交线路发车间隔。

(2) 换乘乘客等待时间

由图9-5与9-6分析,轨道交通车辆与接运公交线路间所有车次乘客的总换乘等待时间表示为:

$$T_2^l = q_{r,b}^l \{[(b_0^l + t_{b,k}^l) - (r_0 + t_{r,k} + t_p)] + \sum_{i=1}^{n} \sum_{j=1}^{m} [(b_j^l + t_{b,k}^l)$$

$$-(r_i + t_{r,k} + t_p)]\} + y_{ij}^l q_{b,r}^l \{[(r_0 + t_{r,k}) + I_r - (b_0^l + t_{b,k}^l + t_p)]$$

$$+ \sum_{i=1}^{n} \sum_{j=1}^{m} [(r_i + t_{r,k}) + I_r - (b_j^l + t_{b,k}^l + t_p)]\} \tag{9-9}$$

其中：

$$r_i = r_0 + iI_r, (i = 1, 2, 3, \cdots, n)$$

$$b_j^l = b_0^l + jI_b^l, (j = 1, 2, 3, \cdots, m)$$

$$y_{ij}^l = \begin{cases} 1, & \begin{bmatrix} 0 < (b_j^l + t_{b,k}^l) - (r_i + t_{r,k} + t_p) \leqslant \min(I_r, I_b^l), \\ 0 < (b_0^l + t_{b,k}^l) - (r_0 + t_{r,k} + t_p) \leqslant \min(I_r, I_b^l) \end{bmatrix} \\ 0, & \begin{bmatrix} (b_j^l + t_{b,k}^l) - (r_i + t_{r,k} + t_p) = 0, \\ (b_0^l + t_{b,k}^l) - (r_0 + t_{r,k} + t_p) = 0 \end{bmatrix} \end{cases}$$

式中：b_0^l——第 l 条接运公交线路的第一辆公交车从始发站的发车时间；

b_j^l——第 l 条接运公交线路的公交车辆 j 从始发站到达换乘站点的时间；

r_0——第一辆轨道交通车辆从始发站的发车时间；

r_i——轨道交通车辆 i 从始发站到达换乘站点的时间；

$t_{b,k}^l$——第 l 条接运公交线路从始发站到达换乘站点的行程时间；

$t_{r,k}$——轨道交通从始发站到达换乘站点的行程时间；

$q_{r,b}^l$——从轨道交通换乘到第 l 条接运公交线路的平均乘客数；

$q_{b,r}^l$——从第 l 条接运公交线路换乘到轨道交通的平均乘客数；

t_p——换乘乘客平均步行时间。

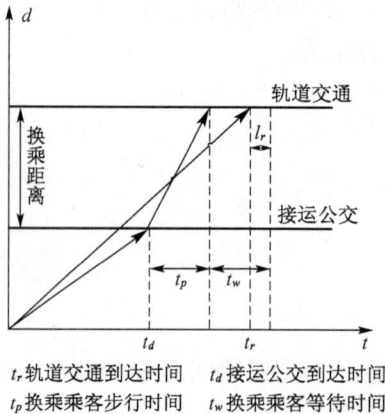

图 9-5　接运公交换乘轨道交通时空图　　图 9-6　轨道交通换乘接运公交时空图

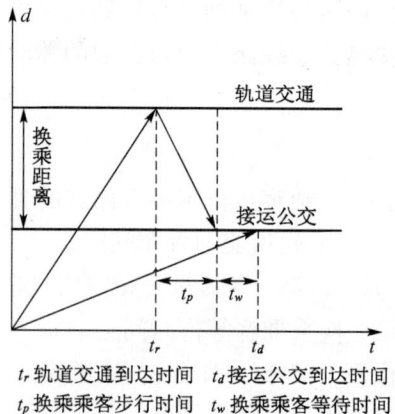

（3）总换乘等待时间

$$T = \sum_{l=1}^{L} (T_1^l + T_2^l) \tag{9-10}$$

式中：L——接运公交线路总条数。

（4）模型构建

$$\min T = T(b_0^l, r_0) \tag{9-11}$$

$$\text{s. t.} \begin{cases} 0 \leqslant (b_j^l + t_{b,k}^l) - (r_i + t_{r,k} + t_p) \leqslant \min(I_r, I_b^l) \\ 0 \leqslant (b_0^l + t_{b,k}^l) - (r_0 + t_{r,k} + t_p) \leqslant \min(I_r, I_b^l) \\ n = \dfrac{60}{I_r} \\ m = \dfrac{60}{I_b^l} \\ 0 \leqslant r_0 \leqslant 60 \\ 0 \leqslant b_0^l \leqslant 60 \end{cases}$$

2. 算例分析

引用文献的算例进行说明[256]，取轨道交通换乘站点的接运线路仅为 1 条，调查时段内随机到达换乘点的乘客为 0，从轨道交通换乘到接运公交线路的平均乘客数为 6 人，在换乘站点从接运公交线路换乘到轨道交通的平均乘客数为 6 人。接运公交线路从始发站到达换乘站点的行程时间以及轨道交通从始发站到达换乘站点的行程时间分别为 20 min、30 min，平均换乘步行时间为 3 min。轨道交通与接运公交发车间隔分别为 5 min 和 10 min。将数据代入公式（9-11）可得：

目标函数：

$$\min T = 6 \Big[(b_0 - r_0 - 13) + \sum_{i=1}^{12} \sum_{j=1}^{6} (b_j - r_i - 13) \Big] + $$
$$6 y_{ij} \Big[(r_0 - b_0 + 12) + \sum_{i=12}^{12} \sum_{j=1}^{6} (r_i - b_j + 12) \Big] \tag{9-12}$$

其中：

$$y_{ij} = \begin{cases} 1, \begin{bmatrix} 0 < b_j - r_i - 13 \leqslant 5 \\ 0 < b_0 - r_0 - 13 \leqslant 5 \end{bmatrix} \\ 0, \begin{bmatrix} b_j - r_i - 13 = 0 \\ b_0 - r_0 - 13 = 0 \end{bmatrix} \end{cases}$$

约束条件：

$$\text{s. t.} \begin{cases} 0 \leqslant b_j - r_i - 13 \leqslant 5 \\ 0 \leqslant b_0 - r_0 - 13 \leqslant 5 \\ r_i = r_0 + 5i \\ b_j = b_0 + 10j \\ 0 \leqslant r_0 \leqslant 60 \\ 0 \leqslant b_0^l \leqslant 60 \end{cases}$$

经计算得到结果为:$r_0 = 0$,$b_0 = 8$ min,$T = 60$ min。即:若取时间区间为 $[6:00,7:00]$,则在此时间区间第一辆轨道交通车辆发车时间为 $6:00$,第一辆接运公交发车时间为 $6:08$,此时乘客换乘总等待时间最短为 60 min。

9.3.2 考虑运行可靠性的接运公交调度优化

1. 城市轨道＋接运系统可靠性分析

(1) 城市轨道＋接运系统可靠性概念

可靠性的基本定义是:产品在规定的条件下和规定时间内,完成规定功能的能力,是系统在规划、设计和执行过程中的主要考虑因素[257]。

因此,城市轨道＋接运系统可靠性是指在一定的营运条件下,能够按照预定的时刻表完成轨道交通与接运公交的换乘,将轨道交通(接运公交)的所有换乘乘客安全、舒适、快速地送到接运公交(轨道交通)的概率。

城市轨道＋接运公交系统可靠性分为网络可靠性与运营可靠性两类。轨道＋接运公交系统网络可靠性主要通过连通可靠度作为可靠性测度指标;轨道＋接运公交系统运营可靠性主要通过行程时间可靠度以及服务质量可靠度作为可靠性测度指标。

(2) 可靠性测度指标[258]

① 连通可靠度

连通可靠性是最早被研究的交通网络可靠性指标,它反映的是网络节点连通的概率。其求解过程中一般只研究路段的 0、1 两种状态,即具有最大通行能力或通行能力为 0。当路段通行能力为 0 时,表示路段不连通;反之,则表示路段相连通。

用网络弧段连通与否作为测度标准来度量网络系统或单元的可靠性,定义连通可靠度为在一定的时期或一定的条件下,节点两两连通的概率就是连通可靠度,可用式(9-13)表示:

$$r_a = E[x_a] = 1 \times Pr\{x_a = 1\} + 0 \times Pr\{x_a = 0\} \tag{9-13}$$

式中:x_a——弧段 a 的二值状态变量;

r_a——弧段连通可靠度。

网络连通可靠度是网络可靠性的基础评价指标,可以直观反映网络拓扑结构的优劣。

② 行程时间可靠度

行程时间是指乘客从出发地到目的地的出行过程中所花费的总时间,既包括了在车时间,还包括了步行到站点时间、等待时间、换乘时间等。在出行过程中有诸多因素会引起出行时间的随机变化,因此,行程时间是一个随机变量。

用行程时间可靠度作为测度标准来度量系统或单元的可靠性,定义行程时间可靠度为在一定的时期或一定的条件下,将乘客从节点 i 送至节点 j 的时间满足乘客期望时间的概率就是行程时间可靠度,可用式(9-14)表示:

$$R(t) = P(T \leqslant t) \tag{9-14}$$

式中:$R(t)$——行程时间可靠度;

  T——从出发地到目的地的行程时间;

  t——乘客对于行程时间的最低期望要求。

期望要求的时间越长,能及时到达的可能性就越大;期望要求的时间越短,能及时到达的可能性就越小。可见,行程时间可靠度 $R(t)$ 是乘客期望要求的出行时间 t 的函数,描述了 $(0,t)$ 时间段内能够到达的概率,且 $R(0) = 0, R(+\infty) = 1$。

如果已知行程时间的概率分布,式(9-14)可表示为式(9-15):

$$R(t) = F_T(t) \tag{9-15}$$

式中:$F_T(t)$——出行时间 T 的分布函数。

若已知从出发地到目的地的车辆速度的分布函数 F_v、起讫站点的距离 d 以及除乘坐时间外的其他花费时间 t',则式(9-15)可表示为式(9-16):

$$R(t) = P((d/v + t') \leqslant t) = 1 - F_v(d/(t - t')) \tag{9-16}$$

行程时间可靠度主要取决于车辆运行时间、站点上下车时间的可靠度等因素,因此,如果一条公交线路在其中任何弧段发生时间的延误,都将可能影响整个线路的行程时间可靠度。行程时间可靠度是保证接运公交正常运营调度的前提和基础,是测度接运公交运营服务水平的重要指标。

③ 服务质量可靠度

出行的方便性、快速性、舒适性和经济性是衡量接运公交服务质量的一个重要指标。由于上述因素与等待时间、换乘次数、车内拥挤程度等因素密切相关,因此须通过建立出行服务质量评估模型来研究接运公交出行的可靠性。

采用出行服务质量作为测度标准来考察出行服务是否能满足乘客对出行服务

的要求,定义接运公交服务质量可靠度为在一定的时期和一定的条件下,满足乘客对出行服务质量要求的概率为轨道交通网络的服务质量可靠度,其中出行服务质量主要包括出行方便性、快速性、舒适性及经济性。

由于轨道交通网络系统的服务质量本身既具有随机性也具有模糊性,因此,轨道交通网络系统的服务质量可靠度也是一个模糊随机变量。

(3)可靠性测度指标比较

连通可靠度、行程时间可靠度和服务质量可靠度是三个衡量接运公交系统可靠性程度不同性质的测度指标,三者的区别以及适应性分析如表9-3所示。

表 9-3　可靠度指标比较与适应性分析

类型	测度标准	影响因素	变量描述形式	适应性
连通可靠度	节点的连通程度	包括自然灾害、交通事故造成的运输网络阻断等	仅考虑了固定影响因素所引起的网络连通程度的变化	网络设计层面
行程时间可靠度	行程时间	包括各种原因造成的公交通行能力下降、运输工具故障、公交站点运送能力不足及人员操作失误等	考虑了影响因素的随机性所引起的行程时间的随机变化	运营调度层面
服务质量可靠度	乘客对于出行服务质量的认可度	与行程时间以及出行过程中的换乘次数、车内拥挤程度等有关	既考虑了系统中存在的随机因素,又考虑了服务失效判别的模糊性	运营调度层面

在进行城市轨道交通与接运公交运营计划制定时,目的是确定与轨道交通相协调的接运公交时刻表,建立面向换乘枢纽的计划调度协调模型是假设不考虑接运公交运行过程中的道路条件等随机因素的影响以及接运公交到达换乘站点的行程时间为定值,但实际运行过程中,随机因素对接运公交的行程时间影响是不可忽略的,因此,主要提出基于行程时间可靠度的接运公交时刻表优化方法。

2. 接运公交行程时间可靠性模型

对于轨道交通与接运公交换乘站点,轨道交通准点率较高,对接运公交的准时性要求也较高。在公交车辆的实际运行过程中,由于交通条件、停站时间的影响,公交车辆往往不能准点到达换乘站点。为尽可能保证换乘的顺畅性、连续性,对于公交车辆运行过程中的随机因素,应考虑行程时间的变动性,增加公交行程时间可靠性分析,即在具体的服务水平下和给定的时间内,提高从起点到终点出行成功的概率[214]。

公交线路行程时间可靠性模型是用以描述在运输时间过程中公交完成规定服务功能的概率。在公交线路运行过程中,产生延误事件的时间标准是以公交运行时刻表为依据的。公交车辆不能按时完成到达各个站点的乘客运输任务,则发生公交线路运行失效现象。对于乘客来说,公交车上的乘客关心能否正常到达目的站点,而每个公交站台上等待的乘客关心的是车辆是否能够正常到达停靠站点。按照这两种情况,可分别建立公交线路的运行时间可靠性模型[57]。

(1) 公交车辆从站点 i 到 j 的行程时间可靠度模型

从站点 i 到 j 的行程时间是否可靠的判断准则:对于公交车辆,只要到达站点 j 的时间偏差在可接受的限定范围之内,即使到达站点 j 之前的中间停靠站点 k 发生时间延误事件,也称其为从站点 i 到 j 的行程时间可靠。中间停靠站点 k 的状态包含车辆到达 k 站点准点或延误两种状态,因此,k 站点的正常事件与其逆事件一起构成完备事件组。利用全概率公式可以得到公交行程时间的可靠度,具体公式表示为:

$$R_{ij} = P_{ij} = P(k)P(s/k) + P(\bar{k})P(s/\bar{k}) \qquad (9-17)$$

式中:R_{ij}——公交车辆从站点 i 到 j 的准点到达可靠度;

P_{ij}——公交车辆从站点 i 到 j 的准点到达概率;

$P(k)$——公交车辆准点到达中间站点 k 的概率;

$P(s/k)$——公交车辆准点到达中间站点 k 的条件下,到达 j 站点准点的概率;

$P(\bar{k})$——公交车辆到达中间站点 k 延误的概率;

$P(s/\bar{k})$——公交车辆到达中间站点 k 延误的条件下,到达 j 站点准点的概率。

(2) 车辆准时到达各站的行程时间可靠度模型

假定公交车辆在线路上的不同站点处产生的延误是相互独立的,则公交线路上任一停靠站点发生时间延误,则均会产生线路运行时间不可靠现象。因此,公交到达每站点时间均正常是各停靠站点相互串联的系统,其可靠度模型可表示为:

$$R_T = \prod_{i=1}^{n} R_i \qquad (9-18)$$

式中:R_T——公交系统到达可靠度;

R_i——公交车辆准点到达站点 i 的可靠度。

3. 接运公交运行时刻表优化

蒙特卡罗法是一种随机模拟方法,它是利用随机数或某种概率现象模拟现实问题,该方法可以对现实问题进行分析和做出预测。蒙特卡罗方法操作简单,并且结果能依概率收敛,可适用于可靠度计算。

蒙特卡罗模拟的方法主要包括两个步骤:一是产生随机数,可以由计算机按一定的算法生成满足独立性及均匀性的一串数字;二是判断随机数列,即公交车辆在站点 i 的时间状态。通过站点可靠度再分配等得到车辆到达站点 i 时间可靠的概率。具体的接运公交运行时刻表优化步骤如下：

（1）产生随机数

随机数的产生技术是随机模拟的基础，通用的方法是由计算机按一定的算法生成从统计上看满足独立性及均匀性的一串数字即伪随机数。目前常见的产生随机数的方法为同余法。

令
$$x_{i+1} = ax_i + c, (i = 1, 2, 3, \cdots, n) \tag{9-19}$$

式中：a——正整数，称为乘子；

c——非负整数，称为增量；

x_i——种子，$0 \leqslant x_i < m$，m 为模数，也为随机数序列长度。

（2）判断随机数列

$$d_i = \begin{cases} 1, & p_i \in [1 - q_i, 1) \\ 0, & p_i \in (0, 1 - q_i) \end{cases} (i = 1, 2, 3, \cdots, n) \tag{9-20}$$

式中：d_i——公交车辆运行至站点 i 的时间状态；

p_i——随机数，代表公交站点；

q_i——单个站点可靠性的观测概率。

根据上式判断随机数列，即公交车辆在站点 i 的时间状态，统计得到车辆到达停靠站点时间可靠的概率，进而运用公式得到从站点 i 到 j 的时间可靠性。

（3）站点可靠性再分配

为了保证公交调度正常运行，可以按车辆的实际运行特征适当修改公交调度时刻表。如果 $R_s < R_s^0$（规定的可靠性指标），即所设计的时刻表不能满足规定的可靠度指标的要求，那么就需要进一步改进原设计以提高其可靠度，也就是要对各站点运行时间的可靠性指标进行再分配。

可靠性再分配法基本思想是：把原来可靠性较低的站点的可靠度全部提高到某个值，而对原来可靠度较高的站点可靠度仍保持不变，其具体步骤如下：

① 据各接运公交站点可靠度的大小，由低到高进行重新排序：$R_1 < R_2 < \cdots < R_k < \cdots < R_n$。

② 按可靠度再分配法的基本思想，把较低的可靠度 R_1、R_2、$R_3, \cdots, R_k$ 都提高到某个值 R_0，而原来较高的可靠度 $R_{k+1}, \cdots, R_n$ 保持不变，则系统可靠度 R_s 为：

$$R_s = R_0^k \prod_{i=k+1}^{n} R_i \tag{9-21}$$

③ 确定 k，R_0。

令 $R_{n+1} = 1$，则 k 为满足下述不等式 j 的最大值：

$$r_j = \left(\frac{R_s^0}{\prod\limits_{i=j+1}^{n+1} R_i} \right)^{\frac{1}{j}} > R_j \tag{9-22}$$

由此得到：

$$R_0 = \left(\frac{R_s^0}{\prod\limits_{i=k+1}^{n+1} R_i} \right)^{\frac{1}{k}} \tag{9-23}$$

④ 可靠性的比例组合方法

$$\lambda_{in} = \lambda_{sn} \frac{\lambda_{io}}{\lambda_{so}} \tag{9-24}$$

式中：λ_{in}——按新时刻表运行的公交线路站点 i 发生延误的概率；

λ_{sn}——按新时刻表运行的公交系统延误的概率；

λ_{io}——按旧时刻表运行的公交线路站点 i 发生延误的概率；

λ_{so}——按旧时刻表运行的公交系统延误的概率。

4. 算例分析

在文献算例[255]的基础上结合面向换乘枢纽的计划调度协调模型算例,取接运公交线路停靠站点总数为 10 个,其运行时刻表如表 9-4 所示。通过对高峰时间接运公交到达各站点的时间数据进行统计,得到各站点可靠性的概率均达 80% 以上。

表 9-4　接运公交运行时刻表

站点	1	2	3	4	5	6	7	8	9	10
时刻表	6:08	6:11	6:15	6:18	6:22	6:26	6:29	6:33	6:37	6:40

运用 Matlab 软件中随机函数产生 10 列 0-1 随机数,代表接运公交线路的 10 个站点,可表示为：

$$d_i = \begin{cases} 1, & p_i \in [0.2,1) \\ 0, & p_i \in (0,0.2) \end{cases} (i = 1,2,3,\cdots,10) \tag{9-25}$$

由式(9-17)判断接运公交车辆在站点的时间状态,统计得到车辆到达停靠站点时间可靠的概率如表 9-5 所示。

表 9-5　接运公交站点可靠度

站点	1	2	3	4	5	6	7	8	9	10
可靠度	0.90	0.85	0.80	0.85	0.90	0.90	0.85	0.85	0.65	0.75

运用公式(9-18)对表9-5中数据进行计算,得到接运公交从站点 i 到站点 j 的运行时间可靠性,如表9-6所示。

表 9-6　接运公交站点 i 到站点 j 的运行时间可靠性

站点	1	2	3	4	5	6	7	8	9	10
1	0.90	0.76	0.72	0.76	0.81	0.81	0.76	0.76	0.58	0.67
2		0.85	0.68	0.72	0.76	0.76	0.72	0.72	0.55	0.64
3			0.80	0.68	0.72	0.72	0.68	0.68	0.52	0.60
4				0.85	0.76	0.76	0.72	0.72	0.55	0.64
5					0.90	0.81	0.75	0.76	0.58	0.67
6						0.90	0.76	0.76	0.58	0.67
7							0.85	0.72	0.55	0.64
8								0.85	0.55	0.64
9									0.65	0.48
10										0.75

运用公式(9-21)得到线路运行时间可靠性为 $R_s = 0.15$,若在此基础上将可靠性提高60%,即 $R_s^0 = 0.24$。将表中接运公交站点可靠度进行排序,即 $R_1 = 0.65$,$R_2 = 0.75$,$R_3 = 0.80$,$R_4 = 0.85$,$R_5 = 0.85$,$R_6 = 0.85$,$R_7 = 0.85$,$R_8 = 0.90$,$R_9 = 0.90$,$R_{10} = 0.90$,且令 $R_{n+1} = R_{11} = 1.0$,则将其带入公式(9-22)进行试算并与表中站点可靠度进行比较,可得:

当 $j = 1$ 时,$r_1 = \left(\dfrac{R_s^0}{R_2 R_3 R_4 R_5 R_6 R_7 R_8 R_9 R_{10} R_{11}}\right)^{1/1} = 1.05 > R_1 = 0.90$

当 $j = 2$ 时,$r_2 = \left(\dfrac{R_s^0}{R_3 R_4 R_5 R_6 R_7 R_8 R_9 R_{10} R_{11}}\right)^{1/2} = 0.888 > R_2 = 0.85$

当 $j = 3$ 时,$r_3 = \left(\dfrac{R_s^0}{R_4 R_5 R_6 R_7 R_8 R_9 R_{10} R_{11}}\right)^{1/3} = 0.858 > R_3 = 0.80$

当 $j = 4$ 时,$r_4 = \left(\dfrac{R_s^0}{R_5 R_6 R_7 R_8 R_9 R_{10} R_{11}}\right)^{1/4} = 0.856 > R_4 = 0.85$

当 $j = 5$ 时,$r_5 = \left(\dfrac{R_s^0}{R_6 R_7 R_8 R_9 R_{10} R_{11}}\right)^{\frac{1}{5}} = 0.855 < R_5 = 0.90$

因此,当 $k = 4$,$R_0 = 0.856$ 时,R_1、R_2、R_3、R_4 的可靠度均提高到0.856,其余的可靠度保持不变,则可满足线路可靠性提高60%的要求。

由此可得接运公交从站点1到站点10优化的运行时间可靠性,如表9-7所示。

表 9-7　接运公交站点到站点优化的运行时间可靠性

站点	1	2	3	4	5	6	7	8	9	10
1	0.90	0.76	0.77	0.76	0.81	0.81	0.76	0.77	0.77	0.77
2		0.85	0.73	0.72	0.76	0.76	0.72	0.73	0.73	0.73
3			0.856	0.68	0.72	0.72	0.68	0.73	0.73	0.73
4				0.856	0.76	0.76	0.72	0.73	0.73	0.73
5					0.90	0.81	0.75	0.77	0.77	0.77
6						0.90	0.76	0.77	0.77	0.77
7							0.85	0.73	0.73	0.73
8								0.85	0.73	0.73
9									0.856	0.73
10										0.856

为使接运公交与轨道交通无缝换乘,将接运公交发车时间提前,并适当延长站点间运行时间,优化后得到新的公交时刻表如表 9-8 所示。

表 9-8　优化的接运公交运行时刻表

站点	1	2	3	4	5	6	7	8	9	10
时刻表	6:04	6:07	6:12	6:16	6:20	6:24	6:27	6:31	6:36	6:40

9.4　城乡公交线路协同发车设计

9.4.1　片区多线路协同时刻表设计准则

考虑农村地区乡镇分片聚集特征、城乡公交"冷热线"客观存在以及线路客流时空分布特性,提出城乡公共客运片区线路组织研究[259],促进资源合理配置与整合。片区组织模式不同于单线组织模式,公交运营资源尤其是运力资源的组织围绕的不仅仅是一条线路,而是由多条线路组成的一个片区,允许运力资源在片区内不同线路间调剂使用,提高资源利用效率。通过合理整合线路构建片区,统筹不同线路的运营组织与行车,协调冷热线运力,可以在保证一定服务水平的前提下,提高运力资源的有效利用率[260]。

城乡公交片区线路联合行车公交时刻表编制与单线行车调度重要的不同之处在于确定各条线路发车频率或间隔后,应尽可能地考虑乘客在片区内换乘的方便性,编制最大限度地减少乘客在不同线路交叉处换乘等待时间的公交时刻表。结合片区线路组织的几种行车组织形式,编制片区线路时刻表时,需重点考虑以下几种情况:

单条干线的发车时刻表:重点在多时段划分、平均发车间隔的确定、区间车与大站快车等行车组织形式的发车时刻安排。区间车组合行车问题是依据公交线路不同时间的路段客流量情况,实时向车辆发布调度指令,减少乘客等车时间,主要包括区间车折返点位置的确定、区间车和全程车的发车间隔等变量。传统的区间车组合调度模型是通过计算路段不均衡系数或路段客流量差,判断是否采用区间车组合调度形式以及如何确定区间车折返点的位置,计算区间车和全程车的发车间隔等相关参数,编制区间车和全程车的行车作业计划。大站快车组合行车问题的关键是确定合理的大站快车停靠站点以及车辆的最优发车间隔及调度形式。

相邻干线组合行车的时刻表协同:响应多线片区组织下干线间"Y"形或"O"形行车组织形式,在单条干线发车时刻表基础上考虑干线间发车时刻的协同。

主支线组合行车的时刻表协同:考虑干支线组合"Y"形或"O"形行车组织形式下干支线发车的协同。

支线联合配车的时刻表:响应多条支线"V"形或"O"形行车组织形式,考虑与相应干线发车的协同,编制多条支线联合配车时刻表。

依据片区线路组织形式,编制时刻表时应以干线发车时刻表为基础,再考虑支线发车时刻;由城乡公交线网布局特征可以看出,干线与支线多是在镇这一结点衔接,中途站点换乘情况较少,为实现支线为干线输送客流、干线高频率发车的目标,片区线路发车时刻表编制中应尽可能地将干线、支线时刻表协同,使得支线能更好地配合干线发车。

单线片区组织形式下的片区时刻表主要以"先干后支,干支协同"为编制策略,即先编制单条干线的发车时刻表,后考虑主支线组合行车的时刻协同,进而编制支线发车时刻表,形成单线片区的发车时刻表。

多线片区组织形式下的片区时刻表需首先考虑干线间协同,编制干线时刻表后,仍按单线片区时刻表编制策略分别对每条干线及其衍生支线构建的单线片区进行时刻表编制,最后形成多线片区的发车时刻表。

9.4.2 城乡公交片区线路协同时刻表编制方法

片区内主线带动支线组织形式的支线时刻表确定较为简单,这里主要考虑片区内有多条支线共同配车的时刻表编制[259]。

以"先干后支、支协同干、先主后次"为策略,编制干支线协同的片区线路发车时刻表,即先编制干线、后编制主要支线发车时刻表,主要支线与干线发车时刻协同,最后编排次要支线发车时刻表。本节主要研究已知发车总次数、车辆数规模情况下的支线时刻表编制,即如何安排车辆的行车计划,更好地完成行车任务。重点考虑以下两点:

（1）与相对应镇—城区城乡公交干线的发车时刻协同

针对早高峰村—镇支线换乘镇—城区干线客流比例较多的片区线路，应保证支线与相对应干线的发车时间协同。该类线路乘客出行目的以上班出行占多数，对出行时间要求较高。村—镇的支线早班车到达镇这一结点换乘枢纽的时刻提前于干线镇发往城区的时刻，与干线发车时刻协同，保证支线做好干线客流的输送工作，村庄的居民乘坐村—镇支线，换乘镇—城区线路的同时等待时间最小化。

由于乘客下班后对回程出行时间要求相对上班出行较低，该类线路晚高峰没有早高峰明显，晚高峰对于协同发车、换乘等待时间要求较低。

（2）先主后次原则

镇内各村的经济发展水平、行政关系、发展特色一般会有差异，会区分重点行政村、一般行政村，或旅游特色村、农业特色村等，各条支线的客流量、出行需求也会有差异。在配车数量限制情况下编制时刻表时，遵从"先主后次"原则，在满足主要支线发车次数、时刻安排的基础上编制安排其他支线的发车时刻。

编制方法如下：

① 定位关键发车时刻

由已知的干线时刻表，结合干支线客流特征与沿线土地利用，定位干线时刻表中需要考虑干支线发车协同的关键时刻。

② 编排每辆车行车车次链

考虑每辆车工作时间的限制、主要支线发车时段的要求，以及其余支线发车时刻的均匀分布，均衡安排每辆车行车路径，构建车次链，即运行路线的安排。

③ 确定支线关键发车时刻

考虑干线、支线行程时间、首末站休息时间、乘客换乘时间，确定与已定干线关键发车时刻衔接协同的支线关键发车时刻。

④ 编排每辆车行车时刻表

依据各条线路行程时间、首末站停靠时间、中午休息时间，分别编排每辆车行车时刻，检查各条线路发车时刻是否均匀分布，若不符合则作适当调整。

⑤ 整理每条支线行车时刻表

对于片区内线路条数不多、发车次数与发车时刻分布要求不高的情况，可以采用该方法人工编制时刻表。

第 10 章

实时运行过程中调度控制策略

如本书第 3 章中所述,各种影响因素导致公交运行不可靠,偏离第 9 章中设计的计划时刻表,如大间隔、串车等现象,作为常用的控制策略,中途越站和首站放车调度控制在这种情况下是非常有用的,即均匀车头时距,尽量使得各站点处车头时距与计划车头时距一致。如何在提高公交运行可靠性,以及提供运行可靠的公交服务的成本之间均衡,是公交企业面临的重要挑战。作为在车辆运行过程中实施的线路控制策略,本章对主要调度控制策略进行了分类,并主要分析中途越站和首站放车调度控制问题。采用第 5 章中基于 AVL 系统数据的公交运行可靠性评价分析,可以得到车辆实际运行过程中在站点之间的行驶时间所服从的随机分布,构建具体的车辆运行过程的状态方程。

10.1 调度控制策略分类

按调度控制发生的位置,实时调度控制策略可以分为三类:站点处控制、站点间控制和其他控制策略[142]。

10.1.1 站点间控制策略

站点间的控制主要是指规范驾驶员行为和公交信号优先。

1. 规范驾驶员行为

鼓励驾驶员按照计划时刻表行驶,提供实际诱导信息,例如是否落后于计划时刻表或者超前时刻表,提醒驾驶员在有条件的情况下加速和减速。实时调整的主体是驾驶员,应根据外部环境状况调整自己的行为。适用于有中途站点时刻表或者控制站点时刻表的情况。

2. 公交信号优先

公交信号优先以公交车流为控制目标,通过选择交通控制策略和设置相关参数,控制交通信号灯,减少公交车辆在路口的等待时间,提高公交车辆的运行优先级,减少车内乘客的乘车时间和车辆的运行时间。

公交信号优先按照控制策略的不同可以分为被动优先控制策略、主动优先控制策略、预信号优先控制策略以及实时优先控制策略,如图 10-1 所示[261]。

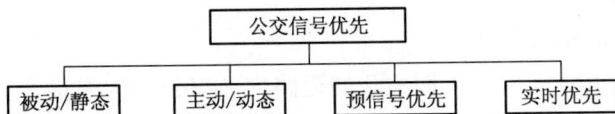

```
          公交信号优先
   ┌────┬──────┬──────┬──────┐
被动/静态  主动/动态  预信号优先   实时优先
```

图 10-1　信号优先策略分类

（1）被动优先控制策略

被动优先或称静态优先没有交通流的反馈系统,不依靠检测系统对车辆检测等手段进行判断与信号灯参数设置。信号灯参数的设置依靠过往对路口的调查研究以及各种算法、理论来完成。被动优先控制策略比较适用于道路状况比较稳定、公交车辆运行也较为稳定的路段。被动优先控制策略一般有网络化配时规划、信号周期调整、增加相位时间和相位分割等形式。

（2）主动优先控制策略

主动优先或称动态优先是基于信息反馈的交通控制策略。依靠检测设备对公交车辆的各种相关数据的收集为基础,如车辆速度、载客量、发车时间、到达时间等。通过结合各种有关公交车辆与道路状况的信息,依据一定标准进行公交优先的方式是有条件优先。根据控制目标设有各种条件,如特种公交车辆给予优先、下游路口无阻碍则给予优先、车辆晚点则给予信号参数的调整,实现公交优先等。主动优先策略适用于非饱和条件下的交叉口,此时该策略对其他车辆的影响很小。在交叉口达到饱和或者是过饱和的情况下,实行公交优先会大大增加交叉口社会车辆的延误,减小其通行能力。主动优先控制策略一般有绿灯延长、绿灯提前、相位插入、专用相位、相位倒转和跳跃相位等控制形式。

（3）预信号优先控制策略

在交叉口进口道的通行区域内设置前后两条停车线,通过设置在后一根停车线上的预先信号来控制社会车辆的通行。这样可确保主信号红灯期间到达的公交车辆总是在社会车辆的前面排队等候,并能够在绿灯启亮的第一时间通过交叉口。

当信号交叉口的主信号还为绿灯时,预信号绿灯结束提前红灯,此时预信号车道上的社会车辆在预信号停车线前停止,候驶区清空;当主信号为红灯时,公交车辆通过公交专用道进入候驶区排队,其他社会车辆在各自停车线前排队等待绿灯通行;在预信号红灯末期,公交车辆禁止驶进候驶区,预信号设置倒数计时器,红灯倒数的时间显示可提醒公交司机交叉口主信号绿灯即将开始,不必再变换车道绕行进入候驶区,可以避免在主信号绿灯到来时因公交变换车道带来的混乱。在主信号红灯末期,预信号提前绿灯,此时预信号车道上的社会车辆可进入候驶区,以便充分利用候驶区未被公交车全部利用的道路空间,当主信号变为绿灯时,社会车辆尾随公交车辆一起驶离进口道。以上为一个周期的信号控制过程,如此反复循环。

（4）实时优先控制策略

实时优先是近年来引起人们关注的道路交叉口公交优先信号控制方式。通过GPS 和 AVM 等装置估计系统现状,考虑道路网上所有的机动车,包括公共汽车、非公共汽车、公共汽车上乘客数和公共汽车运行状况（晚点、准时、提前等）,基于实时信息优化的道路交叉口信号配时。

10.1.2 站点处控制策略

站点处控制是日常调度中最普遍也是最频繁使用的调度方法,它们可以有效地减少总的乘客等待时间和公交车辆串车现象的发生。

1. 准时发车

公交运行不可靠具有向下游区间和站点传播的特点,保障公交运行可靠性很重要的一点是在首站处准时发车。调度控制中心应加强监督管理,确保首站处实际发车时间与计划时刻表的偏离在可接受的阈值范围内,确保首、末站处准时发车以及合理的车头时距。下一个班次的出发时间以及等车区域应提早告知驾驶员。

2. 滞站调度

滞站调度是指当一辆公交车辆超前预先制定的行车时刻表或与前车的间隔较小时,则延缓其发车时间的调度方法[142]。它主要是为了保证车头时距平稳性和车辆到站准点率,减少乘客在站点的等待时间以及车内时间,使已经准备好离站的车辆在站点多停站一会儿。适用于与前一辆公交车的车头时距越来越小,而与后一辆公交的车头时距越来越大的情况。

传统意义上,有两种滞站调度策略。第一种的目标是保持连续车辆间的车头时距;第二种是使运行中的车辆尽可能地靠近计划时刻表。前者称为基于车头时距的调度策略,简称间隔调度,而把后者称作基于时刻表的调度策略,简称准点调度,通常适用于有中间站点时刻表或者有控制站点时刻表的情况。图 10-2 显示了滞站调度的一个简单示意图,当公交车 m 超前它在站点 k 的预定的发车时间 Δt,则它将延长在站点 k 的停车时间,直到预定的发车时间 T_k。

这种策略可以减少公交车辆车头时距的波动和乘客的平均等车时间,提高运行可靠性,但是它也同时增加了滞站车辆中乘客的乘车时间和车辆的运行时间,导致公交站点处挤压到站,即由于多辆车同时到站而在站点处形成拥堵,因此,有部分城市的公交企业不愿采用或者禁止采用这种策略,如新加坡。

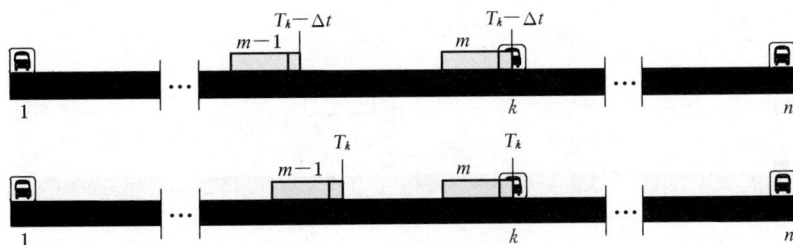

图 10-2　滞站调度示意图

3. 越站调度

越站调度与滞站调度相反,它是指当一辆公交车辆落后于计划时刻表或与前车的车头时距过大时,为了减少其与计划时刻表的偏差,或者为了保持车头时距的平稳性,让指定的公交车辆途经某些公交站点时不停或者只让乘客下车的调度方法[142]。适用于与前一辆公交车的车头时距越来越大,而与后一辆公交的车头时距越来越小的情况。

如图 10-3 显示了越站调度的一个简单示意图,当公交车 m 落后于它在站点 k 的预定发车时间 Δt 时,则它行驶过站点 k 而不停车。

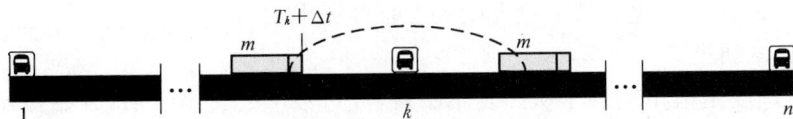

图 10-3　越站调度示意图

这种策略可以减少下游站点的等车时间和车内乘客的出行时间,但是这可能会增加被越过的站点上乘客的等待时间和本应在被越站点下车的乘客,由于越站而提前下车并等待下一辆公交车所带来的额外费用而招致乘客抱怨。实施时必须提前告知乘客,使需在因车辆越站而不停车的那些站点下车的乘客不上该车或提前下车。

4. 区间车调度

区间车调度主要是指公交车辆在还未运行到终点站前时就让其结束当前班次,然后转到服务于线路的反向班次(即下行方向的班次),故有时也称为短时掉头。这种策略通常是在对向线路的运行间隔或乘客等待时间过大时采用,如图 10-4。

通常情况下,线路各断面的客流量往往是不均衡的,当客流断面不均衡系数大于 1.3～1.5 时或者当前方向发生串车、反向线路的车头时距过大时,就应该采取发区间车的调度方法,即组织一部分车辆在客流量大的断面上与线路的班车重复行驶[262]。

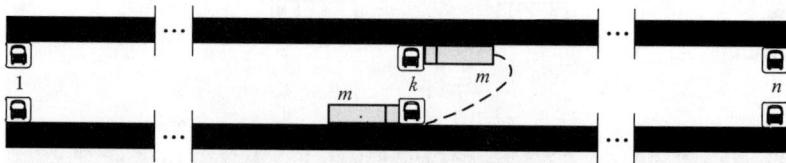

图 10-4 区间车调度示意图

区间车调度方法可以降低对向乘客的等待时间,但是它增加了掉头站点下游站点的等待时间,以及提前下车乘客的额外费用。

10.1.3 其他控制策略

1. 空驶补点

空驶补点主要是为了避免公交运行中的大间隔,以及末站处过度偏离计划时刻表,无法正常开始下一个班次的问题。指派一辆公交车空载行驶到目的站点,从目的站点开始允许乘客上车。这个策略类似于完全过站,但区别是空驶补点的车辆在到达目的点之前是空载的。空驶补点针对发生车辆之间的大服务间隔,恢复运行可靠性,或者是应对某个点上的突发乘客需求。

2. 放车调度

放车调度是指车辆空车从始发站出发,经过数个公交站点后,开始按站点次序依次停车的调度形式。放车调度形式主要是为解决停靠车站的乘客拥挤问题。当一辆公交车被放车调度时,可以减少在停靠站点的发车间隔[142]。

3. 快车调度

快车调度是为适应沿线长乘距乘车的需要,采取的一种越站快速运行的调度形式,包括大站快车与直达车两种形式,分别指车辆仅在沿线乘客集散量较大的停车站停靠和在其间直接运行的调度形式。快车调度和放车调度都是越过一些站点,但"快车"可以在任意站点开始越站。而放车调度开始于终点站,当所有乘客都已下车,且在车辆离开始发站之前发布放车调度指令。这里始发站可以是全线路的始发站或是返程的始发站,如果决定采用放车调度形式,则必须在始发站发车之前告知乘客,在越过的站点下车的乘客必须下车(或不上车)。采取放车调度形式的根本出发点就是减少停靠站点上候车乘客的等车时间,但放车调度形式延长了车辆所越过的站点上乘客的等车时间。同时,放车调度也损失了被越过路段上的客流量[142]。

4. 跨线调度

跨线调度是为平衡相邻线路之间客流负荷,减少乘客转乘而组织的一种车辆跨线运行的调度形式。即一条线路车辆载客,跨出本线路进入另一条邻近线路继续行驶。跨线调度可以减少乘客的换乘次数,充分发挥运输潜力,跨线形成规律,具有一定的客流量之后,给开辟和调整线路提供了条件[142]。

5. 增加服务车辆

增加服务车辆,它通常是在系统发生了一些意外的中断(例如车辆抛锚)而采取的措施。这种策略可以减少乘客的等待时间以及使车辆运行更均匀,但是它增加了运营者的成本[142]。

10.1.4 组合调度策略

组合调度策略就是充分考虑线路的客流量、流向,采用全程车、大站快车和区间车等调度策略的组合形式,对车辆进行调度。具体实施过程为:

① 划分时段;

② 确定不同时段内公交的发车频率;

③ 确定不同的发车形式。

为了保证乘客能够正确识别公交的调度形式,往往需要利用电子显示屏对车辆的调度形式进行预先通知或者采用不同的车辆颜色标志不同的调度车辆形式,保证组合调度的实施效果。

组合调度策略在快速公交的运营过程中发挥了极大的效果,在国外很多成功的快速公交运营系统中有很好的体现,如波哥大市新世纪快速公交,运营线路有干线(包括快线和普线)和支线[263]。属于快线的公交线路只停靠指定的站台,属于普线的公交线路停靠沿线所有的站台。快线和普线的组合可以增加系统运送乘客的能力,为乘客提供更好的服务。通过与干线公交的良好配合,支线公交将快速公交的服务延伸到外围区域。

组合调度策略是一种调度形式,也是从普通线路派生出来的一种新的线路形式,根据实际的客流情况可以采用不同的组合形式。线路形式组合适用于客流量大而集中、交通比较通畅、沿途信号交叉口比较少的快速公交线路上,同时也适用于开发相对比较分散的城市外围区域。

10.2 中途越站调度控制

10.2.1 模型构建

越站控制也称为"快车调度",即车辆在运行过程中越过一些站点(不停靠),从而避免相关的停站时间,使得公交车辆从运行不可靠状态中恢复过来。而缺点是,出发站点或者终点站被越过的乘客必须至少等待下一个班次,才能获得公交服务。

越站亦可用于时刻表的规划阶段,以平衡车辆的载客量和最小化车辆配置规模;也可用于公交运行可靠性改善策略的运行控制阶段,提高准点率或者平稳化站点处车头时距,减少总体乘客出行成本。显然地,越站导致部分乘客的公交服务损失,也给一些乘客带来不便。因此,已有的研究通常更多地从时刻表的规划过程中更加正式地考虑越站[264,265],而不是在运行控制层面上。另有一些文献出于运行控制的目的分析了越站策略的实时应用[123,124,266]。

然而,这些研究没有结合公交信息化的发展,基于 AVL 系统获取的历史数据,考虑行驶时间的随机分布,而是为了便于计算,大多把站点间行驶时间作为常量。此外,越站调度在缩短了一些站点处的车头时距的同时,增大了另外一些站点处的车头时距,同时也以避免了部分站点处的停靠时间为方法,减少了部分乘客的出行时间以及公交企业的运营成本,使用时应在这几个方面之间进行均衡考虑。已有的分析中大多以乘客等待时间或者站点处时刻表偏差作为目标函数,难以全面反映越站策略的影响。

1. 假设条件及变量定义

表 10-1 中为本章所用到的符号,符号表示的意义在整个章节都是相同的。

表 10-1　符号及其意义

i	指代公交车辆,$i=0,1,2$
j	指代公交线路上的站点,$j=1,2,\cdots,N$
r_j	站点 $j-1$ 和 j 之间的行驶时间,$j=2,\cdots,N$
$D_{i,j}$	第 i 辆公交车离开站点 j 的时间,$\forall i,j$
$A_{i,j}$	第 i 辆公交车到达站点 j 的时间,$\forall i,j$
$\tau_{i,j}$	第 i 辆公交车在站点 j 处的上、下客时间,$\forall i,j$
$H_{i,j}$	站点 j 处,第 $i-1$ 辆车与第 i 辆车之间的车头时距,$\forall j$
$W_{i,jk}$	等待车辆 i,准备在站点 j 处上车、在站点 k 处下车的乘客数,$1\leqslant j<k\leqslant N$
$L_{i,jk}$	被车辆 i 越过的,准备在站点 j 处上车、在站点 k 处下车的乘客数,$1\leqslant j<k\leqslant N$
$L_{i,j}$	被车辆 i 越过的,准备在站点 j 处上车的乘客数,$L_{i,j}=\sum\limits_{k=j+1}^{N}L_{i,jk}$,$j=2,\cdots,N-1$
$U_{i,j}$	第 i 辆公交车在站点 j 处的上车人数,$j=1,2,\cdots,N-1$
$V_{i,j}$	第 i 辆公交车在站点 j 处的下车人数,$j=2,\cdots,N$
b	每个乘客的上车平均所需时间,常数
a	每个乘客的下车平均所需时间,常数
δ	站点处公交车辆的平均加、减速时间,常数
$\lambda_{j,k}$	下车站点为 k 的乘客在站点 j 处的平均到达率

λ_j	站点 j 处乘客的平均到达率，$\lambda_j = \sum\limits_{k=j+1}^{N} \lambda_{j,k}$，$j = 1, 2, \cdots, N-1$
c_1	与乘客等待时间有关的价值系数
c_2	与乘客车内时间有关的价值系数
c_3	与公交线路总运行时间有关的价值系数
$y_{i,j}$	反映公交车辆 i 在站点 j 处是否停靠的 0-1 变量，若车辆 i 越过站点 j，则 $y_{i,j} = 0$；若在该站点处停靠，则 $y_{i,j} = 1$

假设一条经过 N 个站点的公交线路，按顺序标为站点 1、站点 2、…、站点 N，如图 10-5 所示。在任意一个时刻点，公交车辆可能处于这三种状态中的任意一种状态：在站点之间运行、在站点处停靠让乘客上/下车、在首站处等待发车。本章所研究的问题主要集中在最后一种状态，即在站点处等待发车，同时从调度中心获取关于越站策略的指令，哪些站要越过，哪些站要停靠。该问题通常被认为是一个动态的越站调度问题。

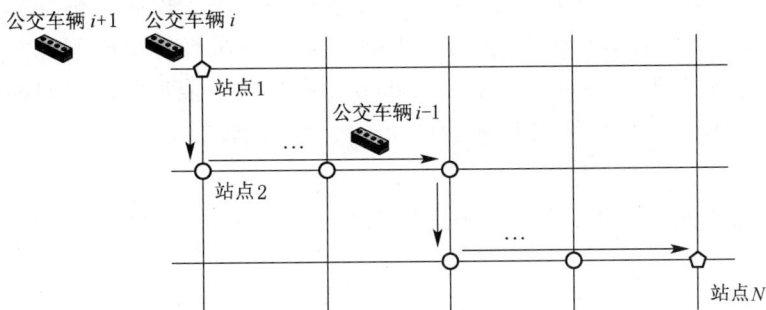

图 10-5　公交线路及站点示意图

基于运行过程的动态性，为了简化问题的描述，做如下假设：

（1）当在考虑对公交车辆 i 实施越站调度时，公交车辆 $i-1$ 和公交车辆 $i+1$ 均不允许有任何控制措施的实施，即每隔一辆车实施一次越站调度，分析问题时需要同时考虑三辆公交车的运行。这样就保证了任何一个公交站点处的计划车头时距不超过原计划车头时距的两倍，乘客的等待时间不会过长。

（2）为方便问题的求解，不考虑公交车辆的容纳能力约束。

（3）在采用越站调度时，公交车辆的顺序不发生变化，即不存在超车现象。

（4）每个站点处，乘客的到达率是给定的或者说是已知的，实践中可以通过调查或者由历史数据统计得到。

（5）对于某站点处的上车乘客而言，在每一个后续站点处下车的概率也是可以通过历史数据获得的,并假设独立于上车的乘客数。

(6) 站点间的行驶时间假设是已知的,可以通过 AVL 收集的数据统计得到。

(7) 假设在每个公交站点处都设有电子显示设备,可以及时显示和发布具体的越站控制,或者驾驶员可以在公交车辆到达某一站点时及时通知乘客哪些站将被越过,下车站点为这些站点的乘客不要上车。

假设条件(4)和(5)实际上是指,在分析问题之前,站点 O-D 矩阵为已知的。假设条件(7)则为具体实施越站调度时,公交企业应附加采取的措施,以便于乘客获取相关信息,当其准备上车的站点或者准备下车的站点将被越过时,乘客将会等待下一辆没有越站控制的车辆。

由于每次的越站调度问题实际上只同时考虑三辆公交车的运行,即车辆 $i-1$、i 和 $i+1$,这里将三辆车分别标记为车辆 0、车辆 1、车辆 2,车辆 1 即为在首站处等待越站决策的当前公交车辆。

2. 目标函数

运行控制策略可以采用多种不同的方法建模,取决于控制目标和约束条件的选取。关于越站调度,常用的目标函数是最小化总的乘客等待时间和车上乘客的延误。然而,越站调度还有两个重要的期望效果是减少乘客的出行时间以及公交车辆的运行时间。因此,本节构建的目标函数主要包含三部分:

(1) 乘客等待时间成本

对于确定型发车间隔,Ceder 和 Marguier[267] 在 1985 年推导出乘客的平均等待时间为

$$\overline{w} = \frac{H}{2} \tag{10-1}$$

式中:$\overline{w}$——平均等待时间;

H——发车间隔或者说是车头时距。

在站点 j 处等待公交车辆 i 的乘客 $U_{i,j}$ 中,一部分是在第 $i-1$ 辆和第 i 辆车之间到达的乘客,即$(U_{i,j} - L_{i-1,j})$,这部分乘客乘坐第 i 辆车时的平均等待时间为 $\frac{H_{i,j}}{2}$;还有一部分乘客 $L_{i-1,j}$,这部分乘客是由于车辆 $i-1$ 越过站点 j 没有停靠而遗留下来的,他们除了平均等待时间 $\frac{H_{i-1,j}}{2}$ 外,还需要额外等待一个车头时距 $H_{i,j}$,即总的等待时间为 $\frac{H_{i-1,j}}{2} + H_{i,j}$。因此,对于车辆 i 和车辆 $i+1$,总的乘客等待时间为

$$Z_1 = \sum_{i=1}^{2} \sum_{j=1}^{N} \left[(U_{i,j} - L_{i-1,j}) \cdot \frac{H_{i,j}}{2} + L_{i-1,j} \cdot \left(\frac{H_{i-1,j}}{2} + H_{i,j} \right) \right] \quad (10\text{-}2)$$

（2）乘客车内时间成本

乘坐第 i 辆，在站点 j 处上车、在站点 k 处下车的乘客，其车内时间为所经过的各站点间的行驶时间及站点处停靠时间之和，即 $\sum_{f=j+1}^{k} \left[r_f + (\tau_{i,f} + \delta) \cdot y_{i,f} \right]$，若第 i 辆车越过站点 f，则 $y_{i,f} = 0$，节省了在该站点处的停靠时间（包括上下客和车辆加减速时间）；若第 i 辆车在站点 f 处停靠，则 $y_{i,f} = 1$。所有站点 O-D 间的乘客的总的车内时间为

$$Z_2 = \sum_{i=1}^{2} \sum_{j=1}^{N-1} \sum_{k=j+1}^{N} \left\{ W_{i,jk} \cdot \sum_{f=j+1}^{k} \left[r_f + (\tau_{i,f} + \delta) \cdot y_{i,f} \right] \right\} \quad (10\text{-}3)$$

（3）线路总运行时间

线路总运行时间为公交车辆从首站至末站所经过的各站点间的行驶时间及站点处停靠时间之和，线路总运行时间主要与公交企业的运营成本的节省有关：

$$Z_3 = \sum_{i=1}^{2} \sum_{j=2}^{N} \left[r_j + (\tau_{i,j} + \delta) \cdot y_{i,j} \right] \quad (10\text{-}4)$$

由于等待时间、车内时间、车辆运行时间的价值不同，引入权重系数 c_1、c_2 和 c_3，表征不同的时间价值成本，故总的目标函数为：

$$\min Z = c_1 \sum_{i=1}^{2} \sum_{j=1}^{N} \left[(U_{i,j} - L_{i-1,j}) \cdot \frac{H_{i,j}}{2} + L_{i-1,j} \cdot \left(\frac{H_{i-1,j}}{2} + H_{i,j} \right) \right]$$

$$+ c_2 \sum_{i=1}^{2} \sum_{j=1}^{N-1} \sum_{k=j+1}^{N} \left\{ W_{i,jk} \cdot \sum_{f=j+1}^{k} \left[r_f + (\tau_{i,f} + \delta) \cdot y_{i,f} \right] \right\}$$

$$+ c_3 \sum_{i=1}^{2} \sum_{j=2}^{N} \left[r_j + (\tau_{i,j} + \delta) \cdot y_{i,j} \right] \quad (10\text{-}5)$$

3. 约束条件

在假设前提下，此模型中超车只可能发生在实施了越站调度后的车辆 i 和没有任何控制策略的车辆 $i-1$ 之间。即若车辆 i 在站点 j 处越站，则车辆 i 的运行速度加快，有可能在下一个站点 $j+1$ 处赶上并且超过它前面的车辆 $i-1$。因此，约束条件之一就是避免超车情况的发生，车辆 $i-1$ 离开站点 $j+1$ 和车辆 i 到达站点 $j+1$ 的时间间隔不小于某一规定的临界车头时距值 H_0：

$$A_{i,j+1} - D_{i-1,j+1} \geqslant H_0, \quad i = 1, 2; j = 2, 3, \cdots, N-1 \quad (10\text{-}6)$$

此外，车辆 i 在首站和末站处不能越站：

$$y_{i,1} = y_{i,N} = 1, i = 1 \tag{10-7}$$

同样的，还可以补充增加其他的约束条件，如不能连续越站、在某些重要的枢纽站点处不允许越站等。

决策变量 $y_{i,j}$ 为 0-1 变量，即

$$y_{i,j} \in \{0,1\}, i = 1; j = 2,3,\cdots,N-1 \tag{10-8}$$

除这些外，公交运行系统还需满足车辆运行轨迹过程。一条公交线路上的车辆基本上遵循以下的运行过程：到达一个公交站点，进行上、下客，然后离开再到达下一个公交站点。这个过程开始于首站，结束于末站。

$$A_{i,j} = D_{i,j-1} + r_j + \frac{\delta}{2} \cdot y_{i,j-1} + \frac{\delta}{2} \cdot y_{i,j}, i = 1,2; j = 2,3,\cdots,N \tag{10-9}$$

$$D_{i,j} = A_{i,j} + \tau_{i,j}, i = 1,2; j = 2,3,\cdots,N \tag{10-10}$$

$$H_{i,j} = A_{i,j} - D_{i-1,j}, i = 1,2; j = 2,3,\cdots,N \tag{10-11}$$

$$\tau_{i,j} = \max(b \cdot U_{i,j}, a \cdot V_{i,j}), i = 1,2; j = 2,3,\cdots,N \tag{10-12}$$

式(10-9)表明，车辆 i 到达站点 j 的时间，为它从站点 $j-1$ 处的离开时间加上两个站点之间的行驶时间和加、减速的时间损失之和。而站点处的离开时间为其到达时间与站点处停靠时间之和，如式(10-10)所示。式(10-11)定义了车头时距，为站点处连续到达的两辆公交车的离开时间之差。在双门公交车辆(前门上车、后门下车)的情况下，站点停靠时间主要由上、下客人数决定，通常采用线性模型表示，如式(10-12)。

分析车辆运行轨迹演化过程的这四个等式的初始条件为公交车辆 0 在所有站点处的离开时间 $D_{0,j}(j = 1,2,\cdots,N)$，以及各辆公交车在首站处的发车时间。在考虑车辆 i 的具体越站调度方案时，车辆 $i-1$ 在已经经过的站点处的离开时间是可以通过 AVL 系统获得的；而后面尚未经过的那些站点处的离开时间，则需要依据乘客平均到达率、车辆 $i-1$ 的当前位置以及速度进行简单的预测得到[268]。站点 $j-1$ 和站点 j 之间的行驶时间假设为随机变量，均值为 r_j，方差为 σ_j^2。不同公交车辆在站点 $j-1$ 和站点 j 之间的行驶时间服从同分布。

运行过程中的公交车辆的上、下客情况采用以下四个等式得到：

$$U_{i,j} = y_{i,j} \sum_{k=j+1}^{N} W_{i,jk} y_{i,k}, i = 1,2; j = 1,2,\cdots,N-1 \tag{10-13}$$

$$V_{i,j} = y_{i,j} \sum_{k=1}^{j-1} W_{i,kj} y_{i,k}, i = 1,2; j = 2,3,\cdots,N \tag{10-14}$$

$$W_{i,jk} = L_{i-1,jk} + \lambda_{j,k}H_{i,j}, i = 1,2; j = 1,2,\cdots,N-1; k = 2,3,\cdots,N \tag{10-15}$$

$$L_{i,jk} = W_{i,jk} - W_{i,jk}y_{i,k}y_{i,j}, i = 1,2; j = 1,2,\cdots,N-1; k = 2,3,\cdots,N \tag{10-16}$$

式(10-13)表明,在站点 j 处(假设车辆 i 在站点 j 处停靠)等待车辆 i 的乘客数,取决于在站点 j 与站点 k $(k > j)$ 之间出行的乘客数(即 O 点为站点 j,D 点为站点 k 的乘客数),以及车辆 i 是否在站点 k 处停靠。若不在 D 点(即站点 k)处停靠,$y_{i,k} = 0$,这部分乘客将不再等待车辆 i,而是选择等待车辆 $i+1$,他们不被包含在 $U_{i,j}$ 中。同样的,式(10-14)反映出车辆 i 在站点 j 处(假设车辆 i 在站点 j 处停靠)的下客数,取决于在站点 k 与站点 j $(k < j)$ 之间出行的乘客数(即 O 点为站点 k,D 点为站点 j 的乘客数),以及车辆 i 是否在站点 k 处停靠。式(10-15)的涵义是,在站点 j 处等待车辆 i 的乘客中,D 点为站点 k 的乘客数包含了由于车辆 $i-1$ 越过站点 j 而余留下来的乘客 $L_{i-1,jk}$,以及在车辆 $i-1$ 离开站点 j 之后到达站点 j 的乘客。式(10-16)表明,若车辆 $i-1$ 在站点 j 和站点 k 处停靠,那么由于车辆 $i-1$ 越过站点 j 而余留下来的 D 点为站点 k 的乘客数 $L_{i-1,jk}$ 则为 0;否则,$L_{i-1,jk}$ 为在站点 j 处等待车辆 $i-1$,且 D 点为站点 k 的乘客数。

实际应用时,由于规定车辆 0 不允许有任何越站调度行为,且车辆容纳能力没有约束,$L_{0,jk} = 0$。而且,在末站处没有乘客上车,$U_{i,N} = 0(i = 1,2)$;在首站处没有乘客下车,$V_{i,1} = 0(i = 1,2)$。此外,也可以增加一些其他的约束条件,例如,不允许连续越站时,相应的约束条件为

$$y_{i,j} + y_{i,j+1} \geqslant 1, j = 1,2,\cdots,N-1 \tag{10-17}$$

4. 求解算法

(1) 遗传算法简介

遗传算法(Genetic Algorithm,简称 GA)是一类借鉴生物界的进化规律(适者生存,优胜劣汰机制)演化而来的随机化搜索算法,最早由 Holland 于 1975 年提出[269]。Goldberg(1989)[270]、Michalewicz(1992)[271] 和 Chambers(1995)[272] 探讨了遗传算法在优化问题中的应用。它是一种局部搜索算法,从代表问题可能潜在的阶级的一个种群开始,而一个种群则经由经过基因编码的一定数目的个体组成。每个个体实际上是染色体带有特征的实体。染色体作为遗传物质的载体,为多个基因的集合,染色体上的每一个位置称为一个基因,它的值称为等位基因值。由于仿照基因编码的工作很复杂,通常采用二进制编码。初代种群产生之后,按照适者生存和优胜劣汰的原理,逐代演化产生出越来越好的近似解,在每一代,根据问题中个体的适应度大小选择个体,并借助于自然遗传学的遗传算子进行再生、组合交

叉和变异,产生出代表新的解集的种群,该种群在下一次迭代中成为当前种群。这个过程使得新产生的种群比前代更加适应环境。图 10-6 描述了遗传算法的基本流程。终止条件一般有以下几种:

① 进化次数限制。

② 计算耗费的资源限制(例如计算时间、占用的内存等)。

③ 最优值已经找到。

④ 适应度已经饱和,继续进行不会产生适应度更好的个体。

与其他局部搜索方法相比,遗传算法具有以下特点:

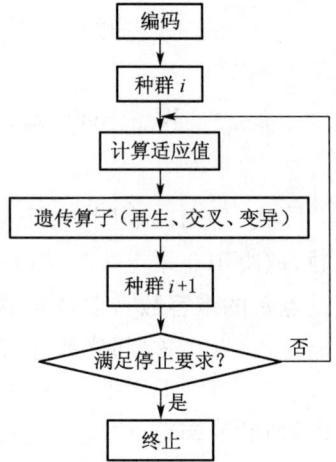

图 10-6 遗传算法的基本流程

① 处理的是参数集的编码,而不是直接处理参数本身。

② 搜索一个种群,而非种群中的一个单点。

③ 采用目标函数信息,而不是其他辅助知识或信息。

这些特点使得遗传算法的应用更加广泛,只需要影响搜索方向的目标函数和相应的适应度函数,而且可以同时对搜索空间中的多个解进行评估,减少了陷入局部最优解的风险,算法易于实现。

下面介绍遗传算法的三个算子:选择、交叉和变异。

① 选择

选择算子有时又称为再生算子。它是一个依据适应度评估值复制个体的过程[80],目的是把优化的个体(或解)直接遗传到下一代或者通过配对交叉产生新的个体再遗传到下一代。最简单最常用的方法是轮盘赌选择法,各个个体的选择概率和其适应度值成比例。假设一个含有 n 个个体的种群,个体 i 的适应度值为 f_i,则 i 被选择的概率为

$$P_i = \frac{f_i}{\sum_{i=1}^{n} f_i} \tag{10-18}$$

个体被选择后,可随机地组成交配对,以供后面的遗传算子操作。

② 交叉

第二个遗传算子为简单交叉[80],指根据交叉率,把两个父代个体的部分结构加以替换重组而生成新个体的操作。最常用的交叉算子为单点交叉,是在个体串中随机设定一个交叉点,实行交叉时,该点前或后的两个个体的部分结构进行互换,生成两个新个体。如图 10-7 所示。

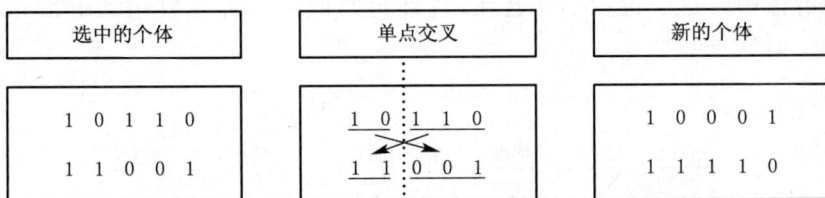

图 10-7　单点交叉算子示例

③ 变异

与再生和交叉算子相比,变异算子主要起辅助作用[80]。它是对群体中的个体串的某些基因座上的基因值做变动,如图 10-8 中的示例,基因座下方标有"△"的基因发生变异。引入变异的目标有两个:一是使遗传算法具有局部的随机搜索能力;二是使遗传算法可维持群体多样性,防止出现未成熟收敛现象。变异率的选取一般受种群大小、染色体长度等因素的影响,通常取很小的值。

图 10-8　变异算子示例

(2) 遗传算法求解越站问题

由式(10-5)可知,研究的越站控制问题实际上是一个非线性 0-1 规划问题,可以采用非线性优化方法进行求解。而且,由于仅需确定一辆公交车的越站形式,即哪个站要越过,哪个站不越过,问题的求解规模并不大,这里提出采用启发式搜索方法——遗传算法进行求解。

求解越站问题的遗传算法的第一步是对越站形式进行基因表达,即在问题的实际表现形式和遗传算法的染色体位串结构之间建立联系,确定编码和解码运算。由于越站问题的决策变量为 $y_{i,j}$,它本身是一个 0-1 变量,当 $y_{i,j} = 0$ 时,车辆 i 越过站点 j,当 $y_{i,j} = 1$ 时,车辆 i 在站点 j 处停靠。因此,可以直接采用基于 $(0,1)$ 符号集的二值编码形式,如图 10-9 所示。

编码确定之后,便是初始种群的选择。选择规模较大的初始种群可以同时处理更多的解,因而容易得到全局最优解,其缺点是增加了每次迭代的时间,因此,种群规模一般取 30～100[270]。而初始种群中的个体是随机产生的,先随机生成一定数目的个体,看是否满足约束条件(10-7),然后从中挑出最好的个体加到初始群体中。这个过程不断迭代,直到初始群体中个体数达到了预先确定的规模。

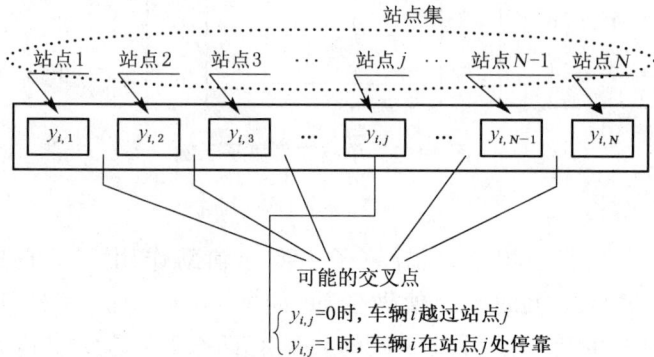

图 10-9　越站问题的编码:染色体和基因

遗传算法的适应度是用来判断群体中的个体的优劣程度的指标,它是根据所求问题的目标函数来进行评估的。然而适应度的方法容易导致一些较差的个体依然被选中(虽然他们的概率较低;但不代表是 0),从而丢失好的个体。因此,本节直接选择最优的前 $\overline{k}$ 个个体,进入下一代。例如,一代开始时,有 100 个个体,通过交叉和突变,又有了 76 个个体,那么就选择这 176 个个体中,目标函数值最小的前 100 个,进入下一代。这样始终不会丢失好的个体。

最后是关于交叉率 α 和变异率 ω 的选取。交叉算子采用单点交叉法,交叉率 α 和变异率 ω 则采用试算,通过分析各比率值的变化对目标函数以及收敛速度的影响进行确定。

终止条件为给定最大迭代数,算法的遗传代数达到时,算法终止。

当行驶时间假设为随机变量时,求解难度增大,采用含蒙特卡罗的遗传算法进行求解。

① 蒙特卡罗过程

基于给定的车辆 1 的越站形式,蒙特卡罗主要用于计算各参数值和目标函数。遗传算法主要用于生成车辆 1 的不同的越站形式。

Step1:初始化。令抽样次数 $m=1$, $\overline{Z}^{(m)}$ 表示目标函数(10-5)的估计值。惩罚参数 ρ 为一个极大的正数。

Step2:取样。对于公交车辆 i,基于站点 $j-1$ 和站点 j 之间的行驶时间服从的分布函数,产生一组站点间行驶时间 $\overline{r}_{i,j}(i=0,1,2;j=2,3,\cdots,N)$。

Step3:参数计算。利用样本行驶时间值,采用式(10-9)、(10-10)、(10-11)、(10-12)计算各参数值。

Step4：目标函数值计算。使用式(10-2)、(10-3)、(10-4)计算三个目标函数项，根据式(10-5)计算得到目标函数值，记为 $\overline{Z}^{(m)}$。检查约束条件(10-6)是否满足，若不满足，给目标函数值增加惩罚参数，即 $\overline{Z}^{(m)} = \overline{Z}^{(m)} + \rho$。

Step5：检查是否停止算法。$m_{\max}$ 为设定的样本规模，若 $m > m_{\max}$，则算法停止并输出目标函数估计值为 $\overline{Z} = \overline{Z}^{(m)}$。

Step6：更新。计算 $\overline{Z}^{(m+1)}$ 为：$\overline{Z}^{(m+1)} = \overline{Z}^{(m)} + \dfrac{1}{m}(Z^{(m)} - \overline{Z}^{(m)})$。

② 含蒙特卡罗的遗传算法

基于蒙特卡罗过程，可以计算每一种越站形式的目标函数估计值。若公交线路上站点个数为 $N = 20$，则越站形式有 $2^{18} = 262\,144$ 种，采用枚举算法比较繁琐。因此，采用含蒙特卡罗的遗传算法进行求解。

Step1：初代种群。设种群规模为 n，交叉率为 α，突变率为 ω，采用伪随机数产生器生成初代种群中的染色体，令种群代数 $k = 1$。染色体的第一个基因和最后一个基因均为 1，以满足约束条件(10-7)。

Step2：交叉。对每一个染色体，设一个附加的 $\gamma^{(k)}$ 值，$\gamma^{(k)}$ 为服从 $[0,1]$ 的均匀分布的随机数。将 $\gamma^{(k)} < \alpha$ 的染色体集中起来，并进行配对。然后，对选中的每一对染色体，在 1 和 N 取一个整数 $\bar{j}$，交换染色体中的前 $\bar{j}$ 个基因，即形成两个新的染色体。

Step3：变异。对所有的染色体上的每一个基因(除第 1 个和第 N 个基因外)，设一个附加的值 $\overline{\gamma}(k)$，$\overline{\gamma}(k)$ 为服从 $[0,1]$ 的均匀分布的随机数。若 $\overline{\gamma}(k) < \omega$，则改变该基因的值(从 0 变为 1，或者从 1 变为 0)，从而生成新的染色体。

Step4：计算。每一个染色体代表了一种中途越站形式。采用蒙特卡罗过程计算每一个新生成的染色体的目标函数值。

Step5：选择。将所有染色体的目标函数值 $\overline{Z}$ 按从小到大进行排序，选择前 $\overline{k}$ 个染色体作为优选出的染色体。

Step6：检验是否停止算法。$k_{\max}$ 为设定的最大迭代次数(即种群代数)，若 $k > k_{\max}$，算法停止并输出优选出的染色体的目标函数 $\overline{Z}$ 中的最小值以及对应的染色体；否则，令 $k = k + 1$，转至 Step1。

10.2.2　实例分析

某一公交线路总站点数为 $N = 19$，高峰时段首站处计划发车间隔为 5 min，实际发车间隔服从 $[3.5\ \text{min}, 6.5\ \text{min}]$ 的均匀分布，随机生成连续三辆车之间的发车间隔分别为 6.2 min 和 3.7 min，第一辆车在首站的离开时刻为 17：00：00。各站点处的乘客平均到达率如表 10-2 所示。

表 10-2　各站点处乘客平均到达率

站点	1	2	3	4	5	6	7	8	9	10
到达率 (人/min)	0.72	0.85	0.64	1.05	0.98	1.30	1.68	1.21	0.90	1.44
站点	11	12	13	14	15	16	17	18	19	
到达率 (人/min)	1.84	2.38	2.52	2.10	2.40	2.01	1.70	1.10	0	

假设在站点 j 处上车的乘客在站点 j 后面的各个站点处下车的概率是相同的,得到各个 $\lambda_{j,k}$(单位:人/min)分别为: $\lambda_{1,k} = 0.04(k = 2,3,\cdots,19)$; $\lambda_{2,k} = 0.05(k = 3,4,\cdots,19)$; $\lambda_{3,k} = 0.04(k = 4,5,\cdots,19)$; $\lambda_{4,k} = 0.07(k = 5,6,\cdots,19)$; $\lambda_{5,k} = 0.07(k = 6,7,\cdots,19)$; $\lambda_{6,k} = 0.10(k = 7,8,\cdots,19)$; $\lambda_{7,k} = 0.14(k = 8,9,\cdots,19)$; $\lambda_{8,k} = 0.11(k = 9,10,\cdots,19)$; $\lambda_{9,k} = 0.09(k = 10,11,\cdots,19)$; $\lambda_{10,k} = 0.16(k = 11,12,\cdots,19)$; $\lambda_{11,k} = 0.23(k = 12,13,\cdots,19)$; $\lambda_{12,k} = 0.34(k = 13,14,\cdots,19)$; $\lambda_{13,k} = 0.42(k = 14,15,\cdots,19)$; $\lambda_{14,k} = 0.42(k = 15,16,\cdots,19)$; $\lambda_{15,k} = 0.60(k = 16,17,18,19)$; $\lambda_{16,k} = 0.67(k = 17,18,19)$; $\lambda_{17,k} = 0.85(k = 18,19)$; $\lambda_{18,19} = 0.85$。可绘出各站点处的上、下客情况如图 10-10 所示。

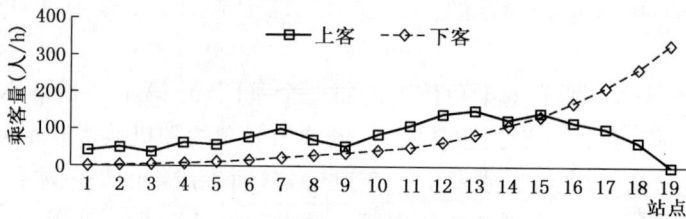

图 10-10　各站点处上、下客情况

每个乘客上车平均所需时间为 $b = 4\,\text{sec}$,下车平均所需时间为 $a = 2\,\text{sec}$,公交车辆在站点处的加速和减速总时间为 $\delta = 0.3\,\text{min}$,临界车头时距为 $H_0 = 0.15\,\text{min}$。

各站点之间的行驶时间服从 (r_j, σ_j^2) 的正态分布,$j = 2,3,\cdots,19$。其中,各 r_j(单位:min)分别为:

$r_2 = 5.0$; $r_3 = 0.98$; $r_4 = 1.72$; $r_5 = 2.59$; $r_6 = 3.24$; $r_7 = 1.57$; $r_8 = 3.49$; $r_9 = 1.02$; $r_{10} = 2.19$; $r_{11} = 2.40$; $r_{12} = 3.83$; $r_{13} = 3.30$; $r_{14} = 2.52$; $r_{15} = 2.78$; $r_{16} = 3.43$; $r_{17} = 3.55$; $r_{18} = 1.01$; $r_{19} = 2.80$;

设各站点间行驶时间的变异系数为 0.2,即 $\sigma_j = 0.2r_j$。第一辆车在各站点处的离开时间为初始条件,如表 10-3 所示。

表 10-3 第一辆车在各站点处的离开时间

站点	1	2	3	4	5	6	7
离开时间	17:00:00	17:05:37	17:07:06	17:09:29	17:12:42	17:16:40	17:19:06
站点	8	9	10	11	12	13	14
离开时间	17:23:17	17:24:54	17:27:51	17:31:09	17:36:05	17:40:31	17:44:02
站点	15	16	17	18	19		
离开时间	17:47:55	17:52:19	17:56:44	17:58:47	18:02:48		

各权重系数值为 $c_1 = 1, c_2 = 1, c_3 = 1$,惩罚参数 $\rho = 10^8$ sec。

采用含蒙特卡罗的遗传算法进行求解,交叉率和变异率分别为 $\alpha = 0.25$ 和 $\omega = 0.01$。种群规模为 100,种群最大代数为 $k_{max} = 60$。蒙特卡罗法的样本规模为 $m_{max} = 60$。

以无调度控制策略情况,即按正常班次运行时的计算结果作为参照标准,此时目标函数值为 $Z = 4\,523$ min,其中 $Z_1 = 956$ min,$Z_2 = 3\,446$ min,$Z_3 = 121$ min。

表 10-4 为车辆 1 的最优中途越站调度控制方案,即在站点 17 和站点 18 处越站,对应的目标函数值为 $Z = 3\,656$ min,其中 $Z_1 = 399$ min,$Z_2 = 3\,140$ min,$Z_3 = 117$ min。与无调度控制策略情况相比,中途越站有效改善了公交运行,总成本降低了 19%。

表 10-4 车辆 1 的最优越站方案:各站点间行驶时间服从正态分布

站点	1	2	3	4	5	6	7	8	9	10
$y_{1,j}$	1	1	1	1	1	1	1	1	1	1
站点	11	12	13	14	15	16	17	18	19	
$y_{1,j}$	1	1	1	1	1	1	0	0	1	

为了检验含蒙特卡罗的遗传算法,采用枚举算法计算全局最优解,由于站点 1 和站点 19 不允许越站,中途越站调度控制点的方案共有 $2^{17} = 131\,072$ 种。对所有的方案进行枚举并采用蒙特卡罗过程计算目标函数,得目标函数的最小值为 $Z = 3\,656$ min,对应的越站方案与表 10-4 中相同,最大值为 1.680×10^6 min,均值为 1.633×10^6 min。与最小值相比,最大值和均值的量级很大,是由于惩罚参数 $\rho = 10^8$ sec 的存在。可以看到,遗传算法可以有效地计算得到枚举算法所能计算得到的最优解,算法可行且高效。

继续求解当各站点间行驶时间为常量时的情况,分析随机行驶时间的影响。同样采用遗传算法进行求解,此时不再需要蒙特卡罗过程。表 10-5 为各站点间行驶时间为常量(即均值 r_j)时车辆 1 的最优中途越站调度控制方案,与各站点间行驶时间服从正态分布时的方案有所不同,此时目标函数为 $Z = 3\,771$ min,其中,

$Z_1 = 371\,\text{min}$，$Z_2 = 3\,284\,\text{min}$，$Z_3 = 116\,\text{min}$。行驶时间的随机性影响了最优越站方案，在应用调度控制策略时应将其考虑在内。

表 10-5　车辆 1 的最优越站方案：各站点间行驶时间为常量

站点	1	2	3	4	5	6	7	8	9	10
$y_{1,j}$	1	1	1	1	1	1	1	1	1	1
站点	11	12	13	14	15	16	17	18	19	
$y_{1,j}$	1	1	1	1	0	1	0	0	1	

同样采用枚举算法计算各站点间行驶时间为常量的情况，目标函数的最小值为 $Z = 3\,683\,\text{min}$，其中，$Z_1 = 349\,\text{min}$，$Z_2 = 3\,218\,\text{min}$，$Z_3 = 116\,\text{min}$。对应的越站方案如表 10-6 所示，最大值为 $1.683 \times 10^6\,\text{min}$，均值为 $1.667 \times 10^6\,\text{min}$。含蒙特卡罗的遗传算法的解的目标函数值基本接近枚举算法的最优解，质量较好。

表 10-6　车辆 1 的最优越站方案：各站点间行驶时间为常量（枚举算法）

站点	1	2	3	4	5	6	7	8	9	10
$y_{1,j}$	1	1	1	1	1	1	1	1	1	1
站点	11	12	13	14	15	16	17	18	19	
$y_{1,j}$	1	1	1	1	0	0	0	0	1	

如 10.2 节中所述，考虑到实际情况或者调度控制人员的偏好，可以增加其他的约束条件，如不允许连续越站等，采用含蒙特卡罗的遗传算法进行求解。表 10-7 为不允许连续越站情况下车辆 1 的最优中途越站调度控制方案，即在站点 16 和站点 18 处越站。目标函数值为 $Z = 3\,706\,\text{min}$，其中，$Z_1 = 408\,\text{min}$，$Z_2 = 3\,181\,\text{min}$，$Z_3 = 117\,\text{min}$。

表 10-7　车辆 1 的最优越站方案：不允许连续越站

站点	1	2	3	4	5	6	7	8	9	10
$y_{1,j}$	1	1	1	1	1	1	1	1	1	1
站点	11	12	13	14	15	16	17	18	19	
$y_{1,j}$	1	1	1	1	1	0	1	0	1	

10.3 首站放车调度控制

10.3.1 模型构建

首站放车调度是指空车从首站点出发,越过数个公交站点后,开始按站点次序正常运行、依次停靠的调度控制形式[273]。首站放车调度的适应情况类似于中途越站调度控制,当首站处出现大间隔或者串车现象时,可采用空车从首站发出,经过若干站点后,再开始按站点依次停靠。主要目的是尽快疏散车辆,恢复线路中途各站点的计划车头时距,避免大间隔或者串车现象重复出现。首站放车调度控制需要确定从首站开始,应当连续越过几站。

研究首站放车调度控制问题时,假设条件及各变量的定义同中途越站调度控制,如 10.1.1 节中所述。仅讨论对一辆车实施放车调度,不考虑连续放车两辆及两辆以上的情况。决策变量依然为 $y_{i,j}$。目标函数亦包括等待时间、车内时间、车辆运行时间三项,同式(10-5)。约束条件包括(10-6)和(10-8),此外,由于放车调度控制是首站处可以越站,故中途越站调度控制中的约束条件(10-7)不再成立,而只有末站不允许越站,即

$$y_{i,N} = 1, i = 1 \tag{10-19}$$

以及约束条件

$$y_{i,j} \geqslant y_{i,k}, k = j+1, j+2, \cdots, N \tag{10-20}$$

公交运行系统同样需满足车辆运行轨迹演化动力学过程(10-9)、(10-10)、(10-11)和(10-12)。而放车调度控制情况下的公交车辆上、下客情况如下列四个式子所示:

$$U_{i,j} = y_{i,j} \sum_{k=j+1}^{N} W_{i,jk}, i = 1,2; j = 1,2,\cdots,N-1 \tag{10-21}$$

$$V_{i,j} = \sum_{k=1}^{j-1} W_{i,kj} y_{i,k}, i = 1,2; j = 2,3,\cdots,N \tag{10-22}$$

$$W_{i,jk} = L_{i-1,jk} + \lambda_{j,k} H_{i,j}, i = 1,2; j = 1,2,\cdots,N-1; k = 2,3,\cdots,N \tag{10-23}$$

$$L_{i,jk} = W_{i,jk} - W_{i,jk} y_{i,j}, i = 1,2; j = 1,2,\cdots,N-1; k = 2,3,\cdots,N \tag{10-24}$$

求解首站放车调度控制问题时,由于首站放车调度的形式是有限的,例如,若

公交线路上站点数为 $N=20$ 时,仅有 19 种可能的首站放车调度方案。可以很简单地对每一种首站放车调度方案,采用蒙特卡罗过程进行计算,即枚举算法。

10.3.2 实例分析

针对 10.2.2 中的实例,采用枚举算法求解首站放车调度控制问题,共有 18 种首站放车调度控制方案,每一种都采用蒙特卡罗过程进行计算,得到车辆 1 的最优首站放车调度控制方案如表 10-8 所示,仅首站被越过,此时的目标函数值为 $Z = 4\,681$ min,其中,$Z_1 = 836$ min,$Z_2 = 3\,723$ min,$Z_3 = 122$ min。

表 10-8 车辆 1 的最优首站放车调度控制方案

站点	1	2	3	4	5	6	7	8	9	10
$y_{1,j}$	0	1	1	1	1	1	1	1	1	1
站点	11	12	13	14	15	16	17	18	19	
$y_{1,j}$	1	1	1	1	1	1	1	1	1	

首站放车调度控制为中途越站调度控制的特殊情况,其最优结果理论上确实差于中途越站调度控制的最优解,计算结果确实如此。而且,甚至比没有调度控制策略情况下的总时间成本还多,说明该条公交线路此时不宜采用首站放车调度控制策略。

后 记

作为改善公交吸引力和竞争力的重要方面,运行可靠性已开始引起广泛重视。在智能公交系统背景下,本书以公交车辆运行系统为研究对象,面向公交企业,对公交运行可靠性分析及调度控制关键问题进行了研究。书中系统地界定了公交线网运行可靠性和公交线路运行可靠性的内涵;并提出基于运行可靠性分析的公交调度控制为宏观调度控制的范畴,包括网络设计和线路控制两个层面,涵盖预防、应对、处理三级策略,具有互反馈过程、多维和过程控制、以现代信息技术为基础等特征;介绍了公交车辆运行信息的采集技术与分析方法,构建了采用 AVL 系统数据的公交运行可靠性评价指标体系;探索了公交枢纽衔接换乘与线网协调方法;并构建了考虑随机运行时间的公交线网设计模型、基于时间控制点的公交线路计划时刻表设计模型、多条公交线路协同调度模型、首站放车和中途越站调度控制模型,分别提出了相应的求解算法。

智能公交系统环境下的公交运行可靠性问题是一个动态的、复杂的研究范畴。城市公交车辆运行系统的随机性使得问题的研究具有难度,而公交乘客对于服务水平和可靠性要求的日益提高又使得问题的研究意义重大。此外,智能公交技术不断发展,使得研究的视角和方法越来越多元化。公交运行可靠性与调度控制将是一项持续长期的研究过程,以下内容有待继续深化:

1. 多源数据的融合与应用,研究面向乘客的公交服务可靠性测度方法。公交乘客与企业对于可靠性评价的角度和侧重存在差异。IC 卡的应用广泛使得乘客公交出行信息可获取,有必要将其与 AVL 系统数据相结合,在公交运行可靠性分析的基础上,从乘客的角度出发研究公交服务可靠性。

2. 公交线网运行可靠性的综合评价。如何处理各评价指标之间的量纲不同以及区段非相互独立问题,对单条公交线路进行综合评价,分析其对公交线网系统达到预定运行可靠性的概率影响,从而以单元(单条公交线路)重要度作为局部改善的重要参考依据。并通过成因分析诊断得到公交线路运行不可靠的关键影响因素,有针对性地提出相应的调度控制策略,符合运营管理实践的需要。

3. 可感知、可检测、可考核与奖惩的综合性公交服务品质指标体系的构建。服务水平、可达性、满载率等其他指标与可靠性之间有着密切关系,可靠性是公交服务水平的重要方面,可达性、满载率等对可靠性有着重要影响,后续研究中应整合各种评价指标,构建公交服务标准以及监管考核评价指标体系。

4. 结合运行和服务可靠性的公交动态调度控制策略研究。基于运行可靠性的公交调度控制的基本特点是以当前获取的实时数据和历史数据为基础,在车辆运行初始,驾驶员获取具体的调度控制方案,在运行过程中该方案没有进行动态实时优化,为静态调度控制。可提出一种预测控制方法,结合 AVL 系统以外更丰富的数据源,包括道路交通流状况、乘客需求等,进行动态实时调度控制方法的研究。

5. 研究成果中的模型和算法的软件开发和工程应用问题。本书建立了一套面向实际应用、基于 AVL 系统数据的公交调度控制策略的模型和算法,需要进一步的软件开发和自动化处理,对其进行检验,以解决工程实践中可能遇到的问题。

6. 城市公共交通可持续优先发展技术。以公交政策与法规、系统与设施规划、运行管理与服务等公共交通发展关键要素为研究对象,在公共交通优先发展政策实施和推行现状的基础上,形成促进公共交通可持续优先发展的制度体系、运营机制、关键技术,重点关注轨道交通、地面公交、城乡公交在内的多网融合技术,公交专用道、公交信号优先、公交调度与实时控制问题,公交可持续优先发展法制化、公交绩效评价与补贴补偿机制。

感谢研究过程中东南大学徐吉谦教授、李文权教授、刘攀教授、叶智锐教授、夏井新副教授和新加坡国立大学孟强副教授,同济大学杨晓光教授、晏克非教授,江苏省城市规划设计研究院黄富民教授级高工,河海大学吴中教授,南京理工大学曹从咏教授给予的指导。感谢苏州市规划设计研究院有限责任公司樊钧、韩兵,苏州公交场站管理有限公司吴迪,苏州市交通运输局综合运输处芮建秋,苏州市交通运输局客运管理处掌于平,常州市规划设计院沈巍,上海市城市综合交通规划研究所王亿方、顾志兵,南京市城市与交通规划设计研究院有限责任公司刘超平,交通运输部规划研究院何明,深圳大学建筑与土木工程学院吕慎副教授为本书提供了大量的基础资料。感谢东南大学 Bluesky 工作室姜晓红(博士生)参与第 6 章和第 9 章、龚小林(博士生)参与第 4 章、李家斌(硕士生)参与第 3 章的研讨、资料整理和校对工作。

著　者
于东南大学
2013 年 4 月

参 考 文 献

[1] 过秀成,王丁,姜晓红.城乡公交一体化规划总体框架构建[J].现代城市研究,2009,(2):24-28.

[2] 顾志兵,相伟,过秀成,等.城乡公交统筹发展策略研究[J].公路交通科技,2006,(05):114-117.

[3] Yan Y D,Guo X C, Li Y, et al. Bus transit travel time reliability evaluation based on automatic vehicle location data[J]. Journal of Southeast University (English Edition),2012,28(1):100-105.

[4] 泰州市交通运输局,东南大学交通学院.泰州市公共客运交通规划[R],2010.

[5] 滁州市建设委员会,东南大学交通学院.滁州市公共客运交通规划[R],2010.

[6] 宣城市城乡规划局,东南大学交通学院,宣城市规划设计研究院.宣城市综合交通规划[R].2012.

[7] Transit ridership, reliability, and retention[R]. National Center for Transit Research Center for Urban Transportation Research, State of Florida Department of Transportation, 2008.

[8] Yan Y D,Meng Q, Wang S A, et al. Robust optimization model of schedule design for a fixed bus route[J]. Transportation Research Part C, 2012,25:113-121.

[9] Yan Y D, Liu Z Y , Meng Q, et al. Robust Optimization Model of Bus Transit Network Design with Stochastic Travel Time[J]. Journal of Transportation Engineering, 2013,139(6):1-10.

[10] 国务院办公厅转发建设部等部门关于优先发展城市公共交通意见的通知[Z].国办发〔2005〕46 号.

[11] 沈巍.大城市公交优先发展战略研究[D].南京:东南大学,2006.

[12] 严亚丹.基于运行可靠性的公交调度控制研究[D].南京:东南大学,2012.

[13] 陈阳,杨涛.公交都市的理解和对策[J].现代城市研究,2013,28(1):6-10.

[14] Sterman B P, Schofer J L. Factors affecting reliability of urban bus services[J]. Journal of Transportation Engineering, 1976,102(TE1):147-160.

[15] Turnquist M A. A model for investigating the effects of service frequency and reliability on bus passenger waiting times[J]. Transport Research Record, 1978,(663):70-73.

[16] Polus A. Modeling and measurements of bus service reliability[J]. Transportation Research, 1978,12(4):253-256.

[17] Silcock, D T. Measures of operational performance for urban bus services[J]. Traffic Engineering and Control, 1981,22:645-648.

[18] Abkowitz M. Transit service reliability (Report No. UMTA-MA-06-0049-78-1)[R]. Washington, D. C. : Urban Mass Transportation Administration, 1978.

[19] Turnquist M A. Strategies for improving bus transit service reliability (Report No. DOT/RSPA/DPB50-81/27)[R]. Alexandria, VA: National Technical Information Service, 1982.

[20] Jordam W C, Turnquist M A. Control of service reliability in bus transit networks: simulation model user's manual[M]. Washington, D. C. : Department of Transportation, Office of University Research, 1982.

[21] Abkowitz M D, Engelstein I. Factors affecting running time on transit routes[J]. Transportation Research Part A, 1983,17(2):107-113.

[22] Abkowitz M D. Implementing headway-based reliability control on transit routes[J]. Journal of Transportation Engineering, 1990,116(1):49-63.

[23] Abkowitz M, Eiger A, Engelstein I. Optimal control of headway variation on transit routes [J]. Journal of Advanced Transportation, 1986,20(1):73-88.

[24] Abkowitz M D, Engelstein I. Temporal and spatial dimensions of running time in transit system[J]. Transportation Research Record, 1982,(877):64-67.

[25] Abkowitz M, Engelstein I. Empirical methods for improving transit scheduling[C]. Research for Transport Policies in a Changing World: Proceedings of the World Conference on Transport Research, 1983:844-856.

[26] Abkowitz M, Josef R, Tozzi J, et al. Operational feasibility of timed transfer in transit systems[J]. Journal of Transportation Engineering, 1987,113(2):168-177.

[27] Abkowitz M, Tozzi J. Transit route characteristics and headway-based reliability control [J]. Transportation Research Record, 1986,(1078):11-16.

[28] Abkowitz M, Tozzi J. Research contributions to managing transit service reliability[J]. Journal of Advanced Transportation, 1987,21(1):47-65.

[29] Turner R P, White P R. Operational aspects of minibusservices[J]. Transport and Road Research Laboratory, 1990,185:26.

[30] Henderson G, Adkins H, and Kwong P. Subway reliability and the odds of getting there on time[J]. Transportation Research Record, 1991,(1297):10-13.

[31] Levinson H S. Supervision strategies for improved reliability of bus routes[M]. NCTRP Synthesis of Transit Practice 15, National Research Council: Transportation Research Board, Washington, DC, 1991.

[32] Strathman J, Hopper J. Empirical analysis of bus transit on-time performance[J]. Transportation Research Part A, 1993,27(2):93-100.

［33］Nakanishi Y J. Bus performance indicators: on-time performance and service regularity［J］. Transport Research Record, 1997,(1571):1-13.

［34］Strathman J G, Dueker K J, Kimpel T. Automated bus dispatching, operations control, and service reliability:baseline analysis［J］. Transport Research Record, 1999,(1666):28-36.

［35］Tahmasseby S. (2009), Reliability in Urban Public Transport Network Assessment and Design［D］. Department of Transport and Planning, Faculty of Civil Engineering and Geosciences, Delft University of Technology.

［36］Yin Y F, Lam W H K,Ieda H. Reliability assessment on transit network services, network reliability of transport［C］. Proceedings of the 1st International Symposium on Transportation Network Reliability, 2002:119-132.

［37］Yin Y F, Lam W H K, Miller M A. A simulation-based reliability assessment approach for congested transitnetwork［J］. Journal of Advanced Transportation, 2004,38(1):27-44.

［38］Transit capacity and quality of service manual (2nd)［M］. National Research Council: Transportation Research Board, Washington, D. C. , 2003.

［39］Camus R, Longo G,Macorini C. Estimation of transit reliability level-of-service based on automatic vehicle location data［J］. Transport Research Record, 2005,(1927):277-286.

［40］Junsik P, Seung-Young K. A new method to determine level-of-service criteria for headway adherence［C］. Washington, D. C. : Transportation Research Board 85th Annual Meeting, 2006.

［41］Liu R H,Sinha S. Modeling urban bus service and passenger reliability［C］. The Third International Symposium on Transportation Network Reliability, The Hague, Netherlands, 2007.

［42］Sorratini J A, Liu R H, Sinha S. Assessing Bus Transport Reliability Using Micro-Simulation［J］. Transportation Planning and Technology, 2008,31(3):303-324.

［43］Furth P G, Muller T H J. Service reliability and hidden waiting time: insights from AVL-data［J］. Transportation Research Record, 2006,(1955):79-87.

［44］Oort N van, Wilson N H M, Nes R van. Reliability Improvement in Short-Headway Transit Services: Schedule- and Headway-Based Holding Strategies［C］. Washington, D. C. : Transportation Research Board 89th Annual Meeting, 2010.

［45］Lee Y-J, Chon K S, Hill D L, Desai N. Effect of automatic vehicle location on schedule adherence for mass transit administration bus system［J］. Transportation Research Record, 2001,(1760):81-90.

［46］Bertini R L, El-Geneidy A. Generating transit performance measures with archived data［J］. Transportation Research Record, 2003,(1841):109-119.

［47］Hammerle M, Haynes M, McNeil S. Use of automatic vehicle location and passenger count data to evaluate bus operations-experience of the Chicago Transit Authority［J］. Transportation Research Record, 2005,(1903):27-34.

[48] Mazloumi E, Currie G, Sarvi M. Assessing measures of transit travel time variation and reliability using automated vehicle location data[C]. Washington, D. C. : Transportation Research Board 87th Annual Meeting, 2008.

[49] Mandelzys M, Hellinga B. Identifying causes of bus transit schedule adherence performance issues using Automatic vehicle location and Automatic passenger counting Archived data [C]. Washington, D. C. : Transportation Research Board 89th Annual Meeting, 2010.

[50] El-Geneidy A M, Horning J, Krizek K J. Analyzing transit service reliability using detailed data from automatic vehicular locator systems[J]. Journal of Advanced Transportation, 2011,45(1):66-79.

[51] Cortés C E, Gibson J, Gschwender A, et al. Commercial bus speed diagnosis based on GPS-monitored data[J]. Transportation Research Part C, 2011,19(4):695-707.

[52] Bowman L A, Turnquist M A. Service frequency, schedule reliability, and passenger wait times at transit stops[J]. Transportation Research Part A, 1981,15(6):465-471.

[53] Strathman J G, Kimper T J, Callas S. Headway deviation effects on bus passenger loads: analysis of Tri-Met's archived AVL – APC data[R]. Center for Urban Studies, College of Urban and Public Affairs, Portland State University and Tri-Met, Portland, OR, 2003.

[54] Dorbritz R, Luthi M, Weidmann U A, et al. Effects of on-board ticket sales on public transport reliability[C]. Washington, D. C. : Transportation Research Board 88th Annual Meeting, 2009.

[55] 毛林繁. 城市公交网络可靠性的双层规划模型[J]. 中国公路学报, 2002,15(3):88-91.

[56] 赵航, 宋瑞. 公共交通系统营运可靠性研究[J]. 公路交通科技, 2005,22(10):132-135.

[57] 范海雁, 杨晓光, 严凌, 等. 蒙特卡罗法在公交线路运行时间可靠性计算中的应用[J]. 上海理工大学学报, 2006,28(1):59-62.

[58] 陆奇志, 艾利·斯木吐拉. 基于 matlab 仿真的公交系统运行时间可靠性评价方法[J]. 城市交通, 2006,4(4):70-75.

[59] 高桂凤, 魏华, 严宝杰. 城市公交服务质量可靠性评价研究[J]. 武汉理工大学学报(交通科学与工程版), 2007,31(1):140-143.

[60] 戴帅, 陈艳艳, 魏中华. 复杂公交网络的系统可靠性分析[J]. 武汉理工大学学报(交通科学与工程版), 2007,31(3):412-414.

[61] Chen X M, Yu L, Zhang Y S, et al. Analyzing urban bus service reliability at the stop, route, and networklevels[J]. Transportation Research Part A, 2009,43(8):722-734.

[62] 戴帅, 朱晨, 陈艳艳. 城市公交系统的时间可靠度研究[J]. 武汉理工大学学报(交通科学与工程版), 2008,32(5):869-871.

[63] 刘锐, 严宝杰, 黄志鹏, 等. 可靠性理论在公交网络分析中的应用[J]. 公路交通科技, 2008, 25(4):122-126.

[64] 陈维亚, 陈治亚. 基于随机仿真的高频公交服务可靠性分析[J]. 交通运输系统工程与信息, 2009,9(5):130-134.

[65] 宋晓梅.常规公交网络运行可靠性多层次评价模型与算法[D].北京:北京交通大学,2010.

[66] 司徒炳强.公交网络时刻表编制的理论建模及可靠性控制方法研究[D].广州:华南理工大学,2011..

[67] 安健,杨晓光,刘好得,等.基于乘客感知的公交服务可靠性测度模型[J].系统仿真学报,2012,24(5):1 092-1 097.

[68] Chang J. Evaluation of service reliability impacts of traffic signal priority strategies for bus-transit[D]. Blacksburg, VA: Virginia Polytechnic Institute and State University, 2002.

[69] El-Geneidy A M, Strathman J G, Kimpel T J, et al. The effects of bus stop consolidation on passenger activity and transport operations[C]. Washington, D. C.: Transportation Research Board 85th Annual Meeting, 2006.

[70] Turnquist M A, Bowman L A. The Effects of Network Structure on Reliability of Transport Service[J]. Transportation Research B, 1980,14(1-2):79-86.

[71] Oort N van, Nes R van. Service Regularity Analysis for Urban Transit Network Design [C]. Washington, D. C.: Transportation Research Board 83rd Annual Meeting, 2004.

[72] Oort N van, Nes R van. Reliability of urban public transport and strategic and tactical planning, a first analysis[C]. TRAIL Conference 2006 Proceedings, Rotterdam, 2006.

[73] Chua T A. The planning of urban bus routes and frequencies: asurvey[J]. Transportation, 1984,12(2):147-172.

[74] Desaulniers G, Hickman M D. Public transit, in Handbooks in Operation Research and Management Science [M]. Elsevier BV, 2007:69-120.

[75] Guihaire V, Hao J-K. Transit network design and scheduling: a global review[J]. Transportation Research Part A, 2008,42(10):1 251-1 273.

[76] Kepaptsoglou K, Karlaftis M. Transit route network design problem: review[J]. Journal of Transportation Engineering, 2009,135(8):491-505.

[77] Ceder, A. Public Transit Planning and Operation[M]. Amsterdam: Elsevier, 2007.

[78] Mandl C E. Evaluation and optimization of urban public transportation networks[J]. European Journal of Operational Research, 1980,5(6):396-404.

[79] Pattnaik S B, Mohan S, Tom V M. Urban bus transit route network design using genetic algorithm[J]. Journal of Transportation Engineering, 1998,124(4):368-375.

[80] Bielli M, Caramia M, Carottenuto P. Genetic Algorithms in bus network optimization[J]. Transportation Research Part C, 2002,10(1):19-34.

[81] Carrese S, Gori S. An urban bus network design procedure[J]. Transportation Planning, 2004,64:177-195.

[82] Tom V M, Mohan S. Transit route network design using frequency coded geneticalgorithm [J]. Journal of Transportation Engineering, 2003,129(2):186-195.

[83] Agrawal J, Mathew T V. Transit route design using parallel genetic algorithm[J]. Journal of Computing in Civil Engineering, 2004,18(3):248-256.

[84] Fan W, Machemehl R. Using a simulated annealing algorithm to solve the transit route network design problem[J]. Journal of Transportation Engineering, 2006, 132(2): 122-132.

[85] Rapp M H, Gehner C D. Transfer optimization in an interactive graphic system for transit planning[J]. Transportation Research Record, 1976, (619): 27-33.

[86] Ceder A, Wilson N H M. Bus network design[J]. Transportation Research Part B, 1986, 20(4): 331-344.

[87] Baaj M H, Mahmassani H S. An AI-based approach for transit route system planning and design[J]. Journal of Advanced Transportation, 1991, 25(2): 187-209.

[88] Baaj M H, Mahmassani H S. A hybrid route generation heuristic algorithm for the design of transit networks[J]. Transportation Research Part C, 1995, 3(1): 31-50.

[89] Bagloee S A, Ceder A. Transit-network design methodology for actual-size road networks [J]. Transportation Research Part B, 2011, 45(10): 1 787-1 804.

[90] Cipriani E, Gori S, Petrelli M. Transit network design: a procedure and an application to a large urban area[J]. Transportation Research Part C, 2012, 20(1): 3-14.

[91] van N R, Hamerslag R, Immers B H. Design of public transport networks[J]. Transportation Research Record, 1988, (1202): 74-83.

[92] Murray A T. A coverage model for improving public transit system accessibility and expanding access[J]. Annals of Operations Research, 2003, 123(1-4): 143-156.

[93] Guan J F, Yang H, Wirasinghe S C. Simultaneous optimization of transit line configuration and passenger line assignment[J]. Transportation Research Part B, 2006, 40(10): 885-902.

[94] Chakroborty P, Wivedi T. Optimal route network design for transit systems using Genetic Algorithms[J]. Engineering Optimization, 2002, 34(1): 83-100.

[95] Zhao F. Large-scale transit network optimization by minimizing user cost and transfer[J]. Journal of Public Transportation, 2006, 9(2): 107-129.

[96] Lin S W, Yu V F, Lu CC. A simulated annealing heuristic for the truck and trailer routing problem with time windows[J]. Expert Systems with Applications, 2011, 38(12): 15244-15252.

[97] Zhao F, Zeng X. Optimization of user and operator cost for large scale transit networks [J]. Journal of Transportation Engineering, 2007, 133(4): 240-251.

[98] Szeto W Y, Wu Y. A simultaneous bus route design and frequency setting problem for Tin Shui Wai, Hong Kong[J]. European Journal of Operational Research, 2011, 209(2): 141-155.

[99] Jackson W B, Jucker J V. An empirical study of travel time variability and travel choice behavior[J]. Transportation Science, 1982, 16(4): 460-475.

[100] Constantin I, Florian M. Optimizing frequencies in a transit network: a nonlinear bi-level

programming approach[J]. International Transactions in Operational Research, 1995, 2(2):149-164.

[101] Gao Z Y, Sun H J, Shan L L. A continuous equilibrium network design model and algorithm for transit systems[J]. Transportation Research Part B, 2004,38(3):235-250.

[102] Lam W H K,Gao Z Y, Chan K S, et al. A stochastic user equilibrium assignment model for congested transit networks [J]. Transportation Research Part B, 1999, 33 (5): 351-368.

[103] Yang L, Lam W H K. Probit-type reliability-based transit network assignment[J]. Transportation Research Record, 2006,(1977):154-163.

[104] Lesley J S. The role of the timetable in maintaining bus service reliability[C]. UK:Proceedings of the Symposium on Operating Public Transport, University of Newcastle-Upon-Tyne, 1975.

[105] Abkowitz M, Engelstein I. Methods for maintaining transit service regularity (Report No. NY-06-0097)[M]. Rensselaer Polytechnic Institute, 1984.

[106] Wirasinghe S C, Liu G. Determination of the number and locations of time-points in transit schedule design[J]. Annuals of Operations Research, 1995,60(1):161-191.

[107] Carey M. Reliability of interconnected scheduled services[J]. European Journal of Operational Research, 1994,79(1):51-72.

[108] Liu G,Wirasinghe S C. A simulation model of reliable schedule design for a fixed transit route[J]. Journal of Advanced Transportation, 2001,35(2):145-174.

[109] Wirasinghe S C. Initial planning for urban transit systems, in Advanced Modeling for Transit Operations and Service Planning (W. H. K. Lam and M. G. H. Bell, eds)[M]. Elsevier Science, Oxford, UK: 1-29,2003.

[110] Dessouky M, Hall R, Nowroozi A, et al. Bus dispatching at timed transfer transit stations using bus tracking technology[J]. Transportation Research Part C, 1999,7(4):187-208.

[111] Zhao J M,Dessouky M, Bukkapatnam S. Optimal slack time for schedule-based transit operations[J]. Transportation Science, 2006,40(4):529-539.

[112] Furth P G, Muller T H J. Optimality conditions for public transport schedules withtimepoint holding[J]. Public Transport, 2009,1(2):87-102.

[113] Lee KK T, Schonfeld P M. Real-Time dispatch control for coordinated operation in transit terminals [J]. Transportation Research Record, 1994,(1433):3-9.

[114] Chowdhury M S, Chien S I. Dynamic vehicle dispatching at the intermodal transfer station [J]. Transportation Research Record, 2001,(1753):61-68.

[115] Dessouky M, Hall R, Zhang L, Singh A. Real-time Control of Buses for Schedule Coordination at a Terminal [J]. Transportation Research Part A, 2003,37(2):145-164.

[116] Turnquist M. Strategies for improving reliability of bus transit service[J]. Transportation Research Record, 1981,(818):7-13.

[117] Eberlein X J, Wilson N H M, Bernstein D. Modeling real-time control strategies in public transit operations, in Computer Aided Transit scheduling[M]. Springer-Verlag, Berlin, Heidelberg, 1999:325-346.

[118] Eberlein X J, Wilson N H M, Bernstein D. The holding problem with real-time information available[J]. Transportation Science, 2001,35(1):1-18.

[119] Zolfaghari S, Nader A, Mohamad Y. A model for holding strategy in public transit systems with real-time information[J]. International Journal of Transport Management, 2004,2(2):99-110.

[120] Sun A, Hickman M. The real-time stop-skippingproblem[J]. Journal of Intelligent Transportation System, 2005,9(2):91-109.

[121] Sun A. AVL-based transit operationcontrol[D]. Tucson (USA): The University of Arizona, 2005.

[122] Moses I E. Transit route simulator for the evaluation of control strategies using automatically collecteddata[D]. Cambridge (USA): Massachusetts Institute of Technology, 2005.

[123] Li Y, Rousseau J-M, Gendreau M. Real-time scheduling on a transit bus route: a 0-1 Stochastic Programming Model[C]. Proceedings of the Thirty-Third Annual Meeting, Transportation Research Forum, 1991:157-166.

[124] Eberlein X J. Real-time control strategies in transit operations: models and analysis[D]. Department of Civil and Environmental Engineering, Massachusetts Institute of Technology, 1995.

[125] Lin G, Liang P, Schonfeld P, et al. Adaptive control of transit operations(Report No. MD-26-7002)[R]. University of Maryland, 1995.

[126] Fu L P, Liu Q, Calamai P. Real-time optimization model for dynamic scheduling of transit operations[J]. Transportation Research Record, 2003,(1857):48-55.

[127] Sun A, Hickman M. The real-time stop-skippingproblem[J]. Journal of Intelligent Transportation System, 2005,9(2):91-109.

[128] Furth P G, Day F B. Transit Routing and Scheduling Strategies for Heavy-Demandcorridors[J]. Transportation Research Record, 1985,(1 011):23-26.

[129] Furth P G. Alternating Deadheading in Bus RouteOperations[J]. Transportation Science, 1985, 19(1):13-28.

[130] Eberlein X J, Wilson N H M, Barnhart C, et al. The Real-Time Deadheading Problem in Transit Operations Control[J]. Transportation Research Part B, 1998,32(2):77-100.

[131] Cortés C E, Jara-Díaz S, Tirachini A. Integrating short turning and deadheading in the optimization of transit services[J]. Transportation Research Part A, 2011,45(5):419-434.

[132] 魏明,靳文舟,孙博. 区域公交车辆调度问题的可靠性[J]. 华南理工大学学报(自然科学版),2012,40(2):50-56.

[133] 司徒炳强,靳文舟. 合作与竞争条件下公交网络发车时间优化模型[J]. 公路交通科技,

2010,27(6):121-126.

[134] 魏明,靳文舟,孙博.区域公交车辆调度及购车计划的双层规划模型[J].华南理工大学学报(自然科学版),2011,39(8):118-123.

[135] 周雪梅,杨晓光.基于ITS的公共汽车换乘等待时间最短调度问题研究[J].中国公路学报,2004,17(2):82-84.

[136] 滕靖,杨晓光.APTS下城市公交枢纽调度问题的实用优化方法研究[J].系统工程,2004,22(8):78-82.

[137] 陈旭梅,林国鑫,于雷.常规公共交通与轨道交通运营调度协调模型[J].系统工程理论与实践,2009,29(10):165-173.

[138] 张宇石,陈旭梅,于雷,等.基于换乘站点的轨道交通与常规公交运营协调模型研究[J].铁道学报,2009,31(3):11-19.

[139] 孙杨,宋瑞,何世伟.随机需求下公交时刻表设计的鲁棒性优化[J].系统工程理论与实践,2011,31(5):986-992.

[140] 黄溅华,关伟,张国伍.公共交通实时调度控制方法研究[J].系统工程学报,2000,1(3):277-280.

[141] 杨兆升.城市智能公共交通系统理论与方法[M].北京:中国铁道出版社,2004.

[142] 于滨.城市公交系统模型与算法研究[D].大连:大连理工大学,2006.

[143] 汪洋,陈小鸿,杨超,等.道路快速公交运营调度目标研究[J].城市轨道交通研究,2009,12(3):25-33.

[144] 吴海涛.基于ITS技术的城市公交运营调度系统优化研究[D].成都:西南交通大学,2005.

[145] 滕靖,杨晓光.APTS下公共汽车单线路实时控制方法[J].同济大学学报(自然科学版),2006,34(6):744-751.

[146] 丁建勋,黄海军.考虑控制策略的公交运输系统元胞自动机模型[J].交通运输系统工程与信息,2010,10(3):35-41.

[147] 陈维亚.基于智能技术的城市公交服务可靠性研究[D].长沙:中南大学,2009.

[148] 吴稼豪,李硕,卢丙成.城市公共交通车线网络设计的一种优化方法[J].上海机械学院学报,1983,(4):23-25.

[149] 吴稼豪,赵永昌,王春祥.城市公共交通车线网络优化评价[J].系统工程理论与实践,1989,(1):52-57.

[150] 韩印.城市公共交通线网优化[D].[硕士学位论文].长春:吉林工业大学,1994.

[151] 韩印,李维斌,李晓峰.城市公交线网调整优化PSO算法[J].中国公路学报,1999,12(3):100-104.

[152] 王志栋.公交线网优化模型的建立[J].大连铁道学院学报,1997,18(4):31-34.

[153] 林柏梁,杨富社,李鹏.基于出行费用最小化的公交网络优化模型[J].中国公路学报,1999,12(1):79-83.

[154] 韩印,杨晓光.一种新的公交网络非线性双层优化模型的提出及其求解算法[J].交通与计

算机,2005,23(4):11-14.

[155] Hu J M, Yang Z S, Feng J. Study on the optimization methods of transit network based on ant algorithm[C]. Proceedings of the IEEE International Vehicle Electronics Conference 2001:215-219.

[156] Hu J M, Xi S, Song J Y, et al. Optimal design for urban mass transit network based on evolutionary algorithm[C]. Advances in Natural Computations: First International Conference, 2005:1089-1100.

[157] 冯树民,陈洪仁. 公共交通线网优化研究[J]. 哈尔滨工业大学学报,2005,37(5):691-693.

[158] 刘好德,杨晓光. 基于路线优选的公交线网优化设计方法研究[J]. 交通与计算机,2007,25(2):14-18.

[159] 安健,杨晓光,滕靖,等. 基于多智能体的公交运行服务仿真模型[J]. 同济大学学报(自然科学版),2010,38(6):832-838.

[160] 苗东升. 系统科学精要(第3版)[M]. 北京:中国人民大学出版社,2010.

[161] Cham L. Understanding bus service reliability: A practical framework using AVL/APC-data[D]. Cambridge (USA): Massachusetts Institute of Technology, 2006.

[162] Szeto W Y, Solayappan M, Jiang Y. Reliability-based transit assignment for congested stochastic transit networks[J]. Computer-Aided Civil and Infrastructure Engineering, 2011, 26(4): 311-326.

[163] Szeto W Y, Jiang Y, Wong K I, et al. Reliability-based stochastic transit assignment with capacity constraints: formulation and solution method[J]. Transportation Research Part C, 2011.

[164] 张宇石. 大城市常规公共交通运行可靠性的研究与实例评价[D]. 北京:北京交通大学,2008.

[165] 严亚丹,过秀成,叶茂. 基于BCC模型的常规公交线路绩效评估方法[J]. 交通运输系统工程与信息,2010,(4):143-147.

[166] 杨晓光,安健,刘好德,等. 公交运行服务质量评价指标体系探讨[J]. 交通运输系统工程与信息,2010,10(4):13-21.

[167] Oort N van, Nes R van. Line-length Vs. reliability: network design dilemma in urban public transport[C]. Washington, D. C.: Transportation Research Board 88th Annual Meeting, 2009.

[168] Nes R van, Bovy P H L. The importance of objectives in urban transit network design[J]. Transportation Research Record, 2000,1 735:25-34.

[169] Strathman J G, Kimpel T J, Dueker K J, et al. Evaluation of transit operations: data applications of Tri-Met's automated bus dispatch system[J]. Transportation, 2002,29(3):321-345.

[170] Chang G-L, Vasudevan M, Su C-C. Modeling and evaluation of adaptive bus-preemption control with and without automatic vehicle location systems[J]. Transportation Research

Part A, 1996,30(4):251-268.

[171] Li R M, Zhang X F. Bus Rapid Transit signal priority strategy based on schedule[C]. Washington, D. C. : Transportation Research Board 91th Annual Meeting, 2012.

[172] Khasnabis S, Rudraraju R K, Baig M F. Economic evaluation of signal preemption projects[J]. Journal of Transportation Engineering, 1999,125(2):160-167.

[173] Furth P, Muller T. Conditional Bus Priority at Signalized Intersections: Better Service with Less TrafficDisruption[J]. Transportation Research Record, 2000,1 731:23-30.

[174] Dion F,Hellinga B. A rule-based real-time traffic responsive signal control system with transit priority: application to an isolated intersection[J]. Transportation Research Part B, 2002,36(4):325-343.

[175] Dion F,Rakha H, Zhang Y. Evaluation of Potential Transit Signal Priority Benefits along a Fixed-time Signalized Arterial[J]. Journal of Transportation Engineering, 2004,130(3):294-303.

[176] Kimpel T, Strathman J, Bertini R, et al. Analysis of Transit Signal Priority Using Archived TriMet Bus Dispatch System Data[J]. Transportation Research Record, 2005, 1925:155-166.

[177] Zlatkovic M, Stevanovic A, Martin P T, et al. Evaluation of Transit Signal Priority Options for the Future 5600W Bus Rapid Transit Line in West Valley City, UT[C]. Washington, D. C. : Transportation Research Board 91st Annual Meeting, 2012.

[178] Wen Y, Zhang L, Huang Z T. Coordination of Connected Vehicle and Transit Signal Priority in Transit Evacuations[C]. Washington, D. C. : Transportation Research Board 91st Annual Meeting, 2012.

[179] Pessaro B, Nostrand C V. Measuring Impacts of Transit Signal Priority by Synchronizing Manually Collected Data with Automated Passenger Counter Data[C]. Washington, D. C. : Transportation Research Board 91st Annual Meeting, 2012.

[180] Albright E, Figliozzi M. A Study of the Factors that Influence Transit Signal Priority Effectiveness and Late Bus Recovery at the Signalized Intersection Level[C]. Washington, D. C. : Transportation Research Board 91st Annual Meeting, 2012.

[181] Liao C-F. Impact of Transit Signal Priority on Bus Service Performance in Minneapolis [C]. Washington, D. C. : Transportation Research Board 91st Annual Meeting, 2012.

[182] 林涛,晏克非,郑景轩. 城市公交专用道系统规划方法探讨——以深圳为例[J]. 交通与运输(学术版),2007,(1):1-4.

[183] 徐康明,蔡健臣,孙鲁明,等. 快速公交系统规划与设计[M]. 北京:中国建筑工业出版社,2010.

[184] Transit Cooperative Research Program Report 90[R]. National Research Council: Transportation Research Board, Washington, D. C. , 2003.

[185] 杨晓光,张海雷,汪涛. 双港湾式公交停靠站的研究[J]. 公路交通科技,2007,24(9):

104-108.

[186] Transit Scheduling. Basic and Advanced Manuals[R]. National Research Council：Transportation Research Board，Washington，D. C. ，1998.

[187] 杨庆芳，董春娇，杨兆升. 基于自动车辆监控的公交优先技术研究[J]. 交通运输系统工程与信息，2006，6(4)：18-23.

[188] Ceder A. Designing transit short-turn trips with the elimination of imbalanced loads, in Computer-aided transit scheduling[M]. Springer-Verlag, 1988.

[189] Furth P G. Short-turning on transit routes[J]. Transportation Research Record, 1988, 1 108：45-52.

[190] Turnquist M A, Blume S W. Evaluating potential effectiveness of headway control strategies for transit systems[J]. Transportation Research Record，1980,746：25-29.

[191] Barnett A. On controlling randomness in transit operations[J]. Transportation Science, 1974,8(2)：102-116.

[192] 王济儒，查伟雄，李剑. 由车站上下车客流量估计铁路 OD 矩阵[J]. 交通运输工程与信息学报，2004,2(4)：23-27.

[193] Navic D S, Furth P G. Using Location-Stamped Farebox Data to Estimate Passenger-Miles，O-D Patterns, and Loads[C]. Washington, D. C. ：Transportation Research Board 81st Annual Meeting, 2002.

[194] Strathman J G, Kimpel T J, Dueker K J. Evaluation of Transit Operations：Data Applications of Tri-Met's Automated Bus Dispatching System[C]. Washington, D. C. ：Transportation Research Board 81st Annual Meeting, 2002.

[195] Strathman J G, Kimpel T J, Dueker K J. Time Point-Level Analysis of Passenger Demand and Transit Service Reliability[C]. Washington, D. C. ：Transportation Research Board 79th Annual Meeting, 2000.

[196] Transportation Research Board. Using Archived AVL-APC Data to Improve Transit Performance and Management[R]. Transit Cooperative Research Program（TCRP）Report 113，2006.

[197] Transportation Research Board. Passenger Counting Technologies and Procedures[R]. Transit Cooperative Research Program（TCRP）Synthesis Report 29, 1998.

[198] Lawrence. G, Reuter. A Worldwide Survey of Transportation Agency Practices：Passenger Counting and Service Monitoring [J]. New York City Transit, 2003.

[199] 朱晓宏，丁卫东，孙泰屹. 公交客流信息采集技术研究[J]. 城市车辆，2005，(1)：55-56.

[200] Thomas G. Guggisberg. Integration of Automatic Passenger Counting Systems with Geographic Information Systems for Transit Service Performance Measurement[C]. Washington，D. C. ：Transportation Research 76th Board Annual Meeting, 1997.

[201] 涂平. 红外 APC 乘客计数精度改进及公交客运量预测模型研究[D]. 重庆：重庆交通大学，2008.

[202] 郭淑霞. 基于时变二源数据的城市公交调度协调模型与算法[D]. 北京:北京交通大学,2010.

[203] Xue Y, Jin J, Lai J, et al. Empirical characteristics of transit travel time distribution for commuting routes[C]. Washington, D. C.: Transportation Research Board 90th Annual Meeting, 2011.

[204] Oort N van, Boterman J W, Nes R van. Effect of driving time determination and holding points on reliability[C]. Hong Kong: The 11th Conference on Advanced Systems for Public Transport, 2009.

[205] David L S, Timothy J L. The 2002 urban mobilityreport[M]. Texas Transportation Institute, The Texas A&M University System, 2002.

[206] Welding P I. The instability of close intervalservice[J]. Operational Research Quarterly, 1957,8(3):133-148.

[207] 张琳琪. 基于随机机会约束的公交实时调度研究[D]. 北京:北京交通大学,2009.

[208] 王亿方. 快速公交系统规划方法研究[D]. 南京:东南大学,2005.

[209] 戴帅. 大城市公共交通一体化关键技术研究[D]. 北京:北京工业大学,2008.

[210] 陈艳艳,孙明正,王振报. 多层次公交线网规划与评价技术[M]. 北京:人民交通出版社,2011.

[211] 相伟. 城乡一体化进程中城镇公交规划方法研究[D]. 南京:东南大学,2006.

[212] 虞明远,熊琦. 分类推进我国城乡道路客运一体化发展总体思路[J]. 公路交通科技,2011, 28(12):145-158.

[213] 过秀成,姜晓红. 城乡公交规划与组织[M]. 北京:清华大学出版社,2011.

[214] 韩兵. 轨道交通接运公交线网协调与调度方法研究[D]. 南京:东南大学,2012.

[215] 吴娇蓉,毕艳祥,傅博峰. 基于郊区轨道交通站点分类的客流特征和换乘系统优先级分析[J]. 城市轨道交通研究,2007(11):23-28.

[216] 南京城市与交通规划设计研究院有限责任公司. 轨道交通与地面交通一体化衔接研究[R]. 2008.

[217] Bing Han, Guo Xiu-cheng, Zhe Kong, et al. Decision Method for Rail Transit Network Growth Stage in Big Cities Based on Life Cycle [J]. ASCE,2011,2 836-2 846.

[218] 岑敏. 上海郊区轨道站点客流特征与换乘设施研究[D]. 上海:同济大学,2007.

[219] 王佳,胡列格. 城市轨道交通站点对常规公交客流的吸引范围[J]. 系统工程,2010(1): 14-18.

[220] 覃煜,晏克非. 轨道交通与常规公交衔接系统分析[J]. 城市轨道交通研究,2000(2): 44-48.

[221] 惠英. 机动化背景下历史街区交通发展与规划研究[D]. 上海:同济大学交通运输工程学院,2008.

[222] 葛亮. 城市综合客运换乘枢纽规划及设计方法研究[D]. 南京:东南大学,2005.

[223] 刘超平. 大城市公交枢纽功能分类及设施规模分析方法研究[D]. 南京:东南大学,2011.

[224] 中华人民共和国城乡建设环境保护部. CJJ15—87 城市公共交通站、场、厂设计规范 [S]. 1987.

[225] 中国公路学会《交通工程手册》编委会. 交通工程手册[S]. 北京:人民交通出版社,1998,5.

[226] Wei Fan. Optimal transit network design problem: algorithm, implementation, and numericalresults[D]. The University of Texas at Austin, 2004.

[227] 陈小鸿. 城市客运交通系统[M]. 上海:同济大学出版社,2008.

[228] 严亚丹,过秀成,孔哲,等. 新加坡城市综合公共交通系统[J]. 现代城市研究,2012,27(4): 65−71.

[229] Yan S Y, Tang C-H. An integrated framework for intercity bus scheduling under stochastic bus travel times[J]. Transportation Science, 2008,42(3):318−335.

[230] Singapore Land Transport Authority[R]. Land transportmasterplan, 2008.

[231] Newell G F. Some issues relating to the optimal design of bus routes[J]. Transportation Science, 1979,13(1):20−35.

[232] Yen J Y. Finding the K shortest loopless paths in a network[J]. Management Science, 1971,17(11):712−716.

[233] Xu W T, He S W, Song R, et al. Finding the K shortest paths in a schedule-based transit network[J]. Computers & Operations Research, 2012,39(8),1812−1826.

[234] Bovy P H L, Fiorenzo-Catalano S. Stochastic route choice set generation: behavioral and probabilistic foundations[J]. Transportmetrica, 2007,3(3):173−189.

[235] Bovy P H L, Stern E. Route Choice: wayfinding in transport networks[M]. Kluwer Academic Publishers, Dordrecht, 1990.

[236] Han A F, Wilson N H M. The allocation of buses in heavily utilized networks with overlapping routes[J]. Transportation Research Part B, 1982,16(3):221−232.

[237] Sheffi Y. Urban transportation networks[M]. Prentice-Hall, INC., Englewood Cliffs, New Jersey, 1985.

[238] Kidwai F A. Optimal design of bus transit network: A genetic algorithm based approach [D]. Indian Institute of Technology Kanpur, India, 1998.

[239] Transit scheduling: basic and advanced manuals[R]. TCRP Synthesis of Transit Practice, 30, National Research Council: Transportation Research Board, Washington, DC, 1998.

[240] Kalaputapu R, Demetsky M J. Modeling schedule deviations of buses using automatic vehicle-location data and artificial neural networks[J]. Transportation Research Record, 1995,(1 497):44−52.

[241] Chen M, Liu X B, Xia J X. Dynamic prediction method with schedule recovery impact for bus arrival time[J]. Transportation Research Record, 2005. 1923:208−217.

[242] Ben-Tal A,Ghaoui L E, Nemirovski A. Robust Optimization[M]. Princeton: Princeton University Press, 2009.

[243] Shapiro A,Dentcheva D, Ruszczyński A. Lectures on Stochastic Programming: Modeling

and Theory[M]. The Society for Industrial and Applied Mathematics and the Mathematical Programming Society, 2008.

[244] Konno H, Yamazaki H. Mean-absolute deviation portfolio optimization model and its application to Tokyo stockmarket[J]. Management Science, 1991,37(5):519-531.

[245] Yu C - S, Li H - L. A robust optimization model for stochastic logistic problems[J]. International Journal of Production Economics, 2000,64(1-3):385-397.

[246] Lai K - K, Ng W - L. A stochastic approach to hotel revenueoptimization[J]. Computers & Operations Research, 2005,32(5):1 059-1 072.

[247] Lai KK, Wang M, Liang L. A stochastic approach to professional services firms' revenue optimization[J]. European Journal of Operational Research, 2007,182(3):971-982.

[248] Leung S C H, Wu Y, Lai KK. A robust optimization model for a cross-border logistics problem with fleet composition in an uncertain environment[J]. Mathematical and Computer Modelling, 2002,36(11-13):1 221-1 234.

[249] Leung S C H, Lai KK, Ng W - L, et al. A robust optimization model for production planning of perishable products[J]. Journal of the Operational Research Society, 2007a, 58(4):413-422.

[250] Leung S C H, Tsang S O S, Ng W - L, et al. A robust optimization model for multi-site production planning problem in an uncertainenvironment[J]. European Journal of Operational Research, 2007b,181(1):224-238.

[251] Pan F, Nagi R. Robust supply chain design under uncertain demand in agile manufacturing [J]. Computers & Operations Research, 2010,37(4):668-683.

[252] Nemhauser G L, Wolsey L A. Integer and Combinatorial Optimization[M]. John Wiley & Sons, Inc, 1988.

[253] Mak W K, Morton D P, Wood R K. Monte Carlo bounding techniques for determining solution quality in stochastic programs[J]. Operations Research Letters, 1999,24(1-2): 47-56.

[254] 维坎·维奇克. 城市公共交通运营、规划与经济[M]. 宋瑞,何世伟,译. 北京:中国铁道出版社,2012.

[255] 陈鹏,严新平,李旭宏,等. 轨道交通与常规公交计划调度协调模型[J]. 吉林大学学报(工学版),2011,41(4):950-955.

[256] 周雪梅,杨晓光. 基于 ITS 的公共交通换乘等待时间最短调度问题研究[J]. 中国公路学报,2004,17(2):82-85.

[257] Paszkowicz W, Harris K D M, Johnston R L. Genetic algorithms: A universal tool for solving computational tasks in materials science [J]. Computational Materials Science, 2001.

[258] 何明. 城市轨道交通网络生成技术及可靠性[D]. 南京:东南大学,2011.

[259] 姜晓红. 基于片区线路组织的城乡公交运力配置方法[D]. 南京:东南大学,2011.

[260] 温旭丽,王丹,过秀成.基于运输可靠性的城乡公交线路运行组织优化研究[J].现代城市研究,2012,(1):97-102.

[261] 马万经,杨晓光.公交信号优先控制策略研究综述[J].城市交通,2010,08(6):70-78,16.

[262] 李建军.基于 GPS/GIS 城市公共汽车实时调度系统的研究[D].成都:西南交通大学,2004.

[263] 孙传姣.快速公交调度优化研究[D].西安:长安大学,2008.

[264] Ercolano J. Limited-stop bus operations:an evaluation[J]. Transportation Research Record,1984,994:24-29.

[265] Suh W,Chon K-S,Rhee S-M. Effect of skip-stop policy on a Korean subway system [J]. Transportation Research Record,2002,1 793:33-39.

[266] 李细霞.公交线路车辆调度优化模型研究[D].武汉:华中科技大学,2007.

[267] Ceder A,Marguier P H J. Passenger waiting at transit stops[J]. Traffic Engineering and Control,1985,26:327-329.

[268] Sun D H,Luo H,Fu L P,et al. Predicting bus arrival time on the basis of global positioning system data[J]. Transportation Research Record,2007,2 034:62-72.

[269] Holland J H. Adaptation in natural and artificial systems[M]. The University of Michigan Press,Ann Arbor,MI,1975.

[270] Goldberg E D. Genetic algorithms in search optimization and machine learning[M]. Addison-Wesley,Reading,MA,1989.

[271] Michalewicz Z. Genetic algorithms + Data structures=Evolution programs[M]. Springer,Berlin/Heidelgerg,1992.

[272] Chambers L. Practical handbook of genetic algorithms:applications[M]. CRC Press,Boca Raton,FL,1995.

[273] Eberlein X J,Wilson N H M. Bernstein D. Modeling real-time control strategies in public transit operations,in Computer Transit Scheduling[M]. Springer,1999.